Le Cycle du Graal

Cinquième époque

GAUVAIN ET LES CHEMINS D'AVALON

DU MÊME AUTEUR

CHEZ LE MÊME ÉDITEUR

LE CYCLE DU GRAAL

Première époque :

La Naissance du Roi Arthur

Deuxième époque :

Les Chevaliers de la Table Ronde

Troisième époque :

Lancelot du Lac

Quatrième époque :

La Fée Morgane

JEAN MARKALE

Le Cycle du Graal

Cinquième époque

GAUVAIN ET LES CHEMINS D'AVALON

Pygmalion
Gérard Watelet
Paris

Sur simple demande aux
Éditions Pygmalion/Gérard Watelet, 70, avenue de Breteuil, 75007 Paris,
vous recevrez gratuitement notre catalogue
qui vous tiendra au courant de nos dernières publications.

ISBN 2-85704-437.2

INTRODUCTION

La quête de l'impossible

Derrière la grande figure illuminée de Lancelot du Lac, qui éclipse parfois les compagnons de la Table Ronde, se dressent cependant des héros tout aussi valeureux, tout aussi indispensables à l'équilibre du royaume d'Arthur, et tout aussi importants par leur signification symbolique et mythologique. À trop admirer Lancelot, on risque ainsi de méconnaître Gauvain, le fils du roi Loth d'Orcanie et neveu d'Arthur, dont la réputation de bravoure et de courtoisie dépasse de loin les frontières du royaume imaginaire de Bretagne où s'accomplissent tant d'exploits dans la perspective, encore lointaine, de découvrir les grands secrets du Graal.

Dans l'idéologie qui sous-tend les romans du cycle arthurien, le roi n'est rien sans ses guerriers. L'Arthur historique n'était d'ailleurs même pas un roi : il n'était que *dux bellorum*, d'après les textes les plus anciens le concernant, c'est-à-dire « conducteur de guerres ». Mais, depuis les temps les plus reculés, puisque l'on n'a pas pu faire que le juste fût fort, selon les termes mêmes de Blaise Pascal, il a bien fallu se résoudre à accepter que le fort fût juste : ainsi est née la fonction royale. Mais le roi n'est que le *primus inter pares* : il est issu de la classe des guerriers et peut, à tout moment, être déchu, rentrer dans le rang s'il se révèle incapable de mener les affaires du royaume — et, en premier lieu, sa défense. À côté, la classe sacerdotale veille, et dans la société de type celtique qui est, en dernière analyse, celle dans laquelle évolue Arthur, le roi ne peut rien faire sans le druide. On a vu le rôle joué par Merlin auprès d'Uther Pendragon et surtout auprès d'Arthur : Merlin, en bon successeur des druides, apporte sa caution à la souveraineté d'Arthur, faisant accepter celle-ci bon gré mal gré à tous les guerriers du royaume. Et même disparu dans sa tour d'air invisible, l'Enchanteur demeure terriblement présent dans les esprits ; il guide inconsciemment les actions individuelles et collectives, il veille à préserver le fragile équilibre qu'il a réussi à instaurer. Or, et ceci, il ne faut pas l'oublier, après la disparition de Merlin, le seul être humain — en dehors de Morgane, mais là, c'est une autre affaire ! — qui entende sa voix, c'est Gauvain. Serait-il donc dépositaire des secrets de Merlin et destiné, auprès du roi, à entraîner derrière lui la masse des guerriers (futurs *chevaliers* des récits), afin que la puissance dont Arthur n'est que le dépositaire consensuel atteigne sa pleine efficacité ?

Gauvain occupe en effet une place très particulière : il est l'aîné des neveux d'Arthur, le fils de sa sœur aînée, Anna (nommée parfois Morgause), en fait, sa demi-sœur puisqu'elle est la fille du duc de Cornouailles et non d'Uther Pendragon. Certes, du roi Loth, celle-ci a eu d'autres enfants, mais si preux soient-ils, Agravain et Gahériet ne jouent qu'un rôle secondaire. Quant au benjamin, Mordret (parfois appelé Medrawt), il est, comme on sait, entaché de malédiction. Dans la légende primitive d'Arthur, telle qu'elle peut être reconstituée d'après les textes latins antérieurs aux récits dits de la Table Ronde [1],

1. Voir J. Markale, *Le roi Arthur et la société celtique*, Paris, Payot, 1976, rééd. 1994.

Mordret ne semble pas avoir eu de lien de parenté avec Arthur : il n'était qu'un rival, à la fois politique, militaire et sur le plan sentimental. Ce n'est que progressivement qu'on en a fait le neveu d'Arthur, voulant sans doute montrer l'opposition quasi manichéenne entre le « bon » neveu Gauvain et le « mauvais » neveu Mordret. Et à partir de Robert de Boron, on a noirci encore davantage Mordret en faisant de lui le fils incestueux d'Arthur, donc un « impur », afin de mieux mettre en valeur la « pureté » de Gauvain.

Or, en tant que neveu, fils de sa sœur, Gauvain est, selon les antiques coutumes celtiques qui privilégiaient la filiation matrilinéaire, l'héritier légitime d'Arthur. Certaines versions prétendent qu'Arthur a eu des fils mais illégitimes, donc nécessairement exclus de sa succession. Des exemples de cette sorte ne manquent pas. Dans le cycle d'Ulster, le grand héros Cûchulainn est considéré comme l'héritier présomptif de son oncle, le roi Conchobar, puisqu'il est le fils de la sœur de celui-ci. Il en est de même pour Tristan, fils de la sœur du roi Mark. La force de cette antique tradition se fait toujours sentir à travers les récits du XIIIe siècle : lorsque Gauvain, tout jeune chevalier, arrive à la cour d'Arthur et se manifeste par d'impossibles exploits [1], le roi le reconnaît publiquement à la fois pour son neveu et pour son successeur. Et personne ne songe à contester ce choix, tant il paraît naturel.

Mais si elle confère à Gauvain sa légitimité dans l'ordre arthurien, cette situation privilégiée n'explique pas, loin de là, le personnage éminemment complexe et même paradoxal dans bien des cas. On sait que derrière la plupart des compagnons d'Arthur se dissimulent des personnages mythologiques hérités de la plus ancienne tradition

1. Voir la deuxième époque de ce cycle, *Les Chevaliers de la Table Ronde*.

celtique, voire d'importantes divinités dont le nom a été perdu mais dont la fonction est demeurée présente dans l'inconscient collectif. Ainsi en est-il des deux plus anciens « complices » d'Arthur, Kaï et Bedwyr. Avant de devenir le « frère de lait » d'Arthur — et de s'intégrer de la sorte à la famille — puis un sénéchal quelque peu fanfaron, si l'on en croit les récits français, Kaï était un redoutable dieu de la guerre doté de pouvoirs magiques impressionnants : il pouvait notamment étirer son corps au point de dépasser les plus hauts arbres d'une forêt (d'où son appellation galloise, *Kaï Hir*, c'est-à-dire « Kaï le Long ») ; en outre, il émanait de lui une chaleur extraordinaire, don qui l'apparente à un dieu fulgurant du type du Cûchulainn irlandais ou du narte Batraz, et qui n'est pas sans rapport avec la « chaleur chamanique », particularité attribuée aux « hommes-médecine » des cultures de l'Asie centrale. Au demeurant, même déchu au rang de sénéchal matamore et médisant, Kaï reste un personnage divin, analogue à l'Irlandais Bricriu « à la langue empoisonnée », au Thersite grec et au Loki germano-scandinave. Quant à Bedwyr (que les romans français nomment Béduier), il est, lui, l'image parfaite du dieu manchot indo-européen, tel l'Irlandais Nuada « à la main d'argent » ou le Tyrr germano-scandinave.

Ainsi en est-il également de Lancelot du Lac en qui se reconnaissent les traits dominants du dieu pan-celtique Lug « à la longue main », le « Multiple-Artisan » tant célébré par la tradition irlandaise, même de nos jours.

Mais à qui donc identifier Gauvain ?

Question difficile, car le personnage résulte d'une série de superpositions d'éléments symboliques qui, pour être divers, relèvent incontestablement d'un fonds mythologique hérité des Celtes. Cela admis, il est possible de partir de son nom pour élaborer certaines hypothèses. « Gauvain » est, sinon français, du moins francisé, et l'anglais « Gawain » en est une transcription. Mais avant de se présenter sous cette forme française, il apparaît d'abord sous une forme latine, dans l'*Historia Regum Britanniae* de Geoffroy de Monmouth, et surtout dans une inscription qui figure sous des sculptures de la cathédrale de Modène, en Italie. Celles-ci, ciselées au tout début du XIIe siècle, relatent l'enlèvement de la femme d'Arthur et sa délivrance par les guerriers du roi, au nombre desquels est mentionné un certain *Galvagnus*.

Il s'agit là, bien sûr, d'un nom latinisé comme ses voisins, mais les spécialistes affirment unanimement que tous sont d'origine bretonne-armoricaine. Cela ne signifie pas que la légende arthurienne ait pris naissance en Armorique, mais simplement que la geste a été transmise à Modène dans une version armoricaine. On peut donc supposer une forme originelle *gualguagn* ou *gualguen* qui correspondrait d'ailleurs à la transcription néerlandaise médiévale *Walwein*. Et le sens de *gualguen* (*Gwalc'hgwenn* en breton moderne) ne fait aucun doute : « faucon blanc ». Mais tout se complique lorsqu'on compare ce nom avec la forme qu'il prend dans les récits gallois : il est alors question de Gwalchmai fils de Gwyar. *Gwyar* signifie « sang » (on attendrait plutôt Llwch, équivalent gallois de Loth), mais Gwalchmai (parfois écrit Gwalchmei) a le sens exact de « faucon de mai ». D'après le grand celtisant Joseph Loth, qui s'est longuement penché sur ce problème, on retrouverait ce nom dans le célèbre et précieux *Cartulaire de Redon* sous la forme imprécise de *Waltmoe* ou *Walcmoel*, désignant très probablement ce même neveu d'Arthur. Et Joseph Loth d'expliquer le passage de *Walcmoel* à *Gwalchmei* par une erreur de transcription qui aurait été *Walc-Moei*. Il n'en reste pas moins vrai que l'ancien nom de Gauvain relève d'un modèle armoricain et non pas gallois, à moins que ce modèle, encore plus ancien, ne remonte à une époque où le gallois et le breton armoricain constituaient, avant le XIe siècle, une même et unique langue.

Cependant, quelle signification choisir ? La forme *walcmoel* se traduit aisément par « faucon chauve ». Mais quel rapport peut-il y avoir entre un « faucon chauve » et le « faucon blanc » que suggérerait la forme française ? Et pourquoi le « faucon de mai » ? Tout cela est irritant et le devient davantage encore si l'on fait référence à une tradition armoricaine de la région de Tréguier qui évoque un certain Guengualc (*Gwengwalc'h* en breton moderne), soit littéralement « blanc faucon », et à qui arrive une aventure peu ordinaire consignée dans la très édifiante *Vie latine de saint Tugdual.* Le héros est un jeune « écolier » (c'est-à-dire une sorte de séminariste) qui, au cours d'une promenade en compagnie de ses camarades sur le rivage de l'estuaire, tombe à l'eau et, après avoir été sauvé, raconte une histoire ahurissante : une « fée des eaux » l'avait entraîné, qui a même noué son écharpe à sa cheville. Pendant une année, le jeune homme souffre d'une maladie de langueur et finit par succomber. Cette aventure, qui met en valeur le rôle protecteur de saint Tugdual et se veut édifiante quant à l'attitude des clercs en face des femmes, n'est que la récupération à peine christianisée d'un ancien récit mythologique bien connu en Irlande et totalement païen : au jeune Condlé, fils du grand roi Conn, apparaît une fée qui l'invite à venir en son pays merveilleux et lui laisse une pomme. Pendant une année entière, il reste prostré, ne se nourrissant que du fruit ; après quoi, malgré les efforts de son père et des druides, il va rejoindre la fée sur un bateau de verre et disparaît pour toujours [1]. Or, pourquoi s'est-on cru obligé de récupérer cette histoire des temps anciens et de donner au héros le nom de « faucon blanc » qu'il ne portait pas dans l'original ?

Au sein de cette confusion, une constante demeure : le faucon. C'est peut-être à partir de cet emblème qu'il est possible d'appréhender le rôle et la fonction exacts de

1. Voir J. Markale, *La Tradition celtique en Bretagne armoricaine*, Paris, Payot, nouv. éd. 1984, pp. 29-32, et, du même auteur, *L'Épopée celtique d'Irlande*, éditeur Paris, Payot, nouv. éd. 1993, pp. 216-220.

Gauvain dans les innombrables aventures qui conduisent les héros arthuriens au voisinage immédiat du Château du Graal. Évidemment, on pense tout de suite à Horus, le dieu égyptien représenté sous l'aspect d'un faucon. Certes, il est peu probable qu'il y ait un rapport direct quelconque entre les fables mythologiques des Égyptiens et celles des Celtes. Il faudrait plutôt chercher les traces d'une tradition universelle primitive qui aurait utilisé des symboles permanents. Car le faucon n'est qu'un symbole. Si les Égyptiens en ont fait l'un de leurs principaux motifs divins, c'est parce qu'ils ont été frappés par la beauté et la prestance de l'oiseau de proie qui, de surcroît, possède une étrange tache sous l'œil, œil d'ailleurs considéré comme omnivoyant, comme capable de percer l'horizon et d'en pénétrer les moindres recoins. C'est pourquoi, en le représentant parfois capuchonné, on voulait montrer qu'en lui résidait la lumière *secrète*, la vision *potentielle* qui ne demandait qu'à jaillir sur le monde. Quel meilleur emblème trouver pour Gauvain, l'éternel errant en quête perpétuelle d'un Graal insaisissable et qu'il appelle pourtant de tous ses vœux ? Mais Gauvain est encapuchonné : d'étranges femmes, qui sont des fées, l'entraînent dans leurs cavernes. Quand il parvient à en sortir, il est ébloui et ne peut plus retrouver son chemin.

Les Égyptiens ont fait du faucon le symbole d'Horus, le jeune dieu issu d'un étrange accouplement, celui d'Isis, la déesse mère, avec son frère Osiris *déjà mort*, démembré par son frère Seth, et reconstitué patiemment par l'épouse-sœur. Mais la seule chose qu'Isis n'ait point retrouvée dans sa quête passionnée, c'est le sexe d'Osiris. Aussi en fabrique-t-elle un, tout comme le dieu irlandais Diancecht fabrique en faveur du roi Nuada le bras d'argent qui lui permettra de régner. C'est le pouvoir — et le devoir — des magiciens de suppléer la Nature quand celle-ci vient à faire défaut. Horus, le jeune dieu, est donc le résultat d'une élaboration magique et il est le continuateur, l'héritier d'Osiris. Comment ne pas voir une similitude entre

Horus et Gauvain, lui aussi continuateur et héritier présomptif du roi Arthur, lui-même quelque peu impuissant et prisonnier de sa fonction, laquelle est de rester au centre du débat sans intervenir en personne. Car il ne faut pas oublier que le roi de type celtique (comme le roi du jeu d'échecs) est seulement un garant moral et sacré de l'équilibre du royaume. Il n'intervient qu'en de rares occasions, et ce sont ses guerriers — appelons-les chevaliers pour respecter la mode chère aux auteurs des XIIe et XIIIe siècles — qui accomplissent les actions en son nom et au nom de la reine, véritable détentrice de la souveraineté. À ce titre, Gauvain, finalement le plus proche parent masculin du roi, est l'agent indispensable à l'équilibre de ce monde mis en place par Merlin, mais que menacent constamment de rompre les forces obscures qui guettent la moindre défaillance pour intervenir dans le jeu.

De plus, le faucon est un oiseau de proie, mais un oiseau *apprivoisé*, qu'on lance dans les airs et qui, après avoir erré, revient, portant entre ses serres un « prisonnier ». Tel est bien le rôle de Gauvain, littéralement lâché par le roi Arthur au-dessus des domaines inquiétants où les forces obscures ourdissent des complots, avec pour mission de rétablir la justice et l'harmonie, autrement dit de faire plier les puissances trompeuses et de les amener à composer avec les puissances de lumière qu'incarne le groupe de la Table Ronde. Gauvain est le « chasseur », l'impitoyable justicier qui va lutter jusqu'au bout pour rapporter sa proie, fût-ce au prix des plus lourds sacrifices et dût-il, passagèrement, se trouver jeté dans quelque cul-de-basse-fosse (ou quelque lit de « demoiselle » fort ambiguë, ce qui revient au même !). L'un des plus anciens récits arthuriens, le *Kulhwch et Olwen* gallois, caractérise assez bien le personnage quand il affirme que « Gwalchmai ne revenait jamais d'une mission sans l'avoir remplie : c'était le meilleur des piétons et le meilleur des cavaliers ». Sa constance et sa fidélité témoignent de la conscience qu'il a de sa responsabilité : futur roi, il ne peut se permettre la moindre faiblesse à moins de se renier et de répudier le royaume.

C'est dire que Gauvain, *jeune faucon* de toute façon, représente la force ascensionnelle, vitale et virile. Mais là où la plupart des commentateurs semblent se tromper singulièrement, c'est quand ils interprètent son ascension comme « solaire », font de lui le « héros solaire » par excellence face aux puissances de la nuit : manichéisme de pacotille, car l'on va voir que, même si son comportement est lié au mythe solaire, Gauvain est lui-même étranger au « jeune soleil » dont on a paré les plumes d'Horus.

Cette erreur prend sa source dans la mauvaise compréhension d'une des caractéristiques de Gauvain, telle que l'expriment de nombreux récits français : au fur et à mesure que le soleil monte vers le zénith, la force de Gauvain s'accroît mais, dès le milieu de l'après-midi, elle décroît et devient quasiment nulle à la tombée de la nuit. Il n'en fallait pas davantage pour considérer Gauvain comme une image symbolique du soleil, surtout au début de ce siècle où, à la suite de Frazer, le célèbre auteur du *Rameau d'Or*, et des théories plus ou moins astronomiques de Max Muller. Tous les personnages mythologiques qui combattaient pour le « bien » de l'humanité étaient des « héros solaires », des « héros civilisateurs » venus apporter la lumière à des populations croupissant dans les ténèbres de l'ignorance. Les soi-disant penseurs inféodés au nazisme n'ont pas manqué d'exploiter ces théories fumeuses dans une direction qui coïncidait exactement avec celle de leurs fantasmes les plus aberrants : le concept de pureté ethnique, l'élimination des races « inférieures », les guerres en vue de « sauver » la civilisation menacée par les éléments hétérogènes (autrement dit les forces obscures, les Géants de la mythologie germano-scandinave et les Fomoré de la tradition irlandaise). Il importe, surtout de nos jours où l'on voit renaître tous les vieux démons racistes qu'on croyait à jamais engloutis en enfer, de renverser la polarité de certaines interprétations.

À première vue, l'ascension dynamique de Gauvain selon l'élévation, et donc la force du soleil, suffirait pour le faire définitivement classer comme héros solaire. Cette thèse serait parfaite dans un milieu classique méditerranéen, grec et latin notamment, et probablement alexandrin (milieu socioculturel qui n'est plus celui de l'Égypte ancienne, mais celui de la synthèse hellénistique). Mais, avec le cycle du Graal, dont les personnages appartiennent non plus au monde méditerranéen, mais au monde celtique extrême-occidental, nous sommes dans un tout autre contexte, encore que la légende du Graal ait des composantes incontestablement gnostiques, donc alexandrines. Et le refus de voir en Gauvain le *Sol Invictus* des Métroaques s'appuie sur un fait linguistique indéniable : à savoir que dans toutes les langues celtiques — ainsi que dans toutes les langues germaniques —, le soleil est du genre féminin et la lune du genre masculin. Ce fait, complètement ignoré des mythologues, à moins qu'il ne soit systématiquement occulté, remet évidemment en question toutes les interprétations qu'on peut faire des grands mythes essentiels.

Ainsi en est-il de Tristan et Yseult. Bien loin d'être une histoire d'amour romantique, c'est toute une réflexion sur le rôle respectif de l'homme et de la femme et de la nécessité qu'ils ont de s'unir. Yseult la Blonde (ce n'est pas pour rien !), dont le prototype irlandais se nomme Grainné, mot qui provient de *grian,* « soleil », est la « femme-soleil » par excellence, celle que le psychanalyste Pierre Solié a définie comme *la Femme essentielle* (c'est le titre d'un de ses livres). C'est elle qui mène le jeu et qui, en sauvant deux fois la vie à Tristan, lui donne la force et la chaleur nécessaires à vivre et à agir. Il est bien dit, dans le roman de Tristan en prose du XIIIe siècle, que Tristan ne peut vivre plus d'un mois sans contact physique avec Yseult. On a vu là une allusion au cycle menstruel. Certes, c'en est une, mais ne voir qu'elle est grave, c'est oublier que Tristan, l'homme-lune, n'est rien sans

Yseult. Au bout du cycle de 28 jours (ou plutôt de 28 nuits), Tristan est comme la lune : il disparaît, il n'est plus que la « lune noire ». Et il faut que la femme-soleil vienne le régénérer, lui restituer sa force avec tout son amour, ce prodigieux amour sans lequel aucun être ne peut vivre. C'est ce qu'ont compris tous les poètes, bien avant les psychologues et les mythologues, surtout ceux du XVIe siècle, quand ils se décrivent semblables à la fleur flétrie dans la rosée et qui « se recrée » aux rayons du soleil, c'est-à-dire aux regards de la femme aimée. Et si Tristan, à sa troisième blessure, meurt, ce n'est pas à cause du poison que charrient ses veines, mais de l'absence d'Yseult retenue en mer par la tempête, puis par le calme plat : elle est arrivée trop tard, le délai était passé, et la lune ne pouvait plus renaître. Mais que deviendrait le soleil sans la lune ? Yseult, liée éternellement à Tristan, ne peut plus vivre. Ainsi est constitué le couple primordial, à l'image des astres. Il en est de même pour Lancelot et la reine Guenièvre et, dans la tradition germano-scandinave, pour Sigurd-Siegfried et Brunhild. Dans les *Eddas,* la Valkyrie apparaît d'ailleurs nettement comme la « femme-soleil », prisonnière qu'elle est dans une forteresse entourée de flammes, lorsque l'homme-lune Sigurd la délivre. Mais Sigurd mourra lorsqu'il aura abandonné, même à son corps défendant, la femme-soleil qui lui dispensait toute son énergie vitale. Une relecture des grands mythes de l'Occident s'impose, qui modifiera considérablement la vision falsifiée qu'en donne l'interprétation classique bâtie sur une polarité inversée. C'est aussi la seule façon de comprendre le sens profond de ce qu'on appelle communément l'Amour Courtois du Moyen Âge, autrement dit la *fine amor,* en démystifiant définitivement le prétendu esclavage du chevalier en face de la Dame. Et cela expliquerait de façon précise l'importance croissante du culte rendu à la Vierge Marie dans tout l'Occident chrétien.

Or, tout cela, c'est Gauvain qui nous le dit, par le truchement de Chrétien de Troyes dans son *Perceval.* À un tournant de ses aventures, Gauvain se livre en effet à un hommage étonnant et inattendu de la reine Guenièvre : « Depuis la première femme qui fut formée de la côte d'Adam, il n'y eut jamais dame si renommée. Et elle le mérite bien, car de même que le sage maître endoctrine les jeunes enfants, ma dame la reine enseigne et instruit *tous ceux qui vivent*. D'elle descend tout le bien du monde, *elle en est source et origine* » (trad. Lucien Foulet). Voilà qui est net : Guenièvre, dont Gauvain est peut-être amoureux secrètement, bien qu'elle soit la femme de son oncle, représente pour le héros la Féminité dans sa totalité, dans sa perfection. C'est un portrait de la Déesse des Commencements que trace ici Gauvain, et Chrétien de Troyes, juif converti, adepte de la Kabbale et néanmoins féru de mythologie celtique, sait très bien ce qu'il fait en prêtant ces paroles à un personnage qui n'est pourtant pas le héros de son récit. À un moment de l'action, il fallait que l'on sache l'importance de la femme-soleil dans l'univers arthurien.

Ainsi s'explique le comportement de Gauvain tout au long de ses multiples aventures. À la grande différence de Lancelot qui, tout au long de son errance, a sans cesse devant les yeux l'image de Guenièvre, « sa » déesse, l'unique et l'absolue, et qui ne succombe jamais aux charmes décevants des « pucelles » qui le guettent à chaque carrefour, Gauvain, qui n'aime aucune femme particulièrement, recherche la Féminité absolue à travers toutes les femmes qu'il rencontre. D'où sa réputation de volage et de sensuel. D'où son assimilation à don Juan. Mais il y a un monde entre ces deux personnages mythiques : don Juan est un assoiffé de puissance ; pour lui, détail surtout visible dans la pièce de Molière, la féminité et, à plus forte raison, la sensualité n'ont pas d'intérêt ; seule compte l'acceptation de celle à qui il déclare un amour hypocrite. À partir du moment où la femme sollicitée a dit « oui », don Juan a gagné la partie : il est le *maître*, et, comme il est également *libre*, il peut disposer ou non de son droit de « maîtrise ». C'est là une attitude proprement « machiste » et l'affirmation d'une volonté de puissance illimitée.

Gauvain est à l'opposé : s'il est amoureux de toutes les femmes qu'il rencontre, *il est sincère*. On est donc en droit de se demander s'il recherche vraiment la Femme ou s'il poursuit désespérément sa quête de la Féminité. Car, si l'on suit le développement de ses aventures — qui sont souvent des mésaventures quand il se fait rabrouer ! —, il ne trouve de satisfaction avec aucune femme. C'est comme s'il y avait une parcellisation de la Femme, divinité suprême et solaire bien entendu, à travers des individus de sexe féminin dispersés par le plus grand des hasards sur le chemin d'un chevalier. Ce que veut Gauvain, et sans nul doute avec passion, c'est reconstituer la féminité dans son intégralité à partir des éléments épars qui se présentent à lui. Mais peut-être est-ce une entreprise vouée à l'échec...

Gauvain affronte en effet des dangers multiples. Certes, il est toujours animé de bonnes intentions. Qu'une jeune fille ou une femme en détresse s'adresse à lui, il ne refuse jamais son aide : ce serait faillir à sa réputation, c'est-à-dire à son honneur ; ce serait faillir à sa mission de « faucon » que de refuser. Mais, ce faisant, il s'engage dans un inextricable labyrinthe de contraintes qui sont, sur un plan traditionnel, autant de *gessa* irlandais, d'interdits magiques qu'il est bien difficile de ne pas transgresser. Et là, il ne peut rien : il est prisonnier d'un faisceau de fatalités qui l'obligent à prendre conscience de ses limites. Gauvain, c'est une synthèse éminemment réussie de Sisyphe et de Tantale : il est le héros qui recommence perpétuellement ce qu'il a accompli et qui, lorsqu'il croit avoir réussi définitivement, s'aperçoit que l'eau (ou plutôt le bon vin !) qu'il voulait boire n'est qu'un leurre qui le fuit chaque fois qu'il veut s'en approcher. C'est en ce sens que Gauvain, neveu du puissant roi Arthur, est émouvant : il ne perd jamais son humanité, et s'il cherche à dépasser celle-ci, c'est pour mieux accomplir son devoir d'être humain.

De plus, il est touchant dans ses échecs. Car il échoue souvent. Il est en butte aux moqueries, aux sarcasmes, aux intrigues les plus machiavéliques tramées derrière son dos dans un univers à la limite du visible et de l'invisible et qu'il ne connaît pas parce qu'il n'a pas, comme Merlin, le don de double vue. C'est pourquoi, s'il finit par triompher des démons et des enchanteurs maléfiques, il ne parvient pas à accéder aux mystères suprêmes du Graal qu'il côtoie pourtant sans cesse mais ne peut comprendre ni même appréhender. Le faucon est peut-être le symbole d'une vision intérieure potentielle, mais il faut bien reconnaître que Gauvain se complaît parfois dans des situations scabreuses et que loin de le mécontenter, le capuchon qu'il porte sur la tête lui épargne une prise de conscience trop brutale des réalités extérieures. Et l'énergie qu'il reçoit du soleil tout au long de la journée, il la dispense dans le plus grand désordre. Sans être un naïf, comme le sera plus tard Perceval, il n'a pas la trempe d'un Lancelot hanté par un seul visage. Les visages qu'aperçoit Gauvain l'égarent sur la longue route qu'il a entrepris de parcourir.

Pourtant, c'est alors qu'intervient Morgane, omniprésente, subtile et insaisissable comme un fantôme. Elle est elle-même l'image parfaite de la Féminité ; mais Gauvain, dispersé par sa recherche fragmentaire de l'être féminin, ne la reconnaît pas en tant que telle. Sans doute pense-t-il que Morgane est sa tante, la sœur de sa mère, mais, généralement, ce genre de considérations n'arrête guère les héros de l'épopée arthurienne : il y a longtemps qu'ils ont relégué leurs scrupules au vestiaire, même s'ils prétendent agir au nom de la Morale et de la Religion. En tout cas, Gauvain, lui, ne franchit pas le pas. Alors Morgane, toujours toute à son plan secret qui est de déstabiliser le royaume d'Arthur pour s'en emparer elle-même, tente de circonvenir Gauvain par les ruses dont elle est coutumière, tantôt postant sur son chemin des auxiliaires féminines toutes dévouées à sa cause, ou bien se présentant à lui sous des traits et des noms différents. Possédant des pouvoirs magiques, elle connaît l'art des métamorphoses et en joue avec une habileté qu'on peut qualifier de diabolique mais qui n'amoindrit nullement sa grande figure de déesse maternelle — sa véritable incarnation. Il est évident que la mystérieuse reine de l'Ile sans Nom, qui retient prisonnier Gauvain à la fois par ses charmes pervers et par de prétendues « coutumes » magiques, n'est autre que Morgane. Elle a trouvé le moyen d'écarter, sinon définitivement du moins temporairement, le preux Gauvain de la cour de son oncle. Il est également certain que l'étrange « mauvaise Pucelle » de Chrétien de Troyes, que Wolfram von Eschenbach appelle *Orgiluse,* c'est-à-dire l'Orgueilleuse, et qui fait accomplir à Gauvain tant d'exploits inutiles, est encore une fois Morgane sous un autre visage. Et, à chaque fois, Gauvain se laisse prendre : il tombe amoureux de la femme-fée et se trouve engagé dans une série d'aventures que, plus lucide, il aurait pu éviter. Mais Gauvain est un éternel amoureux. Déçu par certaines « pucelles » qui se refusent à lui, il se précipite sur celles qui, à condition qu'il subisse certaines épreuves, lui promettent tout.

C'est d'ailleurs un paradoxe que Gauvain sorte toujours grandi de ces aventures, même si elles ont été pénibles, même si son honneur a failli s'y écorner. L'épreuve qu'il subit lorsqu'il a « perdu son nom », c'est-à-dire lorsque certaines personnes, notamment des femmes, le croient mort, est une incitation à se remettre en cause et à prouver qu'il est réellement Gauvain, fils du roi Loth d'Orcanie. Ainsi sera-t-il amené à délivrer une « pucelle » bien mystérieuse qui, emprisonnée dans un cimetière, subit les caprices sexuels d'un diable qui vient la trouver chaque nuit. L'épisode, connu sous le titre de *l'Âtre périlleux,* est un conte populaire sur les vampires, mais Gauvain s'y trouve mêlé le plus naturellement du monde.

Ce qui est fascinant dans le personnage de Gauvain, c'est ce mélange harmonieux de puissance et de faiblesse, magnifiquement mis en évidence par la comparaison avec le soleil ascendant et descendant. Voici donc un redoutable guerrier, combattant implacable, intransigeant sur l'honneur, le sien comme celui des femmes qu'il se fait un devoir de protéger. Mais c'est aussi un homme torturé par le désir des femmes, obnubilé par sa recherche incessante de la féminité, incapable de dépasser le plan sensuel auquel il s'abandonne avec complaisance. Il y a là une différence fondamentale avec Lancelot du Lac, dont la « chaleur » (terme employé par les récits d'origine cistercienne) est toujours calmée par Guenièvre. Mais qui pourrait éteindre le feu qui brûle en Gauvain ? De plus, Lancelot se pose toujours des questions, parfois fort oiseuses, sur l'amour qu'il porte à Guenièvre, et il en arrive à une subtile casuistique qu'ignore complètement Gauvain : pourvu que la femme convoitée soit appétissante, celui-ci n'éprouve aucun problème. Les deux héros sont donc à cet égard plus que différents : antinomiques apparemment.

Mais le parallèle ne s'arrête pas là : il semble bien que Lancelot, introduit plus tard dans l'épopée arthurienne, ait pris la place de Gauvain auprès de Guenièvre. Ce serait d'ailleurs conforme au schéma mythologique classique que l'on retrouve explicitement dans la légende de Tristan et Yseult. Il est visible qu'existe une relation étroite mais inconsciente entre la reine et son neveu [1] ; et de toute façon, c'est bien Gauvain qui ramène Guenièvre de la cité de Gorre et non pas Lancelot, après avoir rivalisé de prouesse avec celui-ci pour arracher la captive à son tourmenteur. Mais, dans les récits christianisés, Lancelot, qui n'a aucun lien de parenté avec Arthur,

1. Robert Bresson l'a fort bien mis en évidence dans son *Lancelot du Lac*.

était moins « choquant » que le propre neveu du roi dans le rôle d'amant de la reine. Il faut tenir compte de cette mentalité si l'on veut expliquer que dans l'état élaboré du cycle arthurien, Gauvain, tout en étant très important, a perdu la première place, qu'il devait occuper jadis, au profit de Lancelot du Lac. Y aurait-il rivalité entre les deux personnages ? C'est une rivalité fonctionnelle, avant tout, et qui sera explicitée dans le dernier volet du cycle, lorsque Lancelot et Gauvain se battront à mort, lors du duel judiciaire qui les oppose, bien entendu à cause de Guenièvre. La tragédie a besoin de victimes, et Gauvain en sera une, exemplaire, significative.

En attendant, Gauvain occupe sa place dans le monde arthurien. La tradition galloise, qui a conservé bon nombre de détails archaïques, en fait un personnage d'une portée considérable. Les poètes ne tarissent pas d'éloges à son propos, et les fameuses *Triades de l'île de Bretagne*, compilation d'éléments mythologiques et épiques, en font un des trois « nobles à la langue dorée », mettant ainsi en valeur son affabilité et son sens de la diplomatie. De fait, alors que Lancelot peut se révéler brutal et coléreux, alors que Kaï est fauteur de troubles, qu'Yvain est impétueux, Gauvain est toujours calme, réfléchi, équilibré, prêt à ramener la paix partout où éclatent des querelles. Et c'est le seul qui puisse se permettre de donner au roi Arthur des conseils de modération. Peut-être faut-il voir là l'influence discrète mais efficace de cette voix de Merlin qu'il a entendue et qu'il entendra sans doute encore au long de ses errances à travers landes et forêts, à la rencontre des deux mondes, celui des humains et celui des êtres féeriques. Gauvain se trouve toujours à la limite de ces deux territoires, allant de l'un à l'autre avec une facilité déconcertante, mais revenant, comme le faucon dont il porte le nom, à son point de départ, la cour d'Arthur, lieu central et privilégié bien que toujours mouvant autour duquel s'organise la vie des compagnons du roi.

Et la vie des compagnons de la Table Ronde, c'est la *quête*, même impossible. Yvain est parti en quête de l'aventure. Lancelot est en quête de Guenièvre. Perceval, le naïf, engagera sa longue quête sans savoir ce qu'il cherche. Galaad, le pur, le prédestiné, se dirigera tout droit vers le château du Graal. Mais, dans le vent qui frémit sous la voix de Merlin et sous le regard ironique de Morgane, Gauvain tente la quête de l'impossible.

Poul Fetan, 1994.

AVERTISSEMENT

Les chapitres qui suivent ne sont pas des traductions, ni même des adaptations des textes médiévaux, mais une ré-écriture, *dans un style contemporain, d'épisodes relatifs à la grande épopée arthurienne, telle qu'elle apparaît dans les manuscrits du XIe au XVe siècle. Ces épisodes appartiennent aussi bien aux versions les plus connues qu'à des textes demeurés trop souvent dans l'ombre. Ils ont été choisis délibérément en fonction de leur intérêt dans le déroulement général du schéma épique qui se dessine à travers la plupart des récits dits de la Table Ronde, et par souci d'honnêteté, pour chacun des épisodes, référence précise sera faite aux œuvres dont ils sont inspirés, de façon que le lecteur puisse, s'il le désire, compléter son information sur les originaux. Une œuvre d'art est éternelle et un auteur n'en est que le dépositaire temporaire.*

CHAPITRE I

L'Âtre Périlleux

On était à la Pentecôte, et le roi Arthur tenait cour plénière à Kaerlion sur Wysg. Là se trouvaient rassemblés les meilleurs compagnons d'Arthur, Kaï et Bedwyr, qui ne le quittaient jamais, Yvain, fils du roi Uryen, Girflet, fils de Dôn, le beau et preux Guigemer, Bohort de Gaunes et son frère Lionel, nombre d'autres encore qui, revenant de lointains pays, brûlaient du désir de narrer leurs aventures. Lancelot du Lac, fils du roi Ban, n'était pas encore là, et nul ne savait où il se trouvait, mais Gauvain, fils du roi Loth d'Orcanie, avait pris place auprès de son oncle, le roi Arthur, et devisait joyeusement avec lui. Le soleil déclinait à l'horizon et paraissait s'engloutir dans la vaste forêt qui entourait Kaerlion. Les serviteurs commençaient à dresser les tables pour le repas du soir. C'est alors que survint, sans escorte, une jeune fille d'une grande beauté qui, vêtue d'une belle robe de soie vermeille, montait un fringant palefroi au harnachement d'une richesse sans égale et dont elle maintint l'allure jusqu'à son entrée dans la grande salle. Elle ne retint la bride qu'en présence du roi Arthur. « Roi, dit-elle alors, que le Seigneur te garde et bénisse ton royaume ! Je suis venue de mon pays pour te réclamer un présent. Mais rassure-toi, je n'exige rien de blâmable, et tu n'en auras nul désagrément. » Arthur lui répondit qu'il lui donnerait volontiers satisfaction si elle consentait à lui exposer sa requête. « Roi, je te remercie, répondit-elle, la voici donc : je veux demain être ton échanson et te servir, toi et les chevaliers qui seront à ta table. Je veux en outre que celui d'entre eux que tu juges le plus renommé et le plus valeureux s'engage à me protéger et à me défendre afin que nul ne m'outrage durant mon séjour à ta cour. Faute de cette assurance, je ne pourrai demeurer ici plus longtemps. »

Le roi lui répondit : « Belle, il en sera selon tes souhaits. Tu serviras demain à ma table et j'en serai très honoré, eu égard à ta noblesse et à ta beauté. Mais quant à nommer le meilleur de mes compagnons, je crois qu'il t'appartient de le faire. Ayant certainement reçu une éducation soignée, tu dois être à même d'évaluer un homme à son allure et à son regard. De grâce, désigne toi-même celui que tu distingueras, et je lui ordonnerai sur-le-champ de se charger de ta protection et de ton service aussi longtemps que tu désireras demeurer parmi nous.

— Non pas, s'écria la jeune fille, je ne saurais moi-même décerner le prix d'excellence à l'un de tes compagnons, alors que je t'en ai prié et que tu as promis de m'exaucer ! — Par Dieu tout-puissant, s'exclama le roi, voici une jeune fille qui sait ce qu'elle veut et n'a pas peur de l'exprimer ! Eh bien, soit, je choisirai moi-même l'homme qui sera ta caution en cette cour. » Il examina l'assistance, réfléchit quelques instants et reprit : « Belle, je veux te confier à la garde d'un chevalier beau et vaillant, sage et courtois. S'il n'était de mon lignage, je ne tarirais d'éloges sur lui. — Qui est-il ? Nomme-le-moi avant que je ne donne mon accord. — Il s'agit de Gauvain, mon neveu, qui est assis près de moi. C'est sous sa protection que je te place incontinent, et pour aussi longtemps qu'il te plaira. — Fort bien, répondit la jeune fille.

J'habite une contrée lointaine, mais j'ai chaudement entendu vanter ses mérites et je l'accepte, avec ton assentiment. Je nc te demande personne d'autre. »

Gauvain se réjouit grandement d'un choix qui le flattait d'autant plus qu'il trouvait la jeune fille fort belle. Aussi s'empressa-t-il de la conduire à son logement et de l'y confier à deux suivantes également très belles. Puis, comme il lui demandait son nom, elle répliqua : « Je te le dirai si tu t'engages à ne le révéler à personne. » Gauvain le lui promit. « Je me nomme Nolwenn, dit-elle alors. Quant à te confier quel est mon pays et de qui je suis la fille, il n'en est pas question. » Sur ce, Gauvain prit congé, et la jeune Nolwenn passa le reste de la soirée en compagnie des deux suivantes qui s'ingénièrent à lui être agréables.

Le lendemain, tout le monde se leva de bon matin. Le roi et la reine allèrent entendre la messe, et quand l'heure du repas fut venue, la belle inconnue se vit, comme promis, livrer la coupe royale, à charge pour elle de servir les hôtes de la grande table. Alors commença le festin, remarquable par la profusion, l'abondance et le raffinement des plats. Car le roi Arthur, en homme courtois, tenait à ce que chacun de ses invités fût content. Ils avaient à peine commencé à manger — on n'en était encore qu'au premier service — quand ils virent un cavalier franchir la porte à vive allure. De très grande taille, il était armé de pied en cap, n'ayant abandonné que sa lance qu'il avait appuyée dehors contre un mur.

Apparemment plein d'arrogance, le nouveau venu ne daigna ralentir son allure qu'il ne fût parvenu devant le roi, et il s'arrêta là si brutalement que sa bride heurta la table. Personne n'avait osé s'interposer. L'inconnu, comprenant que son intrusion pétrifiait la compagnie, considéra longuement les assistants sans prononcer une parole. Enfin, il se tourna vers la jeune fille, la saisit par les épaules et l'installa devant lui sur l'encolure de son cheval. « Roi ! s'écria-t-il, je ne songe pas à te le cacher, cette jeune fille est mon amie ! Je l'ai suivie dans plusieurs cours depuis que je me suis pris à l'aimer. Mais jamais je n'ai trouvé une seule cour où j'eusse osé m'emparer d'elle. Or je sens qu'ici, tout est permis. Ta cour me semble bien vulnérable et bien pauvre en chevaliers dignes de ce nom. Je sais que je n'ai rien à redouter de ceux qui se trouvent dans cette salle. Aucun des chevaliers qui sont assis pour festoyer avec toi ne prendra jamais son bouclier pour me disputer cette jeune fille ! » Et sans rien ajouter, le cavalier piqua des deux, reprit sa lance, franchit la porte d'enceinte et disparut avec sa proie dans la forêt.

Assis à sa place, à côté du roi, Gauvain se trouvait aussi affligé que perplexe. Il ne parvenait pas à décider de la meilleure conduite à tenir. Devait-il s'élancer par-dessus la table et poursuivre immédiatement le cavalier inconnu ou bien tranquillement attendre la fin du repas ? Il demeura un long moment pensif au point d'en oublier le boire et le manger. Enfin, il estima préférable de patienter : son cheval, Gringalet [1], était si rapide qu'il aurait vite fait de rattraper l'agresseur où qu'il se trouvât.

Mais si Gauvain demeurait calme, Kaï écumait de rage. Se levant d'un bond, il apostropha l'assemblée : « Bande de couards ! Je ne me sens pas le cœur à rester un instant de plus dans cette cour ! Comment ? Il ne s'est trouvé parmi vous personne qui ait osé résister ? Ce cavalier a outragé le roi et nous-mêmes en emmenant la jeune fille sous notre nez ! Et il en est un encore plus lâche, c'est l'homme auquel le roi avait confié la mission de protéger la jeune fille ! Voyez comme il reste prostré dans son coin ! Maudit cent fois celui qui, le premier, a vanté sa

1. Tel est le nom donné au cheval de Gauvain dans les récits français. Mais il s'agit d'une transcription maladroite d'une appellation bretonne (et galloise, les manuscrits le confirment), *Keinkalet,* dont le sens est « échine dure », qualificatif autrement convenable pour un cheval dont on vante l'endurance et la rapidité.

valeur et son courage ! » Et, sans plus attendre, Kaï revêtit son armure, fit amener son cheval, l'enfourcha et s'engagea sur le chemin que le ravisseur avait emprunté.

Arthur ne disait rien. Sans manger ni boire, il se montrait profondément troublé par cette aventure dont il ressentait toute l'humiliation. Il prit son couteau, le ficha en plein milieu d'un pain, puis appuya dessus avec une telle force que la lame se cassa en deux avec un bruit sec. « Seigneurs, dit-il alors, je suis accablé de honte par le méfait de ce cavalier. Mais je le suis encore davantage par la défaillance de Gauvain. Si j'avais une certitude, c'était bien qu'il me préserverait de toute offense de la part d'un étranger ! Un autre, peut-être, aurait pu, par faiblesse, faillir à la tâche de protéger la jeune fille, mais que Gauvain n'ait rien tenté alors que mon honneur était en jeu, oh, voilà qui m'accable ! »

Yder, le fils de Nudd, qui se trouvait tout près, lui dit alors : « Roi, ne te tracasse pas de la sorte. Le sénéchal s'est mis en route, et il saura bien nous laver de l'affront. » Arthur se mit à ricaner. « Kaï ? s'écria-t-il. Je ne suis pas devin, mais je puis affirmer qu'en ce moment même, Kaï a vidé les étriers, Kaï gît à terre, déplorant sa témérité ! » À ces mots, Gauvain se leva. « Mon oncle, dit-il, ne sois pas si sévère à l'égard de Kaï. Il a eu le mérite d'être le seul à relever immédiatement le défi. J'ai beau savoir, comme toi, qu'il est incapable de ramener la jeune fille et son ravisseur, je rends hommage à son courage. Quant à moi, je n'accepte pas les reproches que tu viens de me faire. Je n'ai jamais eu l'intention de rester oisif en face de cette provocation. Mais j'ai tout mon temps. Je vais partir maintenant. Je ne reviendrai, sache-le, que lorsque mon adversaire aura crié grâce et que j'aurai délivré la jeune fille que tu as confiée à ma garde. » Sans plus tarder, il demanda ses armes, son cheval. Dès qu'on lui eut amené Gringalet, il sauta en selle et, muni de sa lance et de son bouclier, s'élança, dédaignant les étriers, en direction de la forêt.

Il s'étonna d'abord de ne pas trouver trace du ravisseur. Celui-ci ne devait pas avoir eu le temps d'aller bien loin, car Gringalet galopait, plus rapide que la flèche. C'est alors qu'il vit survenir à vive allure le destrier de Kaï. Gauvain le reconnut aisément et profita d'un resserrement du chemin pour l'arrêter au passage. Le cheval se trouvait en piteux état : outre qu'il portait une écorchure sanguinolente au front, l'arçon de sa selle était tellement en miettes, son harnais tellement en pièces que Gauvain, navré, redouta que le sénéchal ne fût prisonnier ou mort. « Dieu tout-puissant ! s'exclama-t-il. Quel crime est le mien, quel malheur m'a frappé aujourd'hui, si, par ma faute, le roi a perdu un chevalier pour lequel il éprouvait tant d'affection ! On me le rappellera sans cesse et j'en serai blâmé tout au long de ma vie ! S'il est mort, c'est parce que j'ai failli à ma tâche, moi qui devais garder la jeune fille. »

Il en était là de ses réflexions amères quand, regardant un peu plus loin dans le sentier, il vit Kaï en train de se relever péniblement. Il lâcha la bride et piqua des deux jusqu'à lui. « Seigneur, dit-il, me voici fort affligé de ta mésaventure, et je crains fort que tu n'en rejettes sur moi la responsabilité. — En effet, répliqua le sénéchal, tu peux avouer que tu es un pleutre ! Pour sûr, tout ce qui vient de m'arriver, je te le dois ! Tu es fier et plein de morgue quand tu te rends dans les appartements de la reine, mais dès qu'il s'agit d'accomplir des prouesses, on ne te voit plus ! La belle affaire que de prodiguer de beaux discours aux dames si l'on est incapable d'en secourir une — et une de plus qu'on était chargé de protéger ! Et que dire de l'honneur du roi ? Le voici terni parce que tu n'as pas tenu ta parole ! Aujourd'hui, je ne t'ai certes pas vu bien prompt à la riposte !

— Calme-toi, Kaï, dit Gauvain. Dieu soit loué, tu n'es pas trop mal en point. Je m'en serais voulu toute ma vie si tu étais mort ou même gravement blessé, car je ne conteste pas que j'ai eu grand tort en cette affaire. Mais voici ton cheval que j'ai attrapé par la bride. Mets-toi en selle, je te prie, et reviens à la cour. Pendant ce temps, je m'élancerai à la poursuite du cavalier qui nous a couverts d'opprobre et nous vengerai de belle manière ! — Tais-toi ! reprit Kaï avec colère. je ne recevrai pas mon cheval des mains d'un lâche ! Tu serais trop content d'aller répéter partout que je suis ton obligé ! » Gauvain répondit calmement : « À ta guise. » Et, sans ajouter un mot, il attacha le cheval de Kaï à un arbre, sauta sur le dos de Gringalet et, abandonnant le sénéchal à ses rancœurs, eut tôt fait de disparaître parmi les arbres.

Entre-temps, le ravisseur, qui avait eu si aisément raison de Kaï, avait pris le large. Au sortir de la forêt s'ouvrait une vaste plaine où Gauvain l'aperçut enfin devant lui, chevauchant sans relâche. Il le vit parvenir aux extrémités de la plaine et pénétrer dans une autre forêt dont les frondaisons étaient sombres et denses. Gauvain s'engagea sur ses traces et pénétra à son tour dans le bois. Longtemps il alla ainsi sans plus entrevoir celui qu'il poursuivait avec tant d'acharnement. C'est alors qu'il entendit des plaintes désespérées.

« Dieu tout-puissant, criaient plusieurs voix, aie pitié de nous ! Misérables que nous sommes, qu'allons-nous faire quand toute la joie du monde s'est en ce jour changée en douleur ? Nous avons beau jeu de le dire, pauvres filles, nous avons perdu ce qui constituait notre espoir et notre secours ! » Attiré par ces bruyantes manifestations de deuil, Gauvain abandonna sa route et se dirigea vers l'endroit d'où provenaient les lamentations. Ainsi découvrit-il, au bord d'une lande, trois jeunes filles blotties les unes contre les autres. Après les avoir saluées, il s'informa avec beaucoup de douceur des peines qui provoquaient leur chagrin.

« Hélas ! répondit l'une d'elles, s'il ne tenait qu'à moi, nous nous serions toutes trois donné la mort ! Notre vie ne peut être que souffrance, maintenant que nous avons subi une telle perte ! Il n'est pas de mots pour le dire, et tu ne pourrais jamais comprendre ce qui nous condamne aux larmes. » Et, après avoir prononcé ces paroles, elle tomba évanouie. Les deux autres filles se lamentèrent de plus belle. Gauvain ne savait que penser. Examinant les alentours, il aperçut, gisant sur le sol, un jeune homme d'une beauté surprenante, grand, bien bâti, vêtu avec élégance, et qui avait les yeux crevés. La blessure était toute fraîche, et devant ce visage encore ensanglanté, Gauvain sentit la colère monter en lui : c'était pitié que la manière dont on avait défiguré le bel adolescent. « Jeunes filles, dit-il, comment a été commis le forfait dont je vois les traces lamentables ? Que s'est-il donc passé ? Répondez-moi sans crainte, car il n'y a nulle femme ou nulle jeune fille dans la détresse que je n'aie aidée dans la mesure de mes moyens. Dites-moi la vérité sur ce point.

— Seigneur, répondit l'une des jeunes filles, tes propos manifestent tant de courtoisie que tu mérites d'entendre le récit complet de nos maux. Seigneur, je dois te dire que si nous pleurons, nous ne le faisons pas encore assez, car si le monde entier apprenait l'étendue de la perte que nous avons subie aujourd'hui, le même deuil s'étendrait à lui. — Mais ce jeune homme n'est pas perdu, dit Gauvain, il peut être encore sauvé. — Non, seigneur, ce n'est pas de lui qu'il s'agit, quoiqu'il soit aussi victime du même sort. Sache, seigneur, qu'aujourd'hui a été tué, en cette forêt, un homme dont la vaillance, la sagesse et la valeur étaient reconnues de tous. Oui, il a été tué ici même, voilà un instant, et sous nos yeux. Tu peux deviner de qui je parle ? — Certes non, répondit Gauvain. Je n'étais pas là. Qui donc a été tué sous vos yeux ?

— Seigneur, reprit la jeune fille, il s'agit de Gauvain, le neveu du noble roi Arthur, le meilleur chevalier qui fut aimé et loué par le monde. » Gauvain ne fut pas peu surpris d'entendre cette nouvelle. Néanmoins, il ne dit rien et préféra écouter la suite du discours. « Oui, Gauvain se promenait aujourd'hui dans cette forêt sans armes, pour son plaisir, sans compagnie et sans escorte. Il n'avait avec lui que sa lance, son épée et son bouclier [1]. Ainsi allait-il tout seul. Trois chevaliers, Dieu les maudisse ! qui le haïssaient depuis longtemps l'avaient suivi jusqu'ici. Au sortir de ce vallon, l'un d'eux lança son cheval sur lui à fond de train. Les deux autres s'étaient embusqués, lui laissant le soin de l'affrontement. La bataille dura longtemps et Gauvain eut finalement le dessus. C'en fut trop pour les deux autres qui étaient restés dans le bois : ils arrivèrent, à bride abattue, au secours de leur compagnon et soumirent Gauvain à un tel assaut que celui-ci ne put s'en défendre. Le jeune homme que tu vois là, plein d'une folle témérité, vola au secours de Gauvain et lui prêta toute l'assistance qu'il put. Mais son courage ne servit à rien, car Gauvain fut tué et les autres, pour se venger, crevèrent les yeux du garçon. Comprends-tu maintenant pourquoi nous pleurons ? » Et quand elle eut fini de parler, toutes trois se mirent à se lamenter avec une violence redoublée, et leurs cris retentissaient dans toute la forêt.

Ce récit laissa Gauvain pantois d'abord. Ainsi donc, on le croyait mort et, en outre, ces jeunes filles pleuraient son sort ? Malgré son émotion, il décida qu'il ne les détromperait pas avant d'avoir vengé le jeune homme aveuglé pour avoir secouru celui qu'il supposait être Gauvain. Il s'approcha des jeunes filles : « Belles, leur dit-il avec douceur, ne vous désolez pas ainsi. Vous

---

1. Quand on dit qu'un chevalier est « sans armes », c'est qu'il ne porte pas son « armure », ce qui ne l'empêche pas d'avoir ce que nous appelons maintenant des « armes ». Quand on « désarme » un chevalier, on lui ôte son armure. La confusion sur la mort de Gauvain s'explique par le fait que Gauvain est connu pour sa beauté et sa bravoure, mais que peu de gens l'ont vu *désarmé*, c'est-à-dire sans son armure. La plupart du temps, on reconnaissait un chevalier au blason qu'arborait son armure et quand il voulait combattre anonymement, il revêtait une armure non différenciée. Ces non-reconnaissances ou ces méconnaissances sont fréquentes dans de nombreux épisodes du cycle arthurien.

n'avez aucune raison de vous tourmenter, car j'arrive tout droit de la cour et je viens d'y voir Gauvain, le neveu du roi, en parfaite santé, assis à une table et festoyant. » Or le jeune homme gisant à terre répondit, surmontant sa souffrance : « Seigneur, sa mort ne fait aucun doute, et j'étais là quand ces maudits l'ont tué. Je l'ai bien reconnu, et je suis fier d'avoir tenté de le sauver. Hélas ! Dieu n'a pas voulu qu'il en fût ainsi. » Gauvain se tourna vers les jeunes filles : « Belles, dit-il, montrez-moi donc où ils ont mis le corps de Gauvain. Je saurai bien le reconnaître. — C'est impossible, répondirent-elles. Ils l'ont découpé en morceaux et l'ont emporté, sans doute pour disperser ses membres dans des fondrières. Et ensuite, ils sont allés se mettre à l'abri dans leur pays. Sois bien sûr que jamais on ne les retrouvera, pas plus que le corps de Gauvain. »

Partagé entre une profonde pitié pour le jeune homme et une fureur mortelle envers ceux qui lui avaient infligé cet horrible traitement, Gauvain se jura en lui-même de traquer sans répit les meurtriers de l'homme qu'ils avaient pris pour lui et de leur faire avouer les motifs de leurs agissements. Mais il était fort embarrassé : le temps passait, et le ravisseur de la jeune fille devait déjà être très loin. Laquelle des deux poursuites devait-il entreprendre ? La rage l'envahit en pensant au cavalier inconnu qui s'enfuyait, convaincu qu'en plus de sa lâcheté, Gauvain était incapable de le rejoindre. Il finit par décider qu'il mettrait un terme à la première aventure avant de s'engager dans la seconde. « Amis, dit-il aux jeunes filles et à l'adolescent supplicié, je dois poursuivre ma route. Je vous recommande à Dieu. Soyez sûrs que si j'avais pu venir plus tôt, mon bouclier aurait été percé, mon haubert froissé et rompu, que moi-même j'aurais été blessé avant que ce jeune homme fût traité de la sorte. Vous ne connaîtrez pas mon nom avant que je revienne. Et, dès mon retour, je n'aurai de cesse ou de mourir ou d'obtenir vengeance ! »

Il prit alors congé des jeunes filles et de leur malheureux compagnon puis piqua à travers la lande jusqu'à ce qu'il eût retrouvé son chemin. Il alla longtemps ainsi et, au sortir de la forêt, déboucha finalement dans une large vallée. Sur le versant opposé, il vit au loin chevaucher son adversaire et fut tout heureux de ne pas s'être laissé distancer. Le soir commençait à tomber, mais Gauvain pressa si vivement Gringalet qu'il eut tôt fait de franchir la vallée.

Il aperçut alors devant lui une forteresse, entièrement close de pierre taillée, dont le mur avait au moins cent pieds de haut. Ainsi fortifiée, la place ne craignait aucun assaut. Gauvain se rendit compte que, vu l'heure tardive, il ne pouvait plus affronter le chevalier, celui-ci s'étant probablement réfugié dans la forteresse. Aussi décida-t-il d'y entrer lui-même, afin de surveiller le ravisseur et de le provoquer dès le lendemain matin. Il lança donc son cheval et força l'allure en direction de la poterne et, du bas des formidables remparts, considéra longuement le château. Il héla alors le portier, assez fort pour se faire entendre, et celui-ci apparut sur une échauguette et cria : « Ami, tu t'époumones en vain, car le soleil est maintenant couché et plus une porte ne sera ouverte ce soir ou demain avant qu'il ne fasse grand jour. Le maître de ces lieux l'exige ainsi, et chacun s'incline devant ses ordres : le guichet ne sera déverrouillé qu'après le lever du soleil. Je suis désolé pour toi, mais les ordres sont formels.

— Ami, reprit Gauvain, je viens de faire une longue course, et mon cheval et moi sommes épuisés. Je sais qu'il est bien tard, mais indique-moi, je te prie, un endroit où l'on accepterait de m'héberger. — Seigneur, répondit le portier, il n'y a ni chaumière, ni maison à dix lieues à la ronde. Je ne sais que te conseiller : tu errerais en vain toute la nuit à travers les bois et les champs de bruyère. — Fort bien, dit Gauvain. Je m'en vais et te recommande à Dieu. » Et, sans plus attendre, il reprit le chemin qui l'avait mené jusqu'à la porte de la forteresse.

Or, en descendant la pente, il aperçut une chapelle, haute et belle, en bordure du chemin, et derrière elle se trouvait un cimetière entouré d'un mur qui paraissait épais. Pensant qu'il se trouverait là en parfaite sécurité et qu'il pourrait s'y reposer jusqu'à l'aube, il avança donc jusqu'à la chapelle, la contourna et mit pied à terre dans le cimetière. Il déposa sa lance et son bouclier contre le mur de la chapelle, il dessella Gringalet puis il le pansa et l'étrilla soigneusement. Alors le cheval s'en alla brouter l'herbe qui poussait entre les tombes, et Gauvain s'assit tranquillement sur une dalle de granit. C'est alors qu'il entendit, à l'extérieur du cimetière, un bruit de trot. Il sortit et aperçut un jeune homme monté sur un roncin qui, sortant du bois, se dirigeait vers la forteresse.

« Qui es-tu donc pour passer si tard ? » demanda Gauvain. En entendant parler, le jeune homme faillit tomber de sa monture et poussa un hurlement. « Par la sainte mère de Dieu ! s'écria-t-il, que je conserve intacte ma raison ! Par Dieu tout-puissant, que je sois protégé des menaces de l'enfer ! »

Abasourdi de cette réaction, Gauvain s'approcha du jeune homme en disant : « Ne te tourmente pas, ami ! Que Dieu tout-puissant nous protège, toi et moi, de tout péril qui pourrait survenir ! » L'autre, en entendant invoquer Dieu, fit tourner son cheval et vint aussitôt lui demander qui il était et de quel pays il venait. « Ami, je suis Gauvain, fils du roi Loth d'Orcanie et neveu du roi Arthur. Pourquoi t'être ainsi affolé lorsque je t'ai adressé la parole ? — J'ai eu peur, avoua le jeune homme. J'ai cru qu'un diable voulait m'agresser ! — Un diable ! s'ébahit Gauvain, d'où te vient cette étrange idée ?

— Seigneur, répondit le jeune homme, ignores-tu que c'est dans l'*Âtre Périlleux* [1] que tu as établi ton gîte ? Chaque nuit, je te le jure, des diables viennent y loger,

1. Le terme médiéval *âtre* signifie « cimetière ».

un, deux ou trois, je ne sais pas au juste. Voilà bien plus d'un siècle que personne, chevalier, berger, clerc ou bourgeois, ne s'y est arrêté là l'espace d'une nuit sans qu'on l'ait trouvé mort au petit matin. Ne crois pas être arrivé à bon port, cherche un autre logis que ce cimetière maudit. Mais si tu veux m'en croire, tu accepterais mon offre de t'héberger moi-même. Vois-tu cette forteresse sur la pente ? Elle était à moi, jadis, et je la tenais de mon père, mais j'en ai fait don à un chevalier quand il a pris ma sœur pour épouse. Ils dormaient tous ce matin quand je suis parti chasser dans la forêt. J'ai poursuivi un cerf toute la journée, si bien qu'enfin l'un de mes lévriers l'a rejoint. Je me suis longuement attardé à l'écorcher et à le découper. Tu peux le voir sur mon cheval. Nous pourrons en tirer bientôt autant de rôtis et de bouillis que nous voudrons. Mais je t'en prie, seigneur, ne reste pas ici si tu tiens à la vie. Viens plutôt t'abriter chez moi, tu y seras bien accueilli. — Certes, repartit Gauvain, ton offre est des plus aimables et je t'en sais gré. Mais, tout à l'heure, je suis allé me présenter à la porte de la forteresse, et un homme d'armes m'a répondu que je m'époumonais en vain. Il paraît, et cela m'étonne fort, que les portes sont closes dès le coucher du soleil et ne se rouvrent qu'à l'aurore.

— Tout cela est exact, dit le jeune homme. Cet homme d'armes t'a bien renseigné. Mais nous parviendrons bientôt au fossé. J'y jetterai mon gibier et nous y sauterons nous-mêmes, puis nous l'escaladerons du côté du rempart. Mes gens s'y trouvent, qui montent la garde avec vigilance lorsque je ne suis pas rentré avant le coucher du soleil. Ils auront tôt fait de nous hisser au sommet du mur, la venaison, toi et moi. — Cependant, dit Gauvain, que ferons-nous de nos chevaux ? — Seigneur, nous les laisserons paître librement toute la nuit. Le mien est très bien dressé à cela. Jamais il ne s'éloignera de l'enceinte, et je le retrouverai frais et dispos demain matin. — Mais le mien, dit Gauvain, que fera-t-il, lui qui ne connaît pas les lieux ? Si les loups le tuent, ou quelque autre bête sauvage, j'en serai blâmé ma vie durant dans mon pays. La chose se saurait sûrement, et l'on me reprocherait de l'avoir lâchement abandonné et offert à la convoitise des fauves. Il n'est donc pas question qu'il reste à l'extérieur. Sinon, je demeure avec lui pour le meilleur et pour le pire. — Voilà une bien grande folie ! s'écria le jeune homme. Pour l'amour d'un cheval, tu vas risquer ta propre vie. Je t'en prie, viens avec moi : tu ne le regretteras pas. — Non, répliqua fermement Gauvain. Si mon cheval ne peut entrer dans la forteresse, je reste ici. Mais je te prierai de m'octroyer un don si tu le peux lorsque tu auras regagné ton château. — Je te le promets. De quoi s'agit-il ?

— Voici. Écoute bien ce que je vais te dire : un chevalier d'une très haute taille s'est logé dans cette forteresse. Il emmène sur son cheval une jeune fille, belle et svelte, noble et courtoise, vêtue d'une magnifique robe de soie rouge. Je dois cependant préciser qu'il a eu, aujourd'hui, l'insolence de l'enlever à la cour du roi Arthur alors qu'elle était sous ma protection. J'en ai été profondément humilié. Toute la journée, je l'ai poursuivi sans pouvoir l'atteindre, et demain, j'espère bien laver mon affront. Mais rien jusqu'ici ne m'a tant irrité que l'idée qu'il puisse passer la nuit avec elle. Donc, pour l'amour de moi, arrange-toi, si la chose peut se faire d'une manière ou d'une autre, pour que ta sœur se charge d'elle jusqu'au matin. Tu m'auras alors rendu un très grand service. Si le chevalier abusait de cette jeune fille, mon honneur serait à jamais terni. Demain, en plein jour, il en pourra reprendre possession, et peu importe de quel côté il ira : je le suivrai et le défierai. — Il sera fait comme tu le demandes, répondit le jeune homme, mais je te prends pour un insensé de t'entêter à séjourner, cette nuit, dans le cimetière. »

Comprenant toutefois que rien ne fléchirait la volonté farouche de Gauvain, le jeune homme n'insista plus. Il partit au grand galop de son roncin, parvint rapidement à l'enceinte, appela ses gens qui se tenaient aux aguets sur le mur et, après avoir jeté sa venaison dans le fossé, y sauta lui-même, aussitôt qu'il eut lâché son cheval et pris soin de lui retirer son harnais. Il fut alors aussitôt hissé jusqu'au chemin de ronde.

La nouvelle étant parvenue au seigneur que son beau-frère était de retour, il sortit de son manoir et accourut à sa rencontre, heureux qu'il ne lui fût point arrivé d'accident. Quant à la dame, elle s'élança de même, escortée de toute sa suite. Il ne resta même pas un portier de garde. Jamais nul ne manifesta de joie semblable à celle qui accueillit le jeune homme dans la place, car tout le monde s'alarmait de sa partie de chasse à l'arc dans la forêt. Ce d'autant plus que, comme il s'était fort attardé, tous redoutaient qu'à l'heure de son retour, le diable qui gardait l'*Âtre Périlleux* ne l'eût mis à mal. Ils l'appréhendaient fort, car même les plus hardis d'entre eux auraient perdu toute vaillance en telle rencontre.

Ils entrèrent alors dans la grande salle, et le jeune homme y avisa le chevalier et la jeune fille dont Gauvain lui avait parlé. Frappé d'emblée par l'expression sauvage, l'air insolent et la taille démesurée de l'homme, il se retourna vers son beau-frère : « Seigneur, dit-il, jamais plus grand malheur n'est arrivé là-bas, hors nos murs, dans l'*Âtre Périlleux,* et jamais plus grand n'arrivera désormais que celui qui s'y produira cette nuit. Vous tous qui êtes ici, vous pouvez vous affliger, car celui qui sera victime du diable de l'*Âtre Périlleux* n'a pas son pareil au monde ni en largesse ni en courtoisie, et sa grande valeur ne le rendait pas arrogant pour autant. Maudit soit le cimetière qui lui aura de la sorte servi de gîte ! Quand le roi Arthur apprendra la nouvelle, il se vengera en détruisant notre pays, car c'est à juste titre que ce puissant roi nous demandera des comptes au sujet du neveu qu'il est en train de perdre en ce moment même. Dieu tout-puissant, quelle désolation parmi les compagnons d'Arthur quand on saura ce qui s'est passé ! » Après une brève pause, le jeune homme reprit à l'adresse de son beau-frère : « Maintenant, je vais te dire quel odieux outrage a causé sa mort. »

Il s'avança au milieu de la salle. « Vois-tu le chevalier assis là-bas, et qui est ton hôte ? Sache qu'il s'est rendu à la cour du roi Arthur pendant que celui-ci se trouvait à table. La jeune fille qui l'accompagne était venue dès hier y offrir son service et y demeurait, sous réserve d'assurer le service de la coupe royale. Quant à Gauvain, il devait la protéger de tout opprobre et tout déshonneur. Or ce chevalier-ci a eu l'impudence de se saisir de la jeune fille en la présence du roi et de son garant, Gauvain. Toute la journée, Gauvain l'a poursuivi à travers la forêt, mais lorsqu'il est arrivé devant notre forteresse, le crépuscule l'a empêché d'y pénétrer. À son corps défendant, le voici maintenant obligé de passer la nuit dans l'*Âtre Périlleux*. C'est là que je l'ai vu et que je lui ai tenu longuement compagnie, pendant qu'il me contait sa poursuite. J'ai insisté le plus courtoisement que j'ai pu pour qu'il vienne se loger ici, mais il n'a jamais consenti à se séparer de son cheval. Voilà les faits. Maintenant, si tu tiens à mon amitié, le moment est venu de me le montrer, car j'ai une requête à te soumettre. — Je l'accepte d'avance, dit le seigneur.

— Je te remercie, dit le jeune homme. Voici ce dont il s'agit : je te prie de placer la jeune fille, cette nuit, sous la protection de ma sœur, et de la laisser reprendre demain, sans discussion, par le chevalier qui l'a amenée. Telle est la prière que m'a faite Gauvain : qu'elle soit, cette nuit, soustraite aux entreprises de son ravisseur. » En entendant ces paroles, le chevalier se leva d'un air furieux. « Il n'en sera rien, dit-il. Puissé-je être cinq cent mille fois maudit, les choses ne se passeront pas ainsi ! Après avoir suivi ma demoiselle en plusieurs cours, j'ai provoqué un scandale ce matin à la cour du roi Arthur et, au vu de tous les chevaliers qui s'y trouvaient, j'ai osé l'emmener, et, maintenant, elle passerait la nuit sous une autre garde que la mienne ? Jamais je n'accepterai pareil affront ! »

Le seigneur avait de courtoises manières : il pria aimablement son hôte de céder de bon gré la jeune fille qui faisait l'objet du litige. À son tour, la dame joignit ses prières, et, à sa suite, tous leurs familiers présents. « Inutile d'insister ! s'écria le grand chevalier. Personne au monde ne pourrait m'y faire consentir ! » Alors le jeune homme se mit en colère. « Finissons-en ! dit-il. Si l'on n'exécute pas mes volontés, je m'en retourne annoncer à Gauvain que je n'ai pu exaucer son vœu. J'aime mieux l'en informer tout de suite et lui tenir compagnie, pour le meilleur et pour le pire, plutôt que de passer pour un imposteur à ses yeux ! » Le seigneur comprit que la résolution de son beau-frère était ferme et irrévocable. « Ami, dit-il, si tu ne peux obtenir satisfaction de cet homme par la prière, moi, je devrai recourir à la violence. Il n'est pas question que tu sortes de ce manoir. » Et, se tournant vers le ravisseur de la jeune fille : « Maintenant, je te le demande pour la dernière fois, mieux vaudrait pour toi me confier de bon gré la jeune fille qui t'accompagne. Tu y gagneras plus d'honneur que si la violence te l'enlevait. Or, ce que je ne puis obtenir par la prière, je l'obtiendrai par la force, sois-en certain. » Au ton de la voix et à la détermination qu'il découvrait dans les yeux du seigneur, le ravisseur se tint coi. Il savait bien qu'en cas de refus, on l'obligerait à céder par les armes. Et il était seul contre tous. « Fort bien, dit-il enfin. Puisque je suis contraint de vous la confier, prenez-la, à condition de me la rendre demain matin. — Ce qui est dit est dit, répondit le seigneur. Elle sera demain matin à ton entière disposition. »

La dame prit alors la jeune fille par la main et l'emmena dans ses appartements qui étaient fort agréables. Elles y dînèrent ensemble dans la bonne humeur. Le seigneur, de son côté, se mit à table dans la grande salle avec tous ses gens. Ceux-ci manifestaient le plus vif entrain, mais le grand chevalier demeurait silencieux et maussade, tant l'absence de sa captive lui causait de dépit.

Cependant, par toute la ville se répandait la nouvelle que Gauvain, le neveu du roi Arthur, se trouvait depuis le coucher du soleil à l'intérieur de l'*Âtre Périlleux*. Ce fut alors un grand cri de lamentation, car chacun savait que le noble chevalier courait un danger mortel. Certains s'en allèrent prier à l'église pour que Dieu protégeât le preux qui ne craignait pas d'affronter les démons. D'autres montèrent sur les créneaux, prêtant l'oreille au moindre bruit qui pourrait leur parvenir depuis le cimetière maudit.

Gauvain avait pris place entre le mur et la grille, sur une tombe de marbre gris. Celle-ci, splendide, était sculptée finement. Il somnolait là déjà depuis assez longtemps quand il sentit la dalle trembler sous lui et se soulever légèrement. Il fut très étonné, car il ne voyait absolument personne aux alentours. Et la pierre cependant continuait de se dresser, tant et si bien que les pieds de Gauvain ne touchaient plus le sol. Il se leva et s'en alla à la recherche d'un autre siège plus hospitalier. Il n'avait pas eu le temps de faire quatre pas que le tombeau se trouva complètement ouvert : il vit alors qu'y gisait, tout entière offerte à ses regards, une jeune fille vêtue d'une longue robe blanche. Et la jeune fille se releva afin de s'asseoir. Dressant sa main droite, Gauvain fit le signe de la croix. Mais, en lui-même, il ne pouvait croire qu'une jeune fille si belle et d'aspect si pur pût être une diablesse. Celle-ci regarda Gauvain et lui dit : « Pourquoi avoir peur de moi ? » Gauvain ne savait que répondre. Ému par la troublante beauté de l'inconnue, il finit par murmurer : « Jeune fille, je vois quelque chose que je n'avais encore jamais vu. Aussi n'est-il pas surprenant que j'en marque quelque frayeur. Es-tu un diable ayant revêtu cette forme pour me venir tenter ? — Nullement, répondit-elle. Je suis une créature de Dieu, et c'est Dieu lui-même qui t'a conduit ici pour me libérer de ma prison. Car si tu ne m'aides, je ne pourrai jamais quitter cette vie de chagrin, de peine et de douleur. — Jeune fille, je t'en prie, dis-moi qui tu es, pourquoi tu te trouves ici prisonnière et pour quelle raison l'on nomme cet endroit l'*Âtre Périlleux* ? »

La jeune fille s'était assise sur le rebord d'une tombe, et plus que jamais Gauvain se sentait troublé par son étrange beauté. « Seigneur, dit-elle, je suis la fille d'un pauvre vavasseur. Après la mort de ma mère, mon père se remaria avec une femme d'un rang supérieur au sien : toute belle qu'elle était, je l'étais davantage, et elle en conçut une vive jalousie à mon égard. Elle imagina divers enchantements et sortilèges pour m'enlaidir mais n'y parvint pas. Alors, elle lança sur moi un charme si puissant que je perdis la raison. Longtemps, je me comportai comme une folle, sans savoir ce que je faisais. Et, un jour que j'allais seule sur un chemin, je rencontrai un diable à figure d'homme.

« Il ne fut pas long à me remarquer, et peut-être d'ailleurs me guettait-il depuis longtemps. Car voici ce qu'il me dit : "Belle, je connais ton tourment et ta souffrance, mais je peux te guérir complètement, dès aujourd'hui, à la seule condition que tu acceptes de m'appartenir." Hélas ! j'avais un tel désir de guérir et de retrouver toute ma raison que je lui promis sur-le-champ de me plier à toutes ses volontés. Il ne m'avait pas trompée, car je fus immédiatement délivrée de mon mal, et, par la suite, je n'ai plus eu aucun trouble de ce genre. Mais à quel prix !

« Il me fit monter sur son cheval et me conduisit dans ce cimetière, m'ordonnant de demeurer tout le jour dans cette tombe. La nuit, il vient, me fait sortir et prend de moi tout le plaisir qu'il veut. Depuis ce jour, je suis très malheureuse. Pourtant, il n'est pas brutal. Il m'apporte des vêtements, des bijoux, des mets succulents. Mais je ne peux plus sortir de ce cimetière, car son pouvoir est tel que le sortilège qu'il a jeté sur moi ne pourra être levé que par sa mort. Et je le hais tant qu'à tous les instants de ma vie je souhaite qu'il périsse, ce monstre qui abuse de moi sans scrupule et me retient par ses charmes diaboliques.

« Mais, seigneur, il va falloir que tu te battes contre lui, car il est en route. Il va bientôt arriver et ne tolérera pas que je m'entretienne avec quelqu'un d'autre que lui. Toutefois, ne te laisse pas impressionner par sa force et sa laideur. Je vois que tu es brave et généreux, et si tu as foi en Dieu, sois-en certain, tu vaincras. Alors je serai délivrée. Vois-tu la croix qui surmonte cette tombe ? Si tu te sens faiblir au cours du combat, regarde-la, et immédiatement, tes fatigues cesseront et tu pourras lutter avec une ardeur intacte. Maintenant, cher seigneur, prépare-toi, enfourche ton cheval, car je sens qu'approche mon tortionnaire. »

Gauvain mit alors son heaume et enfourcha Gringalet. La jeune fille en blanc s'empressa de l'aider, lui tendant lance et bouclier. « Quoi qu'il advienne, lui dit-elle, garde courage. » À ce moment, le diable franchit la porte et pénétra dans le cimetière. « Espèce de putain ! s'écria-t-il, c'en est fait de ta vie et de l'honneur de ton galant ! Votre entrevue va s'achever bientôt d'une manière déplorable pour lui et pour toi. Il aurait mieux fait de ne jamais venir ici. » Avec beaucoup de dignité, la jeune fille répliqua : « Je n'ai pas peur. Je ne déplore que d'avoir dû me prostituer à toi tant de nuits. Mais tout va changer, car celui qui est là, c'est le noble Gauvain, le neveu du roi Arthur, et tu ne pèseras guère en face de lui ! Ainsi cesserai-je à jamais d'être soumise à tes désirs monstrueux ! »

Quand le diable entendit le nom de son adversaire, il en conçut une agitation sans bornes, car il le connaissait de réputation. Ils se ruèrent aussitôt l'un sur l'autre, se frappant sans pitié, entrechoquant leurs armes et poussant chacun des cris, dans l'espoir de s'effrayer l'un l'autre. Le combat fut d'une rare violence, et la fureur du diable était telle, sa force et sa prouesse si grandes que Gauvain fut obligé de reculer jusqu'à la porte du cimetière, vers l'entrée de la chapelle.

« Gauvain ! s'écria alors la jeune fille, ta foi manquerait-elle de fermeté ? Regarde l'image de la croix ! » À ce rappel à l'ordre, Gauvain courut sus à l'ennemi avec une telle rage qu'il le fit reculer fort à l'intérieur du cimetière. Mais la colère du diable s'accrut quand il se vit contraint de céder du terrain. À son tour, il s'élança sur Gauvain le plus vite qu'il put et lui martela le flanc droit. Blessé en deux endroits, celui-ci dut reculer au-delà du porche. « Hélas ! s'écria encore la jeune fille, comment expliquer qu'un diable maudit possède une telle vigueur ? Ah, chevalier ! que fais-tu donc ? Aurais-tu donc oublié la croix ? » Au son de la voix, Gauvain jeta un regard sur le crucifix, et aussitôt il sentit ses forces lui revenir. Il se précipita sur son adversaire et lui donna une telle estocade qu'il l'abattit sur les genoux. Puis, voyant qu'il l'avait gravement touché, il le fit reculer au point de trébucher contre une tombe et s'y affaler avec tant de brutalité qu'il lui fut impossible de se relever et que, dans sa chute, il perdit son heaume qui alla rebondir fort loin. Il était maintenant nu-tête. Alors, sans éprouver la moindre pitié, Gauvain brandit son épée et l'abattit comme une masse sur le chef du monstre, lui emportant la moitié de la face jusqu'au menton. Un nouveau coup le décapita. « Dieu soit loué ! s'écria la jeune fille, et toi, chevalier, bénie soit ta venue en ces lieux ! Ma vie a été si longtemps misérable, en proie au tourment et à la peine ! Le monde entier peut maintenant le proclamer : voici Gauvain, le bon chevalier toujours prêt à secourir les femmes et les jeunes filles dans l'infortune ! » Et, se précipitant à genoux devant lui, elle se mit à pleurer d'attendrissement et de joie.

Les gens de la forteresse qui se trouvaient sur les créneaux avaient bien entendu, malgré la distance, le bruit du combat et le vacarme des assauts répétés des deux adversaires. Ils comprirent alors, une fois que le silence fut retombé, que l'un d'eux avait succombé, mais ils ignoraient lequel et avaient grand-peur qu'il ne s'agît de

Gauvain. Aussi se tourmentèrent-ils jusqu'à l'aube dans ce souci et cette angoisse. Or Gauvain avait retiré son heaume et, harassé par sa lutte, s'était étendu sur le sol, près de la chapelle, la tête posée sur la poitrine de la jeune fille qu'il venait de délivrer de l'emprise affreuse du démon.

Dès que le soleil eut paru, le jeune homme, beau-frère du seigneur des lieux, se leva, demanda son cheval et se précipita vers l'*Âtre Périlleux.* Chevaliers, jeunes filles et bourgeois, tous les habitants de la forteresse s'élancèrent à sa suite afin de connaître le sort de Gauvain. Et, tout heureux de le trouver sain et sauf, ils contemplèrent avec stupeur le diable maudit. Et comme celui-ci avait l'habitude de ravager le pays, ils en manifestèrent une grande joie. La nouvelle de sa défaite se répandit partout et le cimetière maudit perdit enfin son nom funeste d'*Âtre Périlleux.*

Dès que Gauvain se fut réveillé et qu'il eut reconnu le jeune homme de la forteresse, il lui demanda : « Ami, que sont devenus la jeune fille et le grand chevalier qui l'a ravie à la cour du roi ? — Seigneur, n'aie aucune crainte, tout s'est passé selon ta volonté. La jeune fille a été confiée à ma sœur, et celle-ci s'en est occupée toute la nuit avec le plus grand soin. Ce matin, au lever du soleil, quand les portes ont été ouvertes, le grand chevalier a manifesté son impatience de repartir. Il a fait seller son cheval et réclamé la jeune fille. Ma sœur la lui a rendue fort courtoisement, comme il avait été décidé, et, sans perdre un instant, le grand chevalier s'en est allé. D'après ses dires, il compte rejoindre son pays avec celle qu'il a obtenue grâce à la lâcheté des compagnons d'Arthur. » Ces paroles n'eurent pas le don de plaire à Gauvain dont la colère redoubla. Mais certes le jeune homme n'en était pas responsable. Après tout, Gauvain savait qu'il se trouverait fatalement, tôt ou tard, en présence du ravisseur, et l'essentiel, selon lui, était qu'il n'eût point passé la nuit avec elle. Il serait toujours temps de venger l'honneur d'Arthur et, sans compter celui du malheureux Kaï, le sien propre.

Gauvain dit donc au jeune homme : « Ami, à présent, peux-tu t'occuper de nous procurer quelque nourriture à moi-même et à mon cheval ? Ainsi ton service sera parfait. J'ai passé une bien mauvaise nuit, et je n'ai ni bu ni mangé depuis hier. » Remontant prestement sur son roncin, une bête puissante et rapide, le jeune homme se hâta vers la forteresse. Il appela deux de ses gens, leur donna du pain et de la viande en abondance, un gros morceau de chevreuil rôti et un pâté fait de deux perdrix. Il leur confia bien d'autres choses encore : des serviettes blanches, des coupes et du sel, sans oublier du bon vin, ainsi que de l'avoine et du foin pour le destrier. Puis, au grand galop, il rejoignit Gauvain qui l'attendait dans le cimetière.

Après qu'il eut déjeuné de bon appétit avec la jeune fille, Gauvain pria le jeune homme de lui préparer son cheval et ses armes. « Seigneur, dit la jeune fille, au nom de Dieu et pour l'honneur, je te prie de ne pas m'abandonner en ces lieux, car j'y serais bien seule et bien démunie. Je voudrais t'accompagner dans ton pays, si tu le veux bien ! — Seigneur, reprit le jeune homme à son tour, je vais me mettre en quête d'un palefroi pour elle, si tu y consens, mais, de grâce, emmène-moi aussi. Voilà si longtemps que je rêve d'être à ton service ! — Mon ami, répondit Gauvain, qu'il en soit selon ton désir. » Le jeune homme s'en alla donc encore une fois vers la forteresse et en revint avec un magnifique palefroi. Dans son ravissement, la jeune fille ne fut pas longue à l'enfourcher. Quant à Gauvain, il revêtit son heaume et fut bientôt en selle sur Gringalet. Puis tous trois ainsi équipés partirent à la recherche du grand chevalier.

Il était déjà plus de midi lorsqu'ils l'aperçurent, filant loin devant eux. Ils le reconnurent sans hésiter à sa monture et à son bouclier couleur vermeille, étincelant dans l'éclat du soleil. D'autant que, comme il avait placé la jeune fille devant lui, il avait dû mettre son écu sur la croupe, ce qui le rendait encore plus repérable. Mais à peine eut-elle entrevu le grand chevalier au bouclier vermeil que la jeune fille délivrée de l'*Âtre Périlleux* se répandit en lamentations, tandis que ses traits s'empourpraient.

« Seigneur, dit-elle à Gauvain, est-ce là l'homme contre lequel tu devras te battre après l'avoir rattrapé ? Hélas ! Sache que même à trois ou quatre, ses assaillants auraient fort à faire avant de pouvoir le blesser ! Il n'est pas dans toute la Bretagne de chevalier plus arrogant ni plus cruel ! On le redoute même dans son propre pays. On ne dénombre plus les chevaliers qu'il a tués pour satisfaire son orgueil et sa suffisance. S'il t'est possible, sans t'exposer à la honte ou au blâme, de t'en retourner, je ne saurais trop te le conseiller, renonce à ce combat. Crois-m'en, Gauvain, jamais tu n'auras livré de bataille, pas même celle de la nuit dernière, qui te donne plus de tourment, si tu persistes... J'ai tellement entendu parler de lui, de sa force et de sa vaillance qu'il me fait une peur affreuse ! — À Dieu ne plaise, rétorqua Gauvain, que j'abandonne aussi lâchement la tâche entreprise pour mon honneur et celui du roi Arthur ! Qui est donc cet homme pour te terrifier de la sorte ?

— Tu en as déjà entendu parler, répondit la jeune fille. Mais j'aimerais mieux être morte plutôt que de te voir, de mes yeux, perdre ne fût-ce que le petit doigt, toi qui m'as délivrée de ma longue misère ! Je redoute tant votre affrontement que, de ma vie, je n'ai éprouvé pareilles angoisses. Seigneur, c'est par le diable que j'ai appris sa valeur et son identité. Jusqu'au milieu de l'après-midi, il possède la force de trois chevaliers les plus hardis, les plus vaillants qui se puissent trouver. Quand le soleil commence à décliner, dès lors il s'affaiblit et perd progressivement de sa force jusqu'au moment où la nuit est tombée [1].

---

1. Dans certains récits arthuriens, telles sont les caractéristiques de Gauvain lui-même. Cela signifie que le grand chevalier est l'égal de

Mais il n'en conserve alors pas moins de vigueur et de hardiesse, et jamais il ne s'affaiblira au point de ne pouvoir résister au meilleur chevalier qui oserait se risquer contre lui.

« Permets-moi d'ajouter un dernier mot, Gauvain : ta mère, que j'ai bien connue, était une femme d'une grande sagesse. Au surplus, elle avait, grâce à la magie de Merlin, le pouvoir de lire la destinée de certains. Elle savait tout sur toi et, souviens-t'en, te découvrit certaines choses dont tu ferais bien de tirer profit à présent. Elle te pria instamment de te toujours comporter en brave, car jamais, à nul jour de ta vie, tu ne serais vaincu ni tué. Mais elle émit une réserve à propos de deux chevaliers : l'un, dont elle ne voulut point te dire le nom parce que Dieu le lui interdisait ; mais l'autre, elle te le nomma, ajoutant qu'il n'était pas, dans toute la Bretagne, de chevalier d'une aussi brutale arrogance, ni d'une pareille endurance. Or, le grand chevalier que tu poursuis, c'est celui-ci, et puisque tu connais son nom, tu verras trop que je ne te mens pas : c'est Escanor de la Montagne. Ta mère t'a bien prévenu que si tu te trouvais dans la nécessité de le combattre, elle était incapable de dire lequel de vous deux l'emporterait.

— Belle, dit Gauvain, c'est la pure vérité. Ma mère m'a parlé exactement dans les mêmes termes que toi. Mais sache que rien ne me fait revenir en arrière une fois que

---

Gauvain, mais ne prouve pas pour autant qu'il faille y voir des caractéristiques de héros solaire : le grand chevalier, malfaisant, arrogant et cruel, est tout le contraire de Gauvain. Il est plutôt diabolique en ce sens qu'il se jette constamment en travers de l'harmonie universelle. Et si cet être négatif possède une force surhumaine, c'est parce qu'il la reçoit, lui aussi, d'un élément féminin incontestablement solaire, mais significatif d'un monde *inversé*, donc maléfique. Il appartiendra donc à Gauvain, tel saint Michel luttant contre le Dragon des profondeurs, de rétablir l'équilibre cosmique en empêchant son adversaire de franchir certaines limites au-delà desquelles se produirait la rupture.

j'ai décidé quelque chose. Je préfère la mort au déshonneur [1] : la mort est vite passée, mais la honte dure très longtemps, car chacun en propage le récit circonstancié. Jamais je ne pourrais supporter semblable ignominie. Il me faut donc poursuivre le chevalier jusqu'à sa mort ou la mienne. — Je crains fort qu'il ne t'arrive malheur, dit la jeune fille du cimetière, mais je suis impuissante à te dissuader. Néanmoins, je te demanderai une faveur : puisque ses forces s'amenuisent au déclin du soleil, ne l'affronte pas avant la fin de l'après-midi. — Belle, répondit Gauvain, je t'obéirai. Suivant tes recommandations, je promets de ne livrer combat qu'après le coucher du soleil. »

Ils firent route ainsi toute la journée, et parvinrent enfin devant un bois épineux très difficile à traverser. Cependant, le grand chevalier, qui ne traînait pas, l'avait franchi bien avant eux et était entré dans une vallée. Gauvain et ses compagnons perdirent de précieux moments dans le bois, et quand ils se trouvèrent sur l'autre lisière, le grand chevalier avait disparu. Et Gauvain fut fort perplexe sur la route à prendre.

Alors, il se mit à presser l'allure et finit par apercevoir à nouveau, loin devant, Escanor qui chevauchait au milieu d'un champ. Il parcourut des yeux toute la plaine et vit, au-delà du champ, une forteresse qui lui sembla bien protégée et solidement construite. Il pensa alors que, du fait de l'heure tardive, Escanor ne manquerait pas de s'y arrêter pour passer la nuit. Du reste, la distance qui les séparait était telle qu'il ne pourrait en aucun cas le rattraper avant l'étape.

« Jeune homme, demanda-t-il, qu'allons-nous faire ? Il est clair qu'Escanor de la Montagne ira se loger dans cette forteresse, et cela ne m'arrange guère. — Seigneur, il n'y a là aucune difficulté. Tu aurais tort de t'inquiéter

---

1. On retrouve ici la devise de Bretagne armoricaine : « Plutôt la mort que la souillure », devise symbolisée par les noir et blanc du drapeau breton.

tant que je suis là. Cette forteresse, ainsi que toutes les terres qui l'environnent et la grande forêt que tu vois, m'appartenait autrefois. L'ensemble, j'en ai doté une autre de mes sœurs qui a épousé un chevalier vaillant et sage. À ce que je crois, ton ennemi ira lui demander l'hospitalité, et on ne la lui refusera pas. En revanche, il serait malséant, quel qu'en soit notre besoin, que nous allions nous loger dans la même demeure, chez le même hôte que notre ennemi mortel. Aussi te proposé-je que nous nous rendions chez un riche bourgeois de bonne compagnie. Au service de mon père avant de l'être au mien, il nous hébergera dans les meilleures conditions. — Précède-nous donc, répondit Gauvain, et fais préparer notre gîte au plus tôt. »

Ainsi fut fait. Dès que le jeune homme fut arrivé chez le bourgeois, qui l'accueillit avec de grandes démonstrations d'amitié, il lui expliqua ce qu'il attendait de lui et lui dit que son hôte, cette nuit-là, serait le preux chevalier Gauvain, neveu du roi Arthur. Le bourgeois en fut tout réjoui. Aussitôt, il manda ses serviteurs, leur fit préparer les sièges, le feu, le souper, avec une célérité, un soin au-dessus de tout reproche. Puis il monta sur son destrier robuste et léger, et il sortit de la ville. Gauvain avait déjà atteint les portes de la forteresse. Le bourgeois l'accueillit très courtoisement, ainsi que la jeune fille, et les mena jusqu'à son logis. Il les fit descendre de cheval et les conduisit dans la grande salle que jonchaient tapis et coussins. Un grand feu brûlait dans la cheminée. Les serviteurs s'empressèrent pour les désarmer, mais Gauvain s'y refusa obstinément.

« Ami, dit-il au jeune homme, hâte-toi de courir vers la tour, et arrange-toi, comme tu l'as fait la nuit dernière, pour que ce maudit Escanor ne puisse prendre son plaisir avec la jeune fille. Pour l'amour de moi, fais l'impossible afin que ta sœur ait celle-ci en sa garde pendant toute la nuit. Dis en outre à Escanor que s'il s'y oppose, il ne lui reste qu'à remonter à cheval, car je suis prêt à l'affronter sur-le-champ plutôt que de le laisser jouir de la jeune fille contre mon gré. » Le jeune homme avait bien compris. Il se précipita chez son beau-frère et fut accueilli le mieux du monde. Mais Escanor le reconnut aussi : « Maudit sois-tu ! s'écria-t-il. De ma vie je ne serai content que je ne me sois vengé de toi. Si je te tenais en dehors de ces murs, je n'y manquerais pas, sans délai ! » Puis, se retournant vers ses hôtes, il ajouta : « Je n'ai jamais vu de garçon plus insolent et plus insensé. Il m'a contraint de me séparer de mon amie pendant toute la nuit dernière. »

Le seigneur de la forteresse marquait déjà quelque étonnement quand le jeune homme, sans se départir de son calme et de sa courtoisie, expliqua l'affaire en détail. Puis, s'adressant à son beau-frère : « Je m'en rapporte à ton jugement, quant au forfait qu'a commis cet homme devant le roi Arthur. Pour moi, je ne fais qu'accomplir les ordres de Gauvain, et ce ne sont pas les menaces de cet homme qui me fléchiront. Cependant, cher beau-frère, je réclame de toi un don. — Quel est-il ? — Que ma sœur prenne en charge dans ses appartements cette jeune fille et ne la rende au chevalier que demain matin, lorsqu'il prendra congé. — Par ma foi, dit le seigneur, je n'ai pas le droit de te refuser quoi que ce soit. Si je suis le maître, en cette forteresse, c'est bien parce que tu me l'as donnée en toute amitié. Il en sera ainsi : cette jeune fille sera donc sous la garde et la protection de ta sœur aussi longtemps qu'elle demeurera ici. » Escanor de la Montagne ne manqua pas de protester vigoureusement. « Si tu n'acceptes pas, dit le jeune homme, Gauvain viendra en personne te combattre ici même. Le duel me semble inévitable. — Attends ! s'écria le seigneur. Cela serait inconvenant. Ayant accordé l'hospitalité à cet homme, je lui dois aide et protection. Mais, puisqu'il est mon hôte, il doit exaucer mes prières. Sinon, je ne peux rien lui garantir. » Après force discussions, Escanor finit par se rendre à l'évidence. Marmonnant des menaces contre Gauvain et son compagnon, il accepta de confier la jeune fille à la dame du château, et celle-ci l'emmena immédiatement dans ses appartements, à la grande satisfaction du jeune homme qui se précipita chez le bourgeois pour informer Gauvain du plein succès de sa mission.

Alors seulement celui-ci consentit à s'asseoir et à se laisser désarmer. Son visage était blessé en plusieurs endroits, et le sang s'était répandu le long de ses joues. L'hôte avait une sœur, belle, courtoise et bonne, qui fit préparer un bain pour Gauvain et prit grand soin de lui. Ainsi fut-il remis de ses fatigues. Et l'on fit alors préparer le repas. Gauvain prit place confortablement près de la cheminée. À sa droite, il fit asseoir son hôte avec la jeune fille du cimetière ; à sa gauche, la sœur de son hôte et le jeune homme qu'il se prenait à chérir d'une grande affection. Ils eurent alors en abondance pain et vin, viande et poisson, volatiles rôtis, gibiers et tout ce dont ils avaient envie. L'hôte leur assura un service parfait, dans une atmosphère aussi détendue que plaisante. Et sitôt qu'ils eurent fini de souper, comme ils se sentaient épuisés, on dressa pour Gauvain un lit près du feu. C'est ainsi que le neveu d'Arthur se coucha et s'endormit sans même penser aux dures épreuves qui l'attendaient le lendemain.

Dans le château, dès qu'il fit grand jour, Escanor de la Montagne se leva et s'apprêta, car il lui déplaisait fort de s'attarder là : sa contrariété était vive qu'on l'eût privé de la jouissance de son amie cette nuit et la précédente. Un écuyer l'arma rapidement puis sella et brida sa monture. Alors, Escanor réclama la jeune fille, et la dame, comme convenu, la lui amena. Dans la maison du bourgeois, on vint dire à Gauvain qu'Escanor, brûlant d'impatience, avait déjà pendu son écu à son cou et venait de franchir les murs d'enceinte avec la jeune fille.

Gauvain prit très mal la nouvelle. Il eut tôt fait de se lever, s'habiller, demanda ses armes. Comme elles étaient très abîmées, le bourgeois, désireux de le satisfaire du mieux qu'il pouvait, lui apporta un heaume neuf et un élégant haubert conçu pour la joute, ainsi que des chausses blanches à mailles serrées. Puis il alla chercher une épée aussi brillante qu'acérée et un bouclier ornementé de la manière la plus précieuse qui fût. Jamais, de sa vie, Gauvain n'avait vu d'armes aussi splendides. Il dit alors à son hôte : « À Dieu ne plaise qu'un tel service demeure sans récompense ! Puisse-t-il me donner la force, le courage et le pouvoir de t'en montrer ma reconnaissance si l'occasion s'en présente un jour. » Le jeune homme et la fille de l'hôte s'empressèrent pour l'armer ; bientôt, leurs selles mises, les chevaux furent amenés. Dédaignant l'étrier, Gauvain sauta d'un bond sur le dos de Gringalet. Le jeune homme, dès qu'il se fut à son tour mis en selle, se chargea du bouclier et de la lance. Quant à l'hôte, il fit monter la jeune fille, puis il partit avec eux, souhaitant les conduire jusqu'à la lisière de la forêt. « Seigneur, dit-il quand ils y furent parvenus, je m'en retourne et vous recommande tous trois à la grâce de Dieu. » Gauvain et ses compagnons, après l'avoir encore une fois remercié, prirent congé de lui et pénétrèrent dans la forêt [1].

---

1. D'après *L'Âtre Périlleux*, récit en vers anonyme du milieu du XIIIe siècle, édité par Brian Woledge en 1935 dans les « Classiques Français du Moyen Age ». Traduction intégrale par Marie-Louise Ollier dans *La légende arthurienne*, sous la direction de Danielle Régnier-Bohler, Paris, 1989.

CHAPITRE II

Le Roi de la Rouge Cité

Ils durent chevaucher lentement, car le chemin était très étroit, tortueux, mais Gauvain se consolait en pensant qu'Escanor rencontrait les mêmes difficultés et ne pourrait guère prendre d'avance. Effectivement, quand ils eurent quitté la forêt, ils aperçurent à peu de distance le grand chevalier au bouclier vermeil. Gauvain piqua des deux, et il eut tôt fait de rattraper le ravisseur. « Chevalier ! s'écria-t-il, dépose à terre cette jeune fille ! Ton cheval l'a trop longtemps portée. Désormais, tu ne l'auras plus sans combat. Tu as assez disposé d'elle ! — N'en blâme personne d'autre que toi-même, répliqua Escanor. Par saint Lazare d'Avalon, tu aurais pu facilement m'atteindre dès hier, avec un cheval aussi rapide que le tien, car je n'allais qu'au pas. Mais je ne te crois nullement résolu à saisir l'occasion de te battre avec moi. Et ne compte pas davantage que je t'en prierai. Retourne à la cour du roi Arthur et laisse-moi poursuivre mon chemin. Il faut que tu saches une chose : c'est moi qui, de mon pays, ai envoyé cette jeune fille au clair visage, lui ordonnant de se rendre seule à la cour d'Arthur. Et, ensuite, je suis venu, à grand tapage, la reprendre sous les yeux de nombreux barons, ce dans le seul but de m'offrir une raison valable de te combattre. — Eh bien ! s'écria Gauvain avec colère, puisque c'est ce que tu voulais, me voici. Je relève ton défi, tu auras ainsi le combat que tu désirais ! »

Mais cela ne faisait l'affaire ni du jeune homme ni de la jeune fille du cimetière. Tous deux se rendaient en effet compte que vu l'heure de la journée, la force d'Escanor de la Montagne était en pleine ascension. « Seigneur, dit le jeune homme à Gauvain, ce n'est pas sur ce chemin que vous pourrez vous battre. Les arbres vous empêcheront de jouter à loisir. En revanche, non loin d'ici, je sais un pré placé dans une vaste et belle lande. Ce lieu découvert conviendrait bien mieux pour votre duel. On vous jugerait très sévèrement s'il avait lieu dans ces chemins sillonnés d'ornières bourbeuses. — Il a raison, dit Escanor. Je ne vois aucune objection à me rendre là-bas si Gauvain y consent. » Ainsi fut, à la grande joie du jeune homme, différé de plusieurs heures l'affrontement de Gauvain et d'Escanor.

Ils continuèrent donc leur route, le jeune homme en tête, puisqu'il connaissait le chemin. Après avoir passé plusieurs vallées et traversé des bois touffus, ils parvinrent à une grande lande au milieu de laquelle se trouvait un pré de belles dimensions et couvert d'herbe verte. Mais il était déjà tard, et, sur l'horizon, le soleil commençait à décliner. Escanor fit alors descendre sa compagne et l'installa à l'ombre d'un bosquet, puis il resserra les attaches de son armure. De son côté, Gauvain se harnachait avec soin. Ils se lancèrent alors l'un contre l'autre, et le choc mutuel fut si violent que les fûts des lances se brisèrent et volèrent en morceaux. Pourtant, les deux cavaliers avaient subi l'assaut sans dommage et étaient demeurés fermes sur leurs arçons. Mais voyant que sa lance était rompue, Gauvain tira vivement son épée et se porta avec fureur au-devant de son adversaire.

« Gauvain, dit alors Escanor, ce ne sont pas là les usages de mon pays. Si un chevalier a été assez présomptueux pour entreprendre un combat contre un autre, aucune épée ne doit être tirée avant que l'un d'eux n'ait été démonté. Tous deux doivent d'abord s'éprouver à la joute, et si leurs lances sont rompues, s'en faire apporter d'autres. Demandons à ce garçon, dont la monture est puissante et rapide, de retourner au château et de nous rapporter de quoi jouter jusqu'à ce que l'un de nous soit à terre. » Sans se faire prier, le jeune homme sauta en selle et s'en fut. Mais, en vérité, il ne se pressa guère, car il voulait retarder la bataille autant que possible jusqu'à la tombée de la nuit. Et pendant son absence, les deux chevaliers prirent leurs aises afin de se reposer.

Le jeune homme revint enfin au galop, chargé de six fortes lances, grandes et massives. L'une d'elles était d'une longueur et d'une grosseur exceptionnelles, avec une section carrée. Certes, le plus vaillant des chevaliers du royaume d'Arthur, si grand, si robuste et si aguerri qu'il fût, n'aurait pu, malgré la vigueur de son élan, la briser dans une joute. Gauvain considéra les lances, et une inspiration lui vint. « Va auprès du chevalier, dit-il au jeune homme, et apporte-lui de ma part ces six lances. Qu'il choisisse les trois qu'il préfère. Tu me rapporteras les autres, car je veux lui laisser le choix. Ainsi ne pourra-t-on prétendre que je me sois réservé les meilleures. »

Le jeune homme obéit et, s'en allant trouver Escanor, lui présenta le lot de lances et le pria, de la part de Gauvain, d'en sélectionner trois et de renvoyer les trois autres. Escanor les examina toutes soigneusement, prit les plus épaisses, et rendit les autres au jeune homme. Il le pria instamment de remercier Gauvain, en son nom, pour ce somptueux présent. Le jeune homme revint, fort préoccupé, vers Gauvain, tant il craignait que l'autre ne fût vainqueur. Mais Gauvain s'équipa et se trouva prêt à affronter son adversaire. Il savait que la nuit tomberait bientôt, et il était bien décidé à profiter des circonstances pour mettre un point final aux méfaits d'Escanor de la Montagne.

Ils se battirent avec courage et violence, brisèrent leurs lances et leurs boucliers, mais sans que l'un ni l'autre vidât ses étriers. Leur acharnement était tel que Gauvain eut grand-peur que son adversaire ne frappât Gringalet. Or il avait tant d'affection pour son cheval qu'il aurait tout fait pour lui épargner la mort. Aussi se laissa-t-il enfin glisser de sa selle à terre. Il pouvait désormais combattre à l'épée, et il ne s'en priva pas. Du coup, la violence des deux hommes ne fit que croître au fur et à mesure que s'éteignait le jour.

Pendant ce temps, sous le couvert des arbres, le jeune homme et les deux jeunes filles se tourmentaient. « Hélas ! gémissait chacune d'elles, ne tînt-il qu'à moi, je serais morte sur l'heure ! » La compagne d'Escanor semblait encore plus désespérée. Sa frayeur prit de telles proportions qu'elle tomba à terre sans connaissance. À peine revenue à elle, elle laissa éclater une virulente douleur, pleurant et criant : « Malheureuse que je suis ! Si je perds mon réconfort, mon cœur, mon ami, dans ce pays étranger, c'est qu'une vile cause m'y a conduite ! J'ai entendu dire, et ce n'est que justice, qu'aucun bien ne peut naître d'outrage. Le tort en incombe à Escanor autant qu'à moi qui ai accepté de le seconder. Hélas ! il était dans son pays un personnage riche et puissant, et j'y menais moi-même une existence pleine d'agrément. Par provocation, mon ami m'a envoyée à la cour du roi Arthur, toute seule, pour demander d'y porter la coupe d'honneur sous la protection du chevalier Gauvain. Puis il a surgi sur mes talons pour s'emparer de moi, sous les yeux d'une foule de barons, pour qu'un prétexte raisonnable lui permît de se mesurer à Gauvain. Il était convaincu, s'il pouvait le vaincre, qu'aucun chevalier au monde n'oserait plus, à l'avenir, le défier. »

La désolation de la jeune fille du cimetière n'était pas moindre. « Hélas ! se lamentait-elle, que dire si je perds ici, en cette occurrence, le bon chevalier, le hardi qui m'a délivrée d'une si profonde misère, et qui m'emmène dans son pays avec tant d'honneur ? Malheureuse que je suis, triste et sans appui, je n'aurai plus qu'à demeurer ici pour mon tourment ! » Quant au jeune homme, il s'arrachait les cheveux de douleur, il criait et se lamentait lui aussi sur le sort de Gauvain, se demandant avec angoisse quel serait le sien propre si Escanor triomphait.

Cependant, les deux adversaires ne se ménageaient pas, chacun d'eux cherchant la mort de l'autre. Escanor avait perdu son bouclier, mais Gauvain conservait le sien, net avantage pour parer les coups que lui portait l'autre. Il en profitait même pour aller de l'avant. Brandissant sa vaillante épée, il lui asséna sur le heaume, un coup si terrible qu'il fendit celui-ci et en trancha tous les lacets. Le heaume s'envola au loin dans le pré. Gauvain reprit son attaque, bien décidé à en finir, mais Escanor se défendait avec l'énergie du désespoir. Il sentait pourtant que c'était en vain. N'avait-il pas perdu tout ce qui pouvait le protéger ? Alors il cria merci, offrant de se rendre. Mais Gauvain, se souvenant des conseils de sa mère : qu'il devait craindre Escanor par-dessus tout, n'avait guère confiance en son adversaire et craignait que celui-ci ne tramât quelque fourberie. Aussi le frappa-t-il avec tant de haine et de violence au visage qu'il lui fendit la tête jusqu'aux épaules. À la suite de ce coup terrible, Escanor de la Montagne avait cessé de vivre. Gauvain se redressa, titubant de fatigue, et le jeune homme se précipita vers lui pour le soutenir, suivi par la jeune fille du cimetière qui manifestait bruyamment sa joie et remerciait le Ciel d'avoir permis la victoire de son sauveur.

Mais la compagne d'Escanor ne partageait pas leur liesse. Prostrée contre le tronc d'un arbre, elle pleurait doucement sans pouvoir proférer un mot. Quand il se fut un peu remis de son effroyable combat et que le jeune homme l'eut aidé à se désarmer, Gauvain s'approcha d'elle afin de la réconforter. « Belle, dit-il, tu ne dois pas me tenir grief de la mort d'Escanor. Il ne faut en accuser que son arrogance et sa cruauté. Par-dessus tout, il fut coupable de t'entraîner dans cette aventure. Comment a-t-il osé faire de toi sa complice pour m'obliger à le combattre ? Je comprends maintenant, tu avais de l'amour pour lui, et c'est par amour que tu as agi ainsi. Tu ne savais pas ce que tu risquais. Mais sois sans crainte, je ne reporterai pas sur toi la colère qui m'animait contre lui. Sache que je devais le vaincre pour venger l'honneur du roi Arthur ainsi que le mien, puisque, aux yeux de tous, je devais te protéger contre tout danger. — Je ne te reproche rien, Gauvain, répondit la jeune fille. Il devait en être ainsi, et je sais bien qu'à force de provoquer le destin, on s'attire les pires ennuis. Mais que vais-je devenir maintenant, pauvre fille, dans ce pays qui n'est pas le mien ? — Belle, répondit Gauvain, ne suis-je pas toujours ton protecteur ? Sois assurée, si toutefois tu acceptes de suivre mon conseil, que je compenserai la perte que tu viens de subir. Certes, je ne m'étonne point que tu sois affligée, pleine de chagrin, d'amertume, mais compte sur moi pour te ramener à la cour du roi Arthur et t'y faire décerner les éloges que tu mérites. Tu y auras pour ami ou pour époux, selon ton choix, l'homme que tu auras distingué et qui aura su te plaire. — Seigneur, répondit-elle, qu'ajouterai-je ? Je ferai ce que tu dis. Puisque je me rends entièrement à ta merci, je te prie d'agir de telle manière que j'y trouve profit et que toi, tu puisses y acquérir honneur et considération. »

Ils se préparèrent alors à partir. Gauvain aida la jeune fille du cimetière à monter sur son bon palefroi. Luimême enfourcha Gringalet, et le jeune homme, qui n'était pas bien lourd, installa volontiers devant lui, sur son roncin, la compagne d'Escanor. Puis ils se mirent en route.

Le jeune homme les conduisit, pour y prendre gîte, dans la forteresse où ils étaient allés d'abord. Ils y furent très bien traités, car le seigneur connaissait les usages. Pour l'amour de son beau-frère, il les accueillit avec grande joie. Il marqua un vif plaisir de la présence de Gauvain et fit preuve envers lui d'une courtoisie raffinée. Au matin, quand il vit que ses hôtes se préparaient à partir, il fit amener un palefroi richement harnaché dont il fit don à l'amie d'Escanor. Ainsi équipés, ils prirent congé de leur hôte et reprirent leur route, bien décidés à rejoindre Kaerlion sur Wysg avant la fin du jour et à se présenter devant Arthur et les barons.

Ils traversaient à belle allure une forêt quand, brusquement, Gauvain arrêta son cheval. Les autres l'imitèrent. « Qu'y a-t-il ? demandèrent-ils. — Écoutez, dit Gauvain, ces cris aigus... Ne sont-ce pas ceux d'une femme en grande difficulté ? » Ils fixèrent leur attention sur les mille bruits en provenance de la forêt. « Certes, s'exclama le jeune homme, enfin, tu dis vrai, ce sont bien là les cris d'une femme que l'on tourmente ! » Les jeunes filles acquiescèrent. « Par ma foi ! dit Gauvain, il n'est rien au monde qui m'empêcherait d'aller voir pourquoi cette malheureuse est en train de se lamenter de la sorte, et m'est avis que ce sentier me conduira tout droit où je dois aller. — Nous te suivrons, dit le jeune homme.

— Non pas, répondit Gauvain. Toi, tu resteras ici avec nos compagnes et tu m'y attendras. Quand je saurai ce qui se passe, je vous rejoindrai. Sois sûr que je ne m'attarderai pas, à moins qu'un événement me retienne. S'il advient que je rencontre toutefois une aventure qui m'empêche de revenir aussi vite que je l'espère, tu suivras cette grande route jusqu'à Kaerlion, puis tu t'y présenteras à la reine Guenièvre et lui diras de ma part que je lui envoie ces jeunes filles afin qu'elle les accueille et les protège, que je la prie de les traiter avec honneur et bienveillance jusqu'à mon retour à la cour. Et si elle s'informe de toi-même ou des jeunes filles, n'hésite pas à lui raconter ce qui s'est passé. — Je ferai comme tu le désires, seigneur Gauvain, répondit le jeune homme. Je lui conterai point par point sans rien déguiser les aventures que nous avons vécues. »

Alors Gauvain éperonna Gringalet droit dans la direction d'où provenaient les cris. Après avoir chevauché un certain temps et dévalé la pente d'un tertre, il aperçut la femme qui se lamentait. C'était une jeune fille, vêtue d'une belle robe blanche et montée sur un palefroi, d'une blancheur éclatante. Mais il vit tout de suite qu'elle ne subissait aucune violence. Nul ne se trouvait auprès d'elle. Intrigué, il piqua des deux et s'approcha. « Puisse Dieu t'accorder joie et honneur ! dit-il. Mais, par ce même Dieu tout-puissant, je te prie de me révéler le motif de ta désolation. D'où te vient ce désespoir ? Je t'engage vivement, si toutefois cela ne t'ennuie pas, à me le confier. »

La jeune fille s'arrêta de pleurer. « Bien volontiers, seigneur, dit-elle. Un chevalier beau et vaillant m'aimait d'amour et je le lui rendais. Et il m'emmenait chaque fois qu'il s'en allait à l'aventure. Or, ce matin même, nous cheminions de conserve dans ces parages quand retentirent à nos oreilles les plaintes déchirantes d'une jeune fille. La décision de mon ami fut aussitôt prise : il me laissa sur ce chemin et lança son cheval au galop pour courir s'informer de ce qui se passait, m'ordonnant de venir l'attendre ici même. Mais, avant de partir, il me confia l'un de ses éperviers qu'il chérit plus que tout au monde, moi excepté, du moins je le crois. Aussi me recommanda-t-il de veiller sur lui et d'en prendre grand soin. C'est alors, infortunée, que j'entrepris une grande folie. Malgré mon ignorance en matière de fauconnerie, je voulus nourrir l'oiseau. Or, tandis que je lui offrais un oiselet qu'il avait pris, il s'est débattu, défait de ses entraves et m'a échappé. À son retour, mon ami en perdra la raison et je ne sais de quelle extrémité il sera capable dans l'excès de son affliction. Il est en effet emporté, cruel et d'une telle dureté que, j'en ai bien peur, son amour pour moi risque de cesser. Et je n'ai personne à mes côtés qui puisse rappeler l'oiseau. Je suis vraiment trop malheureuse... ! »

À la fois ému et amusé par le récit de la jeune fille, Gauvain assura celle-ci qu'il ne la quitterait qu'elle n'eût récupéré l'oiseau. Alors, tout heureuse de cette promesse, elle l'en remercia chaleureusement : « Seigneur, dit-elle, Dieu t'entende et t'accorde la grâce de réussir. Si tu y parviens, tu m'auras véritablement sauvée, et il ne sera jour de ma vie où je n'éprouve d'affection pour toi. — Indique-moi le cri de l'oiseau, dit Gauvain. Je vais l'appeler. » Mais il eut beau longuement s'employer à moduler le cri à destination de l'épervier qui s'était juché au sommet d'un chêne, ses efforts furent inutiles, l'oiseau n'en eut cure. Gauvain avança, recula, sans plus de résultat. Le seul élément favorable fut que l'oiseau ne s'éloigna pas, retenu comme il était par sa corde. Quand il se fut rendu compte qu'il s'époumonait en vain, Gauvain monta prestement dans le chêne, non sans s'être d'abord débarrassé de ses armes.

Tandis qu'il s'y trouvait perché, le chevalier survint au grand galop. Il vit les armes à terre, au pied du chêne, le cheval, et demanda à qui ils appartenaient. « Au meilleur chevalier du monde, répondit la jeune fille, et au plus valeureux si je le compare à tous les autres, hormis toi. » Et, aussitôt, elle lui raconta comment il l'avait découverte en larmes, et pourquoi, puis comment il s'était offert afin de rattraper l'oiseau. Mais le chevalier entra dans une violente colère : « Espèce de garce, tais-toi ! s'écria-t-il. Tu mens à l'évidence, ce n'est pas ainsi que les choses se sont passées. Je sais trop comment prend le large qui veut celer sa fourberie. Me prends-tu pour un fou ou pour un niais en me contant semblable récit ? Pour se tirer d'embarras, les femmes ont vite fait d'inventer une histoire, et l'on ne m'abuse pas là-dessus ! »

Et, sans plus attendre, le chevalier saisit d'une main le palefroi blanc par la bride et, de l'autre, Gringalet. Puis, retournant vers la jeune fille, il lui jura que, de sa vie, il ne l'aurait plus pour compagne. Il l'abandonnerait là toute seule, en attendant qu'elle déniche un nigaud capable de se laisser séduire par ses grimaces. Enfin, après avoir accablé son amie des termes les plus injurieux, il se prépara à partir.

C'est alors qu'intervint Gauvain : « Seigneur ! s'écria-t-il du haut de l'arbre, que vas-tu t'imaginer ? Je ne suis pas venu te déshonorer. Il ne s'est rien passé que tu puisses nous reprocher, à moi ni à cette jeune fille. Aucune malintention ne m'a mené ici, et j'ai assez de bon sens pour ne jamais méditer d'outrage semblable. Maintenant, si tu veux être rassuré, je t'offre de jurer, quand il te plaira, au milieu de dix-neuf chevaliers de ton choix, que pas un instant je n'ai cherché ta honte et n'ai tenu à ton amie le moindre propos malséant. — Ne compte pas que je reçoive tes excuses, lui répondit le chevalier. Je n'ai que faire de tes serments ; je sais trop comme il est prompt à mentir, celui qui veut se laver d'une telle traîtrise ! »

Sur ces paroles pleines de courroux, il s'éloigna avec les montures, et Gauvain et la jeune fille le perdirent bientôt de vue. Après avoir récupéré l'épervier, Gauvain descendit de l'arbre et, rejoignant la jeune fille qui s'était remise à pleurer, tenta de la réconforter. « Belle, dit-il, cesse donc de t'inquiéter. Sache que mon aide et mes conseils te sont loyalement acquis. Jamais, à nul jour de ma vie, ils ne te feront défaut, quoi qu'il puisse advenir. — Seigneur, répondit-elle, que Dieu te garde et te protège. Sache-le bien : cette mésaventure qui t'arrive me cause un profond chagrin, car c'est pour avoir agi selon le bien et l'honneur que tu te trouves dans la gêne : tu n'étais accouru vers moi qu'afin de soulager ma peine. — Belle, reprit Gauvain, inutile d'en discourir. Il ne sert à rien de se désoler. Tout homme de bien et d'honneur est exposé à de telles mésaventures. Ce qui est fait est fait. Il convient maintenant de sortir de cette situation. »

Après avoir repris les pièces de son armure qu'il avait déposées au pied de l'arbre avant d'y monter, Gauvain quitta les lieux sans s'y attarder davantage, en compagnie de la jeune fille. Il ne savait de quel côté se diriger, ni quelle aventure l'attendait, ni sous quelle forme elle se manifesterait. Mais, à tout prendre, il préférait une aventure qui le mettrait sur la trace du chevalier qui lui avait dérobé son cher Gringalet. Ce souci l'absorbait tout entier.

Le temps se gâta tout à coup : la pluie, la grêle et même la neige à gros flocons s'abattirent pêle-mêle sur les voyageurs. Au comble de l'embarras, ils ne distinguaient aux alentours ni forteresse, ni le moindre ermitage, ni la plus petite chaumière susceptible de les abriter. « Seigneur, dit la jeune fille, j'ai vu non loin d'ici, sur la route que j'ai empruntée ce matin, une croix placée sous un auvent. Si nous pouvions y parvenir, elle nous protégerait quelque peu. — Belle, répondit Gauvain, je ne vois rien de mieux à faire que de l'atteindre au plus tôt. »

Ils se hâtèrent donc vers la croix et s'y blottirent vaille que vaille. Ils furent néanmoins soumis à fort rude épreuve, la jeune fille autant que Gauvain, car la tempête sévit durant la nuit entière. Ils demeurèrent là, sans bouger, sans manger ni boire, étendus à même le sol, sans protection d'aucune sorte, et cette couche leur était bien dure, mais cet inconfort ne les empêcha pas de mettre à profit l'occasion pour prendre certain plaisir, quoique le vent, toujours aussi furieux, les malmenât rudement. Gauvain, qui ne pouvait offrir aucun autre adoucissement à la jeune fille, l'enserra toute la nuit dans ses bras. Il s'était allongé du côté du vent et avait placé son bouclier doré dans son dos pour se protéger de la tourmente. Quant à l'épervier qu'il avait récupéré sur le chêne, il l'avait perché sur une traverse de l'auvent. Ainsi s'étaient-ils ménagé une sorte de niche dont force leur fut de s'accommoder jusqu'au matin.

Au lever du jour, grâce à Dieu, le beau temps était revenu, clair et pur. Le neveu du roi Arthur n'en était pas moins fort préoccupé : la faim qui tenaillait la jeune fille le plaçait dans un grand embarras. Depuis une nuit, elle n'avait mangé, et il ne pouvait rien pour elle. Mais elle avait eu si peur, pendant la tempête, qu'elle en avait perdu l'appétit et oublié sa faim. « Belle, dit Gauvain, qu'allons-nous faire ? Quel est ton avis là-dessus ? — Seigneur, répondit-elle, je m'en remets à ta décision. Je ne sais si mieux vaut attendre ici, dans l'espoir que passent des chevaliers qui pourraient nous venir en aide, ou bien nous remettre en route. Nous sommes démunis de tout pour demeurer dans la forêt, mais je supporterais le voyage si malaisément que j'ignore quel parti prendre. — Je crois, dit Gauvain, que nous risquons davantage en nous attardant par ici. »

Il avait à peine proféré ces mots qu'un cavalier parut sur le chemin, venant droit sur eux. Cet homme, dont la mine indiquait la bravoure, n'était pas seul : l'écuyer qui le précédait conduisait un second cheval. Gauvain et la jeune fille l'aperçurent en même temps. L'autre, dès qu'il les vit, descendit de son palefroi. Il se disait que ces voyageurs avaient grand besoin d'aide et que ce serait une bonne action que de les secourir, car ils semblaient gens de bonne compagnie et dignes de compassion. Suivi de la jeune fille, Gauvain s'avança à sa rencontre et tous deux saluèrent aimablement le nouveau venu.

Il les salua en retour fort courtoisement. « Cher seigneur, dit Gauvain, ton arrivée nous est d'un puissant réconfort, car nous voici bien misérables. — Dites-moi, s'il vous plaît, dit le chevalier, comment vous vous déplacez, qui vous êtes tous deux, de quelle terre vous venez, et où vous avez passé la nuit. Avez-vous mangé et bu depuis que vous êtes entrés dans la forêt ? Dites-moi aussi dans quel but vous avez entrepris ce voyage. » Gauvain s'empressa de lui répondre et lui raconta en détail ce qui s'était passé. Le chevalier, qui faisait montre d'une parfaite éducation, se signa, tant l'étonnait leur mésaventure.

« Maintenant que je sais ta situation, je ne demande qu'à t'aider, seigneur, dit le chevalier. Mais avant de vous porter secours, je réclame de toi un don : que tu me récompenses de mon aide le jour où je me trouverai dans des circonstances analogues. — Bien volontiers, seigneur, répondit Gauvain, à condition que l'aide requise ne porte pas atteinte à mon honneur. — Cela va de soi. — Par Dieu tout-puissant, dit Gauvain, je t'en fais serment !

— Dans ces conditions, dit le chevalier, tu peux prendre mon cheval pour ton usage, je te le donne. Je désire également que cette jeune fille, qui paraît belle et courtoise, accepte de ma part ce palefroi avec tout son harnais. Ce présent que je fais aujourd'hui me sera bien rendu quand je t'en procurerai l'occasion. — Seigneur, répondit Gauvain, comment, après avoir reçu un don aussi somptueux, pourrais-je jamais refuser de te récompenser? — J'y compte bien, dit l'autre. Cependant, si cela ne déplaît à cette jeune fille ni à toi-même, j'aimerais, en attendant mieux, que tu me cèdes l'épervier que je vois là, campé sur cette solive. » Gauvain pria alors la jeune fille de bien vouloir donner l'oiseau et celle-ci n'émit aucune réserve. « Très bien, dit le chevalier. Je vais maintenant vous quitter. Quant à mon nom, vous ne le saurez que lorsque tu seras en mesure de me payer de retour. » Il fit alors descendre de cheval son écuyer, et lui-même enfourcha le roncin. Puis, après avoir pris congé, il rebroussa chemin à travers la forêt, son écuyer le suivant à pied.

Gauvain prit donc le palefroi, dont le harnachement était des plus riches, et il y jucha la jeune fille. Il enfourcha lui-même l'autre monture, non sans regretter amèrement Gringalet. La jeune fille au clair visage était tout heureuse et gaie du secours que Dieu leur avait envoyé : ils avaient été en grande détresse et, maintenant, se retrouvaient en bonne voie. Cependant, Gauvain ne pouvait s'empêcher de penser que l'attitude du chevalier inconnu devait cacher quelque mystère.

Ils s'en retournèrent donc ensemble et allèrent, droit leur chemin, au gré de l'aventure. Ils chevauchèrent ainsi jusqu'après midi, toujours sans avoir ni mangé ni bu. Soudain, Gauvain aperçut venir vers eux au milieu du chemin un charbonnier. Celui-ci, menant deux ânes et un roncin, se déplaçait à vive allure. Gauvain l'interpella aussitôt et lui demanda s'il pourrait leur indiquer un hôte susceptible de leur procurer de quoi se restaurer. « Seigneur, répondit le charbonnier, la Rouge Cité est tout près d'ici.

Mais si tu voulais m'en croire, tu te dispenserais d'y pénétrer, car tu t'exposerais à une redoutable épreuve. — De quelle épreuve s'agit-il donc ? demanda Gauvain.

— Seigneur, répondit le charbonnier, le roi de cette cité est d'une férocité qui n'a d'égal que son orgueil démesuré. En fait, il est quelque peu fondé à se montrer si rempli de morgue, car il est avéré que dans tous les royaumes à l'entour on ne trouverait chevalier qui pût l'égaler en force et en bravoure. Si tu pénètres aujourd'hui dans la Rouge Cité, tu le rencontreras en armes, près d'une fontaine. Telle est la coutume, en effet, que, quatre fois par semaine, il vienne à cette fontaine, y menant une jeune fille extrêmement belle. Je ne saurais t'en dire davantage à son sujet, mais si quelqu'un était en mesure de décrire l'ensemble de sa parure et sa perfection, il affirmerait qu'il n'y eut jamais de femme comparable à elle. Or, sache-le, seigneur, il traite cette jeune fille avec la dernière dureté. Il l'oblige à se dévêtir sous les yeux de chacun et la fait entrer toute nue dans la source glacée et sombre, ce jusqu'à la ceinture, de sorte qu'on ne voit plus d'elle que sa tête et sa gorge, plus blanche que blanche aubépine. Elle doit demeurer là toute la journée, grelottante, sans qu'il lui permette de sortir de l'eau avant la tombée de la nuit. C'est seulement lorsque le soleil a disparu qu'il l'en retire et la ramène sur le bord. Et sache encore ceci, seigneur, personne, dans l'assistance, n'ose élever la moindre protestation : il en mourrait, fût-il fils de comte ou de roi. Quelques-uns s'y sont risqués, mais le roi de la Rouge Cité les a combattus et les a tous tués. Ensuite, il a découpé leurs membres et piqué leurs têtes coiffées d'un heaume étincelant sur des pieux aigus fichés tout autour de la fontaine. Et pourtant, c'étaient tous des hommes de valeur. Ainsi, cher seigneur, te voilà prévenu : si tu te rends dans la cité, garde-toi d'élever la voix, sans quoi ta tête ira rejoindre les autres.

— Tu m'en as déjà trop dit ! s'écria Gauvain. Je t'en remercie et te recommande à Dieu. Mais je puis t'affirmer que j'irai là-bas demander au roi de la Rouge Cité pour quelle raison il agit ainsi. J'avoue que j'en suis fort curieux ! » Et, sans plus tarder, il quitta le charbonnier et reprit sa route. Il éperonna tant sa monture qu'il franchit rapidement la montagne et aperçut la fontaine, aux abords de la ville. Il vit aussi un chevalier en armes, monté sur un destrier vigoureux et fringant. Jamais, dans le pays, il n'en avait vu de si beau. Quant à l'armure du chevalier, elle était d'un luxe indescriptible. Sa robuste lance était grosse et massive, plus rouge que le sang le plus vif, avec, à son extrémité, un fer bien acéré, et son épée, fourbie et tranchante, flamboyait également d'une magnifique couleur rouge.

Survenant à bride abattue, Gauvain s'arrêta brusquement près de la fontaine. Il vit la demoiselle à demi immergée et fut frappé de son éclatante beauté. Il la salua, puis, se tournant vers le chevalier : « Seigneur, dit-il, pour quel crime infliges-tu un traitement si indigne à cette jeune fille ? — Si tu veux le savoir, répondit l'autre, tu n'as qu'à le lui demander, et elle te répondra. Mais, auparavant, il te faudra laisser ta vie en gage. — Tu tiens là des propos insensés, dit Gauvain. Mais je la prierai néanmoins de me raconter son histoire, par amitié et par courtoisie. » Il s'approcha donc de la jeune fille : « Pourquoi, comment et depuis quand dois-tu endurer une épreuve aussi barbare ?

— Je te le dirai très volontiers, répondit la jeune fille de la fontaine. Apprends que ce chevalier est le roi de la Rouge Cité, mais qu'en matière de suffisance et de cruauté il ne redoute aucun rival. L'année dernière, j'étais allée me divertir avec lui en un verger. Au cours de notre entretien, il m'affirma sa conviction qu'il n'était aucun chevalier dans le royaume d'Arthur dont il ne fût capable de triompher par les armes. Or, sotte que je fus, je répliquai que, dans mon pays, les chevaliers de la Table Ronde étaient réputés les meilleurs du monde, insurpassables tant en vaillance qu'en prouesse. Il me répondit qu'il croyait les surpasser tous, et j'eus le malheur d'insister, disant qu'à ce compte les meilleurs étaient légion et qu'il était bien fou et outrecuidant celui qui s'imaginait le meilleur d'un royaume.

« Mes propos le rendirent fou furieux, et il me reprocha amèrement de le tenir en bien piètre estime. Il se compara lui-même à Samson le fort, trahi par son amie Dalila, et ajouta que les femmes ont toujours plus d'estime pour le bien d'autrui que pour le leur propre. "Puisqu'il en est ainsi, me dit-il enfin, puisque ton cœur s'est échauffé jusqu'à me marquer semblable mépris, je me charge de le refroidir. Pour expier le blâme que tu viens de m'infliger, voici quel sera ton châtiment : quatre jours par semaine, sous les yeux de tous, je te dépouillerai de tes vêtements, et tu te plongeras dans cette sinistre fontaine. Tu y resteras debout jusqu'au coucher du soleil. Et cette épreuve se poursuivra tant qu'aucun champion n'aura su me faire rendre les armes et me vaincre par la force ou m'étendre raide mort en duel. Je le jure solennellement, et tu peux informer tes amis. Mais je préviens les imprudents qui oseraient contester mon droit de te tourmenter : chaque fois que je serai vainqueur, je couperai la tête de mon adversaire et la ficherai sur un pieu près de la fontaine." »

Pendant que Gauvain écoutait ce récit, le roi de la Rouge Cité, qui n'était pas un rustre, s'était approché de la jeune fille à l'épervier. Il l'avait aimablement saluée et lui avait demandé, au nom de l'amitié et de la courtoisie, le nom du chevalier assez insensé et présomptueux pour venir s'entretenir par bravade avec son amie, quoiqu'il dût lui en coûter la vie. « Seigneur, répondit-elle, j'en atteste Dieu, je ne saurais te dire son nom. — Tu ne le connais pas ? — Par saint Thomas, je jure que je l'ignore. » Et elle lui raconta brièvement comment il l'avait trouvée dans le bois et dans quelles circonstances. Elle lui fit le récit de l'aventure sans daigner mentir d'un seul mot. Le roi de la Rouge Cité l'écouta attentivement, mais son étonnement ne faisait que croître. « Peu importe qui il est, dit-il enfin. Il devra payer son audace. »

Mais Gauvain, nullement impressionné par tout ce qu'il venait d'apprendre, disait à la jeune fille : « Belle, tout cela a assez duré. Tu vas maintenant sortir de la fontaine. Je jure devant Dieu que jamais plus tu n'y entreras, aussi longtemps que je serai en vie et en bonne santé ! » La jeune fille sortit immédiatement de la fontaine et s'empara de ses vêtements qui gisaient pêle-mêle près de là. Le roi-chevalier, de toute la puissance de sa voix, interpella Gauvain avec insolence : « Cette conversation va te coûter bien cher, sois-en sûr ! — Seigneur, répondit calmement Gauvain, menace tant que tu veux, ce n'est pas moi qui m'enfuirai pour si peu. Si quelqu'un souhaite se mesurer à moi, il me trouvera en ce lieu, tout disposé à me défendre. Je suis prêt. »

Sans attendre davantage, les deux hommes se défièrent et engagèrent le combat, se ruant l'un sur l'autre au galop de leurs chevaux. De leurs fers acérés, ils s'assénèrent de terribles coups sur leurs boucliers, tant et si bien qu'ils les percèrent et les disloquèrent. Les lances, fendues, se rompirent, volant tout autour en éclats. Aucun des deux ne se laissa pourtant désarçonner, et le roi de la Rouge Cité fut fort dépité et peiné de n'avoir pu abattre son adversaire. Il tira sa bonne épée tranchante et, en frappant Gauvain avec acharnement, de haut en bas, sur le heaume qui étincelait, le lui fendit jusqu'à la coiffe. Et peu s'en fallut qu'il ne le renversât ; mais Gauvain savait tenir bon. À son tour, il fonça et frappa le roi-chevalier si rudement au plus haut du bouclier qu'il le rompit à l'endroit de la boucle, déchirant bien mille mailles du haubert. Avec une rare violence, la lame descendit encore, entre l'arçon et le cavalier, tranchant tout net le feutre et l'ensemble du harnachement, blessant le vigoureux destrier. Le roi-chevalier fut projeté à terre.

Il ne fut pas long à se relever. « Par saint Devy ! s'écria-t-il, ce coup-là n'était pas d'un novice ! Il faut qu'il n'éprouve guère d'amitié pour moi, celui qui vient m'assaillir de la sorte ! Mais, maintenant, montre-moi la noblesse de tes manières : mets pied à terre comme moi. Si tu refuses, sache seulement qu'il en coûtera la vie à ton cheval, et sa mort ne te fera guère honneur. » Gauvain comprit que son adversaire irait jusqu'au bout : fort et féroce comme il l'était, il aurait tôt fait de lui tuer son cheval. Il mit donc pied à terre et courut sus à l'ennemi. Mais celui-ci lui opposa une telle défense que Gauvain en demeura tout étourdi, car l'autre lui asséna un coup si puissant, au sommet de son heaume orné de gemmes, qu'il en faucha les fleurs, l'émeraude et l'émail. Et le coup glissa sur le bouclier, le fendant jusqu'à la boucle, tandis que le haubert était gravement entamé. Cependant, grâce à Dieu, l'épée dévia vers l'arrière : faute de quoi, elle aurait pu toucher au cœur. Mais le choc avait été d'une telle violence que Gauvain faillit rouler à terre. Se ressaisissant, il entreprit un nouvel assaut et, animé d'une farouche détermination, fondit sur son adversaire, l'épée brandie. Or, le roi-chevalier restait inébranlable.

Depuis la cité, les habitants s'étaient hâtés vers le lieu du combat. Il n'y resta personne, jeune ou vieux, homme ou femme, droit ou bossu, grand ou petit, faible ou fort. Ce fut, à travers les rues, un vacarme incroyable : nobles et petites gens, clercs, bourgeois et chevaliers, dames et jeunes filles, écuyers et serviteurs, tous, d'un même mouvement, s'étaient précipités pour assister au combat. Le roi, quand il les vit ainsi assemblés, leur ordonna d'une voix forte de se tenir tranquilles et de ne prononcer aucune parole, quoi qu'ils pussent voir ou entendre. « Je tuerai de mes propres mains celui qui s'y hasardera ! ajouta-t-il. Je ne veux pas que trahison soit faite à mon adversaire pas plus qu'à moi. Et je le lui jure solennellement : s'il peut se défendre contre moi, il n'aura rien à craindre de quiconque ! » Puis, se tournant vers Gauvain : « Que t'en semble, chevalier ? dit-il. En présence de mes sujets, j'ai prêté serment d'être, quelque malheur qu'il puisse m'advenir, ton seul et unique adversaire. Je suis leur maître incontesté, et aucun de mes gens n'oserait me désobéir. Je t'ai donné toutes les garanties. — Grand merci, répondit Gauvain. Mais, maintenant, je te défie. — Et moi de même ! » s'écria le roi-chevalier.

Ils se précipitèrent l'un sur l'autre avec acharnement. La bataille fut égale. Gauvain attaquait toujours le premier, mais l'autre résistait avec énergie et lançait de puissantes contre-attaques. Leurs hauberts étaient tout démaillés, leurs boucliers en pièces. Ils se frappaient souvent à découvert, se rudoyant et se blessant mutuellement à qui mieux mieux. Leur bataille dura jusqu'au soleil couchant, tous deux prouvant une telle bravoure qu'aucun ne paraissait pouvoir l'emporter. Pourtant Gauvain multipliait les belles attaques, en homme à qui ne manquent ni la prouesse, ni la force, ni l'audace ; mais l'autre répondait de même, sans laisser jamais supposer qu'il fût le moins du monde effrayé.

Dans son dépit de voir le combat s'éterniser, Gauvain résolut d'en finir une fois pour toutes. Il fonça sur son adversaire avec rage, le blessant et le fatiguant sans relâche. Il le frappa si fort sur les bords de ce qui restait de son bouclier que la lame glissa et descendit jusqu'à la main qui tenait l'épée : il lui aurait coupé tout net le pouce et deux autres doigts si l'acier glacé ne s'était arrêté juste à temps. Néanmoins, le coup avait été si rude que l'épée du roi lui vola du poing, loin de lui. Hors de lui d'être ainsi blessé et désarmé, le roi-chevalier eut un prodigieux sursaut : il courut reprendre son épée, la saisit de sa main gauche et s'élança vivement sur Gauvain. Il l'atteignit sur le heaume, mais Gauvain se rejeta de côté et reprit l'avantage. Il brisa tout ce qui restait du bouclier de son ennemi et frappa sans répit, lui écartelant complètement le heaume. Le roi de la Rouge Cité se trouvait désormais nu-tête et, comme Gauvain levait son épée pour le frapper une dernière fois, il s'écria : « Grâce ! tu m'as vaincu ! Puisque j'y suis contraint, je te rends mon épée ! »

Gauvain ne voulait pas la recevoir. « Je ne sais ce qui me retient de te tuer ! grinça-t-il, encore emporté par sa fureur guerrière. — Ah, chevalier ! cria le vaincu, tu commettrais un acte indigne si tu me tuais, maintenant que je crie merci ! — C'est juste, dit Gauvain. Je te fais grâce de la vie, mais à une condition. Tu devras te constituer prisonnier. Dès demain, sans délai, tu te rendras, en compagnie de cette jeune fille qui a tant souffert à cause de toi, à la cour du roi Arthur. Tu lui diras de ma part que je lui fais présent, ainsi qu'à la reine, de ta personne. Et tu leur feras à tous deux le récit de ce combat tel qu'il s'est déroulé.

— Je t'obéirai en tout point, s'inclina l'autre. Je me rendrai à la cour d'Arthur et je ferai tout ce que tu m'as dit, rapportant fidèlement le récit de notre combat et les griefs qui l'ont suscité. Mais je voudrais savoir ton nom car, une fois à la cour, je devrai bien dire qui m'y envoie. — J'ai perdu mon nom, répondit Gauvain. Tu diras que je suis le Chevalier sans Nom. Que tous t'accueillent et t'honorent jusqu'à mon retour à la cour. Dis également que je ne reviendrai que lorsque j'aurai retrouvé mon nom. Maintenant, dis-moi le tien. — On m'appelle Brun sans Pitié, et je suis roi de la Rouge Cité.

— Tu mérites bien ton nom ! dit Gauvain. Mais retiens bien ceci : tu vas prendre du repos cette nuit mais, dès que le jour sera levé, tu feras seller tes chevaux et tu partiras avec ton amie, ainsi que tu me l'as promis. » Brun sans Pitié lui réitéra son serment. Autour d'eux, les chevaliers, les bourgeois et les serviteurs se lamentaient de voir leur seigneur épuisé et blessé. Ils le savaient tous cruel et sans pitié, mais aussi brave qu'homme d'honneur. Se souvenant toutefois de ses ordres, ils s'en retournèrent sans mot dire dans la cité. Gauvain déclara alors qu'il repartait sur-le-champ, et il invita la jeune fille à l'épervier à remonter sur son palefroi. « En toute franchise, dit Brun sans Pitié, si cela se peut faire de quelque façon, venez tous deux prendre logis en mon hôtel pour cette nuit. » Les chevaliers qui étaient présents firent à Gauvain la même requête, mais il déclara la chose impossible. Il les recommanda à Dieu, eux firent de même. Il était impatient de reprendre la route. Pourtant, il aurait eu grand besoin de baume pour soigner ses blessures, et d'un bon lit pour prendre du repos. Sa compagne ne cessait de pleurer. « Douce amie, lui dit-il, ne pleure pas. Je guérirai rapidement, ce n'est pas la première fois que pareille chose m'arrive. En revanche, sache-le, de toute ma vie, je n'ai rencontré d'homme aussi vaillant que ce chevalier. Cependant, je ne veux ni ne puis aller loger chez lui. Ce ne serait pas convenable. Je ferais preuve d'une grossièreté épouvantable en acceptant son hospitalité après l'avoir tant contrarié. La seule chose qui me fâche est que tu n'aies bu ni mangé.

— Cher seigneur, répondit la jeune fille, sois sans crainte : je n'ai pas faim, et il n'est au monde si bon pain dont je fusse capable en ce moment d'avaler une miette. » Et, séchant ses larmes, elle suivit Gauvain.

Ils chevauchèrent bon train dans la vallée, et la nuit était presque complète quand, droit devant eux, ils aperçurent un chevalier très vigoureux et bien armé, qui venait là d'en tuer un autre tout récemment. Sa brillante épée d'acier, bien fourbie et robuste, en était encore tout ensanglantée. Gauvain le salua avec courtoisie, mais l'autre, loin de lui rendre son salut, lui cria d'une voix arrogante : « Chevalier, tu n'emmèneras certainement pas cette dame ainsi ! Que Dieu me damne ! Je vais te livrer un assaut qui te coûtera très cher ! »

Gauvain ne pouvait laisser cette provocation sans réponse. Les deux hommes se défièrent alors mutuellement et se ruèrent l'un contre l'autre. Ils se heurtèrent de toutes leurs forces du fer de leurs lances, si bien qu'ils mirent en pièces leurs boucliers. La lutte fut acharnée mais brève. Le chevalier inconnu frappa d'abord Gauvain au sommet de son heaume avec un tel emportement qu'il en fit jaillir des étincelles. Mais, en retour, Gauvain le

frappa au défaut de son bouclier brisé et lui porta un coup terrible jusqu'au cœur. Le destrier fit un bond et alla son chemin à travers la forêt, emportant le chevalier blessé. Gauvain voulut le poursuivre, mais comme pour rien au monde, il n'eût laissé la jeune fille seule, il se ravisa et s'en revint vers elle pour la rassurer. Elle l'accueillit avec une émotion qu'elle ne pouvait maîtriser. « Seigneur, s'écria-t-elle, comment peux-tu combattre si durement après avoir supporté de telles fatigues pendant la journée ?
— Cela n'est rien, répondit Gauvain, j'en ai vu d'autres et j'en verrai, si Dieu me prête vie, bien d'autres encore ! »

Cette nuit-là, ils couchèrent dans le bois, tous deux l'un contre l'autre, et la jeune fille ne s'en plaignit pas. Elle en oublia même sa faim et sa soif. Au lever du jour, ils repartirent. Pour remplacer son bouclier, Gauvain avait pris celui du chevalier tué par son adversaire. Puis, ayant enfourché leurs montures, ils s'en allèrent par le chemin qui serpentait dans la forêt. Ils n'avaient toujours ni bu ni mangé ! [1]

1. D'après *L'Âtre Périlleux.*

CHAPITRE III

Le Chevalier sans Nom

Au détour d'un chemin leur apparut un chevalier fort bien armé et de belle allure, qui cria : « Cher seigneur, que Dieu vous sauve, toi et ta belle amie ! » Gauvain lui répondit avec courtoisie : « Seigneur, que Dieu te bénisse, toi aussi. Nous avons voyagé toute la journée et nous ne savons quelle direction prendre. — Qui es-tu donc, chevalier ? continua l'autre. Avec ta permission, je serais aise de le savoir. M'est avis que vous êtes perdus, que vous avez passé la nuit dans cette forêt, et qu'outre un gîte exécrable, vous avez dû subir un jeûne sans pain ni poisson ni viande pour vous rassasier ! — Tu es bon devin, dit Gauvain, tel fut en effet notre sort. »

L'homme qu'ils venaient de rencontrer reprit : « Noble chevalier, j'ai eu quant à moi un logis bien différent hier soir, je puis m'en flatter : une jeune fille, la plus belle et la plus courtoise qu'on puisse trouver, de si haut lignage qu'elle est dame de château, m'a réservé le meilleur accueil que reçut jamais chevalier. Il n'est aucun de mes désirs qu'elle n'ait exaucé et comblé. — Dans ce cas, dit Gauvain, tu as plus de chance que nous, car pas plus aujourd'hui qu'hier ni que la veille, nous n'avons eu, ma compagne et moi, à manger ni à boire. — Seigneur, s'écria le chevalier, tu aurais tort de te tracasser. Je désire vivement être ton ami, et je te promets de te mettre sur la voie d'un gîte confortable. Mais écoute d'abord mon histoire, car je pense qu'elle en vaut la peine.

« Voilà quelque cinq ou six ans, alors que j'étais encore novice et inexpérimenté, je me suis épris d'une jeune fille, la plus belle et la plus courtoise qui soit d'ici à Kaerlion. L'amour me tourmentait si fort que je me résolus à le lui avouer. Mais la cruelle, loin de priser ma déclaration, m'en marqua une profonde irritation. Néanmoins, sans doute pour m'éprouver, elle réclama un délai de réflexion ; mais à chacune de nos rencontres, elle remettait sa décision à plus tard, de telle sorte que, fort chagrin, je finis par lui déclarer que cette attente ne pouvait durer plus longtemps. Alors, elle me donna un anneau et me dit que son cœur répondrait au mien si, dans l'année, elle entendait suffisamment parler de mes exploits à travers le monde. Et elle ajouta que si je voulais jouir d'elle et de sa personne, je devais éviter toute bassesse, toute arrogance et autres excès. Je lui jurai de lui obéir et pris congé. Inutile de te dire que, cette année-là, je n'eus de cesse de me distinguer dans l'honneur et la courtoisie. Et, l'année écoulée, je revins vers ma bien-aimée.

« Hélas, que de désillusions ! Après lui avoir rappelé sa promesse et son engagement, je la priai de m'accorder son amour, mais elle m'accusa de présomption, disant qu'à ses yeux, je ne méritais pas si haute récompense, que mon excellence, ma réputation n'étaient pas encore telles qu'elle avait souhaité. Et, à nouveau, elle repoussa sa réponse à l'année suivante. Inutile de préciser que si je m'étais donné beaucoup de peine l'année précédente, je m'en donnai bien davantage la suivante. Mais lorsque je revins auprès de celle que j'aimais, elle me reprocha ma suffisance : je n'étais pas encore assez illustre pour obtenir sa foi. Et je partis donc une troisième fois conquérir la gloire, ne manquant ni une aventure, ni un tournoi, ni une expédition de guerre. J'acquis alors une telle renommée de courtoisie, de vaillance et de noblesse, je me fis tant aimer de par le monde que ma mémoire habite encore tous les esprits. J'allai trouver celle en qui j'avais placé toutes mes espérances [1].

— Cette fois, dit Gauvain, je pense qu'elle a dû se rendre à l'évidence. — Oui et non, répondit l'autre. Elle m'accorda en effet que j'avais raison. La rumeur publique était unanime, elle en convenait. Mais elle me dit qu'elle craignait l'inconstance des hommes : ils sont si déloyaux, prétendait-elle, que parmi ceux qui sont parvenus à leurs fins avec leur amie et ont tout obtenu d'elle, elle n'en voyait aucun que l'assouvissement ne détournât aussitôt vers une autre. Je l'assurai que tel ne serait pas mon cas et m'apprêtais à lui en faire le serment, mais elle s'y opposa, sous prétexte que ce genre d'engagement ne saurait la satisfaire. En revanche, elle voulait pour garant de ma fidélité le neveu du roi Arthur, le preux Gauvain aux nobles manières, que tout le monde aime et loue pour ses qualités. Mais conçois-tu pareille folie ? La malheureuse, en réclamant pareille caution, voulait l'impossible, car nul n'ignore que Gauvain a été tué. Et moi, n'osant révéler sa mort, je m'empressai de répondre que je ne le connaissais pas.

« Mais elle insista, disant que si je l'assurais d'avoir obtenu la caution de Gauvain, elle avait tant de confiance en ce preux chevalier qu'elle ne craindrait plus de me céder à la légère. Et moi, qui savais bien que Gauvain était mort, je jurai de m'en remettre à lui pour qu'elle n'eût plus de doutes sur ma constance. Ainsi fut scellé notre accord. Qu'ajouterai-je encore ? Hier soir, pour la

1. Cette suite de délais et d'épreuves imposés par la Dame au chevalier fait partie du « rituel » de ce qu'on appelle l'Amour courtois ou, mieux, la *fine amor*. Sur ce sujet, voir J. Markale, *L'Amour courtois ou le couple infernal*, Paris, Imago, 1987, rééd. 1994.

première fois, je suis parvenu à mes fins et j'ai passé la nuit avec elle. »

Gauvain s'ébahit alors : « Seigneur, puisqu'il en est ainsi, pourquoi n'es-tu pas auprès d'elle, et où vas-tu de si bon matin ? — Je ne te le cacherai pas, je m'en vais de ce pas voir la plus belle créature qui existe d'ici à l'Irlande. Il y a longtemps que je l'ai priée d'amour, et elle doit me donner réponse aujourd'hui. — Que Dieu te confonde ! s'écria Gauvain. C'est folie à toi de parler de la sorte, car tu me sembles payer fort vilement la complaisance de ton amie ! Tu l'as enfin conquise après l'avoir priée trois ans, et aussitôt que tu as tout obtenu d'elle, tu l'abandonnes pour une autre ! — Seigneur, répondit le chevalier, ne me juge pas trop vite. Elle m'a imposé tant d'épreuves, elle m'a coûté tant de peines et de veilles ! Sans doute s'est-elle acquittée envers moi en me faisant don de son amour. Ne l'ai-je pas bien mérité, pour l'avoir si longtemps aimée et servie ? J'ai dépensé en cela tant d'énergie qu'une année entière de ses faveurs ne me dédommagerait pas même à demi. Et comme j'ai tant souffert de tourments pour réussir, je veux qu'à son tour elle souffre même agonie. On a le salaire que l'on mérite.

— Voilà qui est peu digne d'un preux chevalier ! s'écria Gauvain, plein de colère. D'ailleurs, tu oublies une chose : tu as fait le serment d'obtenir la caution de Gauvain ! — Mais Gauvain est mort, que vaut mon serment ? » Gauvain était de plus en plus furieux : « Peut-être, dit-il, mais il se trouve que j'étais le meilleur ami de Gauvain. Je me conduirais bassement si je tolérais que son nom fût mêlé à une lâcheté ! Au nom de Gauvain, je te demande donc de revenir vers ton amie à qui tu as juré fidélité ! — Il n'en est pas question. Qui donc es-tu pour me donner des ordres aussi insolents ? — On m'appelle le Chevalier sans Nom, mais sache que Gauvain lui-même te parle par ma bouche. Et puisque tu ne veux pas accéder à mes prières, tu seras bien contraint de te soumettre à ma force ! »

Les deux hommes prirent du champ, s'observèrent un instant et se précipitèrent l'un sur l'autre. Leur mêlée fut vive et ardente, leur choc si rude qu'ils se retrouvèrent bientôt démontés. Dès que Gauvain se fut remis sur pied, il fonça sur son adversaire, l'épée brandie. Et bientôt, celui-ci, sur le point d'être vaincu, demanda grâce. « Je ne t'accorderai la vie qu'à une condition, dit Gauvain, c'est que tu tiennes tes engagements vis-à-vis de ton amie. Et je devrai moi-même m'en assurer au nom de l'homme dont tu as usurpé la caution. — Volontiers, seigneur, répondit l'autre, je t'obéirai en tout point. — Maintenant, dit Gauvain, tu dois me révéler ton nom, car je veux narrer cette histoire à toute la cour d'Arthur. — Je m'appelle Espinogre. Je ne m'imaginais pas trouver dans tout le royaume un adversaire capable de me vaincre par les armes. Mais toi, ne peux-tu vraiment me dire qui tu es ?

— Je ne puis te dire mon nom, dit Gauvain, car je l'ai perdu et j'ignore qui me l'a dérobé. Maintenant, je dois partir à sa recherche, mais je ne sais où ni dans quel pays. Écoute, Espinogre : conduis-nous d'abord chez ton amie, puis viens avec moi et plie-toi de bonne grâce à ce que je te demanderai. — J'y consens volontiers, seigneur. Je te suivrai sans me faire prier, en homme qui t'appartient entièrement et que tu as légitimement conquis. » Gauvain ajouta alors : « Quand, au terme de notre quête, nous aurons réussi enfin à retrouver mon nom, je te le révélerai aussitôt. Et, sache-le, je te promets que, pendant tout ce temps, je me montrerai d'aussi bonne compagnie que je pourrai. Jamais encore, de ta vie entière, tu n'auras rencontré chevalier qui t'offre plus d'agrément. »

Ils reprirent leurs chevaux qui erraient librement non loin. Le chevalier conduisit Gauvain et la jeune fille à l'épervier au château d'où il était parti. Ils racontèrent à la dame tout ce qui s'était passé, et Gauvain fit jurer à Espinogre que jamais, de sa vie, il n'aimerait d'amour d'autre femme qu'elle. La dame voulut savoir le nom de l'homme qui s'en portait ainsi garant, mais Espinogre lui expliqua pourquoi celui-ci n'était que le Chevalier sans Nom. La jeune femme s'en émerveilla grandement. « Cher seigneur, dit-elle, je te dois grande reconnaissance. Si j'avais dû me plaindre auprès de Gauvain de mon ami, je vois que j'aurais été fort en peine de faire valoir mes droits. Je n'étais au courant de rien, et seul mon ami a joui de mon amour. Grâce à Dieu, sa trahison n'était encore que d'intention ! Et voici que, pour l'amour de Gauvain, un Chevalier sans Nom m'a ramené mon ami. Il l'a assez rudoyé en combat pour venir le mettre en ma merci, il lui a fait payer très cher la folle idée qu'il s'était mise en tête. Assurément, quel héros sans pareil que Gauvain ! Il doit en rendre grâces à Dieu, qu'on l'estime et l'aime à ce point ! »

Fort heureuse de l'aventure, la jeune femme ordonna de désarmer ses hôtes et donna toutes instructions à ses gens pour les servir et les honorer. On leur prépara un bon repas où les régalèrent poissons, viandes appétissantes, gibier et vins en abondance. Puis ils furent logés dans des chambres confortables et y passèrent une excellente nuit. Gauvain et la jeune fille à l'épervier purent ainsi se remettre de leurs fatigues et de leurs privations. Puis, le lendemain, le Chevalier sans Nom, la jeune fille à l'épervier et Espinogre prirent congé de la dame du château et s'en allèrent à la recherche de ceux qui s'étaient vantés d'avoir tué Gauvain.

Ils se trouvaient de nouveau en rase campagne, s'entretenant de la route qu'ils allaient suivre, quand, au loin, au découvert d'un bois, ils virent un chevalier sur une lande. Celui-ci, magnifiquement équipé, montait un destrier robuste et rapide, bien nourri et au mieux de sa forme. Outre une armure de toute beauté, il portait un cor en sautoir. Gauvain et Espinogre le contemplèrent tous deux avec grand plaisir. L'homme qu'ils admiraient semblait éprouver une vive allégresse : il chantait une chanson d'amour tout en allant au petit trot. Soudain, il saisit son bouclier par les courroies, ainsi que sa lance et les jeta à terre avec rage au milieu du champ. Alors, il se mit à crier, à pleurer et à frapper ses mains l'une contre l'autre avec les plus grandes marques du désespoir. Enfin, reprenant sa lance et son bouclier, il s'assura de nouveau en selle et, prenant le galop, fonça, la lance en avant. Il s'était remis à chanter comme si de rien n'était. « Par Dieu tout-puissant ! dit Gauvain, il faut que ce chevalier soit ensorcelé ! »

Cependant, l'autre s'était arrêté à quelque distance et, une nouvelle fois, il laissa tomber sa lance et son bouclier. « Hélas ! s'écria-t-il, je vais au-devant d'une aventure qui tournera à mon grand malheur ! » Et il se livra derechef à son chagrin, avec une telle violence qu'aucun témoin n'aurait pu s'empêcher d'en être fort apitoyé. Enfin, il reprit sa lance et saisit son bouclier par les courroies. De nouveau, il lança son cheval et recommença sa chanson interrompue. « Je puis me vanter, dit Gauvain, d'avoir vécu maintes aventures, mais jamais encore je n'ai vu de chevalier se comporter d'une manière aussi déraisonnable ! Je ne saurais m'empêcher d'aller lui demander raison de son étrange comportement ! »

Les deux compagnons piquèrent vers lui à travers la lande. Gauvain salua aimablement l'inconnu et lui demanda pourquoi il manifestait tour à tour une telle allégresse et un tel désespoir. « Seigneur, répondit l'autre, sache que se trouve, au-delà de ce bois, à plus de cinq lieues d'ici, un gué où je dois parvenir d'urgence. Je peux seulement t'affirmer ceci : si je ne m'y trouve pas avant midi, j'aurai tout perdu, et il vaudrait mieux pour moi avoir deux lances au travers du corps. — Seigneur, répondit Gauvain, si cela ne te déplaît pas, nous t'accompagnerons un bout de chemin et, pendant ce temps, tu pourras nous conter ton sort. — Volontiers. »

Alors, tandis qu'ils cheminaient, leur nouveau compagnon déclara qu'il se nommait Cadret et leur raconta son histoire. Environ un an plus tôt, alors qu'il était jeune chevalier au service d'un grand seigneur, il avait été hébergé dans une forteresse. « Le maître des lieux traita mon seigneur avec les plus grandes marques d'honneur et lui fit fête, à lui et sa suite. Quand vint le moment de passer à table, on me fit prendre place, au titre d'intime de mon seigneur, auprès de la fille de notre hôte. Or, elle était si belle, si douce et si gentille que je m'en épris sur-le-champ. Elle fut loin d'être insensible à mon amour, et, quand nous pûmes nous entretenir à l'écart des autres, nous nous engageâmes l'un à l'autre, nous jurant mutuellement que notre amour se maintiendrait, quelles que fussent les circonstances.

« Depuis lors, je la voyais régulièrement, mais en secret, et nos rencontres nous comblaient de joie et de bonheur. Mais, un jour, il nous arriva malheur, car nous fûmes surpris par la mère de mon amie. La dame en éprouva une grande irritation, sans doute parce qu'elle me jugeait de trop basse extraction pour sa fille. Quoi qu'il en soit, elle soumit celle-ci à une telle surveillance qu'il nous fut désormais impossible de nous rencontrer. Et voici qu'elle vient d'être requise en mariage par un riche prétendant. Son père, apparemment très flatté, la lui a promise, et mon amie, affligée et désespérée, n'a pu refuser d'obéir. Elle m'a fait savoir, par un messager fidèle et discret, que son prétendant devait venir aujourd'hui la chercher. J'ai donc décidé d'aller à la rencontre de celui qui veut me ravir mon amie et de le provoquer au combat. C'est pourquoi je me réjouis : je vais la revoir, je vais lui prouver que mon amour pour elle est toujours aussi ardent. Mais, hélas ! mon adversaire a su notre aventure, et il est empli de méfiance. Par le même messager, je sais qu'il sera entouré de vingt compagnons, hardis et audacieux. Je suis courageux, et j'espérais bien vaincre mon rival en combat singulier, mais j'ai bien peur qu'il ne m'arrive malheur en face de tant d'hommes résolus. Et voilà pourquoi je me désespère. Cependant, sachez-le, je n'abandonnerai pas pour autant mon entreprise. Peu m'importe d'être tué ou fait prisonnier, du moins aurai-je accompli tout ce que je dois pour délivrer mon amie !

— Espinogre, dit alors Gauvain, que t'en semble ? Il serait bien vil et mesquin, celui qui, voyant un chevalier en pareille détresse d'amour, ne volerait pas à son secours ! — Certes, répondit Espinogre, il serait le dernier des lâches. Si tu décides d'appuyer sa cause, je t'accompagne. Tu peux compter sur moi. » Aussitôt, tous deux promirent à Cadret de l'assister du mieux qu'ils pourraient, pour le meilleur et pour le pire. « Seigneurs, répondit Cadret, je vous remercie de votre générosité, mais je ne vous cache pas que mon entreprise est pure folie. Je ne saurais vous y entraîner, je ne veux pas qu'il vous arrive malheur. Ce serait grand dommage que l'un de vous, par la folle témérité de ce que j'ai projeté, perde en telle occurrence ou la vie ou la liberté. »

À ces mots, Gauvain se sentit envahi d'une grande pitié. « Cadret, dit-il, peu nous importe l'issue, nous t'assisterons. Nous périrons, serons captifs ou bien nous te rendrons ton amie. — Seigneurs ! s'exclama Cadret, comment Dieu ne serait-il pas touché d'une pareille générosité ? J'ai maintenant confiance, et si nous réussissons, je serai, sachez-le, votre obligé à tous deux tant que j'aurai un souffle de vie ! » Alors, sans plus attendre, ils se mirent en route vers le gué où Cadret projetait d'affronter son rival.

« Seigneur, dit soudain à Gauvain la jeune fille à l'épervier, Dieu m'est témoin : j'éprouve une telle faim que tu me verras bientôt enrager ; si je ne puis au plus tôt manger ne fût-ce qu'un morceau de pain, je rongerai mes propres mains ! Personne n'a jamais été si affamé que moi en ce moment ! » Ce discours contraria extrêmement Gauvain. « Belle, dit-il, il nous est impossible ici de rien nous procurer qui puisse calmer ta faim. De plus, tu le sais, nous ne pouvons nous attarder. Espinogre et moi, devons sans délai nous joindre à ce chevalier. Nous lui en avons fait la promesse, et il serait malséant de lui manquer dans le besoin qui le presse. Je t'en prie, prends ton mal en patience, jusqu'à la conclusion de l'aventure.

— Je ne serai pas folle au point, répliqua-t-elle, de t'accorder ce que tu demandes. Mon agrément d'abord, quelque désagrément qu'il en puisse résulter pour d'autres, et tant pis pour qui le déplore et qui s'en offense [1]. Crois-moi, je te prie, je n'affecte rien ; la faim qui me dévore est encore pire que je ne dis. On m'offrirait des pièces d'or ou d'argent pour l'endurer jusqu'à midi que je les refuserais, je te le dis tout net. D'ailleurs, je me trouve sous ta protection, et ce serait commettre grande vilenie que de me refuser ce que je demande. Si je meurs, ce sera ta faute, et tu en porteras la honte !

— Fort bien, dit Gauvain, mais où pourrais-je trouver la nourriture que tu demandes ? — Seigneur, repartit-elle, j'ai déjà séjourné dans ces parages et repéré, là-bas, en face, une forteresse un peu au-delà de ce vallon, à une lieue et demie tout au plus. Jamais de ta vie tu n'auras vu tant de superbes tours et de salles magnifiques que n'en comporte celle-ci. Tu la trouveras en traversant ce bois, sur le flanc de la montagne. Et là, si tu m'y mènes, abondent toutes les victuailles dont on peut rêver quand on a faim. — L'âne ploie sous l'excès de sa charge, à ce que j'ai entendu dire ! maugréa Gauvain à voix basse. Mais puisqu'il en est ainsi, je n'ai d'autre choix que de

1. Le texte original de ce conte porte les stigmates d'un antiféminisme sournois, assimilable à une réaction masculine face aux théories contraignantes de la *fine amor*. Les femmes — dont Gauvain se repaît d'ailleurs sans vergogne — s'y révèlent fausses, intéressées et parfaitement égoïstes, mais les narrateurs se font également un jeu de marquer la différence entre l'amour authentique et le caprice amoureux. De toutes ces aventures, Gauvain sort à la fois grandi parce qu'il est fidèle à la parole donnée, et amoindri parce qu'il se fait constamment berner par les « jeunes filles » qu'il prend sous sa protection. On ne saurait oublier que parmi les innombrables « pucelles » qu'il rencontre au cours de ses pérégrinations, se dissimule l'image primordiale de Morgane, la « diabolique » qui multiplie les embûches afin de contraindre le héros à se surpasser.

t'accompagner jusque-là. » Puis il se tourna vers Espinogre : « Cher ami, dit-il, je me réjouis que tu portes un cor pendu à ton col. Écoute attentivement ceci : tu vas poursuivre avec Cadret vers le lieu de la rencontre, et s'il vous est besoin de moi, tu sonneras quatre fois de ton cor. Je l'entendrai et, sitôt notre compagne rassasiée, je vous rejoindrai de toute la vitesse de mon cheval. — Fort bien, dit Espinogre, puisque nous ne pouvons faire autrement. »

Gauvain et sa compagne tournèrent alors un peu sur la gauche et chevauchèrent le long d'un sentier qui les conduisit jusqu'à la forteresse. Elle n'était pas entourée de pieux aigus, mais d'une haute muraille de pierre et d'un fossé des plus profonds. Elle était adossée à un vaste bois, et une haie courait autour, qui clôturait si étroitement l'enceinte fortifiée et la tour qu'elle n'y laissait qu'un accès. La jeune fille à l'épervier connaissait, semble-t-il, parfaitement les lieux, et elle pénétra sans hésiter. Mais Gauvain qui était étranger et ne connaissait rien de l'endroit, franchit tout droit la poterne et monta vers la tour. Il passa le pont à cheval sans se faire remarquer de personne, tandis que la jeune fille demeurait à l'extérieur. Le chevalier, qui était toujours sans nom, pénétra dans la grande salle. Il y aperçut jonchant une table ronde, une nappe qui, loin d'être sale, était plus blanche que neige d'hiver et sur laquelle se trouvaient une coupe d'or fin, pleine à ras bord d'un vin qui semblait excellent, des flans, des gâteaux, des pâtés, ainsi que des pièces de viande dans une écuelle étincelante. Une jeune fille était assise là pour dîner. Gauvain la salua très courtoisement et lui demanda la grâce de quelques vivres. « Belle, je t'en prie, écoute-moi, dit-il. Il y a là dehors dans la cour, une jeune fille à cheval. Si on ne la secourt immédiatement en lui apportant à manger, jamais elle ne sortira de cette enceinte. Elle sera morte avant, sans rémission. Elle se tient devant la tour, là-bas, et te prie d'être assez généreuse et bonne pour lui prêter assistance. » La jeune fille regarda Gauvain d'un air indifférent puis répondit d'une voix sèche : « Seigneur, plutôt être maudite que de te faire don de quoi que ce soit ! Quelle audace, quelle outrecuidance d'imaginer que je puisse te donner satisfaction ! Tu es trop chétif personnage pour t'en permettre seulement l'idée ! Ils te chercheraient méchante querelle, mes frères, ils sont sept, s'ils étaient présents. Heureusement pour toi, ils sont partis chasser dans la forêt. Profite donc de leur absence, et prends le large avant de subir le châtiment que ton attitude mérite ! »

Passablement interloqué par cet accueil, Gauvain répliqua : « Jeune fille, ma gratitude te fera largesse en échange d'un seul gâteau et d'un pâté. — Sur ma tête, répondit-elle, je ne gaspillerai pas mon bien de la sorte ! » C'est alors qu'un nain que Gauvain n'avait pas encore vu se manifesta. « Jamais tu n'obtiendras si peu que ce soit, dit-il. Je la connais bien, elle ne cédera ni aux bonnes manières ni aux prières. En revanche, si tu uses de sans-gêne et d'insolence, elle se pliera à tous tes désirs. La nourriture est à ta portée. Pourquoi ne pas te servir toi-même ? » Gauvain ne se le fit pas dire deux fois. Il s'approcha de la table, prit d'une main un pâté et un pain, de l'autre l'un des morceaux de viande dont débordait l'écuelle. Alors le nain le ramena par la bride auprès de la jeune fille à l'épervier. « Voici ce que tu désirais, dit-il, mais hâte-toi de manger, car nous devons faire vite. — Je te remercie, seigneur, répondit-elle. Cette nourriture me sauve la vie, n'en doute pas. Mais, maintenant, il me faut à boire, car je suis, depuis ce matin, en proie à une telle soif que je pense mourir. Faute de boire, je ne pourrais jamais me remettre en route avec toi. »

Le Chevalier sans Nom repartit alors sans se faire autrement prier et retourna dans la salle. Il se dirigea vers la table afin d'y saisir la coupe. Mais quand il étendit la main, la jeune fille assise le devança, en disant d'un ton plein de morgue : « Si mes frères qui sont à chasser dans les bois avaient été là, tu n'aurais pas obtenu cette nourriture et ce vin aussi aisément. Mais ils sont absents, et tu m'as surprise seule et sans défense. Le bel exploit que d'humilier une jeune fille qui ne t'a jamais fait aucun mal ? » De son côté, le nain s'écria avec colère : « Seigneur, tu n'obtiendras jamais rien d'elle que par l'insolence ! » Gauvain s'empara de la coupe et, sans plus se soucier de la jeune fille, alla l'apporter à sa compagne qui attendait devant la tour. Elle en but avidement le contenu. Alors Gauvain, par politesse, se crut obligé de rapporter la coupe. Mais la jeune fille assise à la table s'écria : « Seigneur, tu es bien peu sensé et bien peu courtois d'avoir, contre mon gré, dérobé une part de mon repas ! S'il était encore en vie, celui dont l'excellence excitait l'envie générale, rien ne se serait ainsi passé ! Ah, Mort ! tu es si traîtresse et si ruineuse que jamais tu n'épargneras un homme de bien ! Il n'est aucune femme dans toute la Bretagne qui ne pleure celui que tu as emporté. Ah ! Si Gauvain avait été en vie, personne ne m'aurait ôté la coupe des mains, ni enlevé ma nourriture sous mes yeux ! Je n'aurais même pas eu à m'en soucier. Hélas, désormais, plus personne n'est là pour veiller sur nos droits et les faire respecter ! »

Gauvain, qui commençait à être blasé de ce genre de discours sur sa propre disparition, rendit sans plus tarder la coupe au nain et revint vers la jeune fille à l'épervier qui en avait fini avec la nourriture et la boisson. « En route ! dit-il, nous avons assez perdu de temps comme cela ! » Mais à peine étaient-ils parvenus au-delà du pont qu'ils rencontrèrent le chevalier qui leur avait fait don, à la croix, du destrier ainsi que du palefroi avec sa selle et son harnais, dont ils avaient alors un pressant besoin. Il tenait à la main l'épervier qu'il avait reçu en gage. Il salua Gauvain et lui demanda, en homme qu'oblige la nécessité, de s'acquitter immédiatement de sa dette. « Fort bien, dit Gauvain, que veux-tu de moi ? » L'autre lui répondit · « Seigneur, cette tour d'où tu viens est parfaitement tranquille. Il ne s'y trouve actuellement personne qui puisse te causer quelque ennui, car tous les chevaliers du lieu sont allés chasser dans le bois. Or, dans cette tour se trouve une jeune fille que j'aime depuis plus de trois ans. Je te prie de retourner d'où tu viens et d'obliger la jeune fille à te suivre. Tu me la donneras toi-même.

— Certes, dit Gauvain, je suis ton obligé et je ne me déroberai pas. La chose est en mon pouvoir, et je te donnerai immédiatement satisfaction. » Il fit alors tourner son cheval et revint dans la grande salle. La jeune fille se répandit en imprécations contre lui et le maudit de son mieux. Sans s'occuper de ce qu'elle disait, Gauvain alla vers elle, la saisit par le bras et l'entraîna au-dehors, quoique, pleurant à chaudes larmes, elle continuât de l'abreuver des pires malédictions. « Ah ! s'écria-t-elle enfin, si Gauvain avait été vivant, jamais tel outrage ne m'eût été infligé ! » Mais Gauvain, insensible à ses paroles, l'emmena vers le chevalier qui tenait l'épervier. Elle se remit à gémir, proclamant que, du temps de Gauvain, semblable affront n'eût été possible : non, certes, jamais le neveu d'Arthur n'eût toléré qu'une jeune fille fût, au mépris de toutes les convenances et de tous les usages, livrée à un inconnu. Et elle criait et hurlait de plus en plus, tant et si bien que ses plaintes se répandirent dans la campagne environnante.

« Ah ! malheureuse que je suis ! répétait-elle. Quel dommage que mon frère, le vaillant Codrogwynn, ne soit pas à cette heure informé de ce qui se passe ici ! Cet outrage, l'insolence du forfait dont je suis victime, rien de tout cela n'aurait été concevable si Gauvain était encore en vie ! » Cependant, le chevalier qui tenait l'épervier lui dit : « Belle douce amie, tu te méprends. Ne me reconnais-tu pas ? Je suis Raguidel de l'Angarde, ton ami depuis toujours, celui qui t'aime et dont le dévouement à ton égard est sans limites ! Tu m'as toujours assuré que tu n'aimais personne que moi, tu m'en as même fait le serment. Si l'on peut se fier à ta foi jurée, le moment est venu de m'en donner la preuve. »

Quand elle entendit ces paroles, la jeune fille changea complètement d'attitude et manifesta une joie exubérante. « Seigneur chevalier, dit-elle à Gauvain, toi à qui j'ai refusé le don de ma nourriture et de ma boisson, je te remercie de ce que tu as fait. Je suis ton obligée, toi qui m'as trouvée en plein désarroi et viens de me rendre ma joie de vivre. Tu m'as donnée à cet homme, et j'y consens bien volontiers. Mais comment pourrais-tu jamais me pardonner mon attitude et mes outrages ? — Sois sans crainte, répondit Gauvain, je te pardonne de grand cœur. Mais, en te dérobant nourriture et boisson, j'ai moi-même usé de violence. Je dois, moi aussi, solliciter ton pardon. — Je te l'accorde bien volontiers », dit la jeune fille au comble de la joie.

Cependant, l'un de ses frères, celui qui avait nom Codrogwynn, et qui se trouvait dans le bois, avait entendu les cris et les lamentations qu'elle avait prodigués. Comprenant que sa sœur devait faire face à de terribles embarras, il n'avait pas hésité à tourner bride et à se précipiter vers la forteresse. Dans la cour, il rencontra un serviteur et lui demanda les raisons du tapage qu'il avait entendu. Sur-le-champ, l'autre l'informa de ce qui s'était passé. « Par Dieu tout-puissant ! s'écria Codrogwynn, cela veut dire que je ne suis plus le maître chez moi ! » Il s'en alla vers les écuries et commanda qu'on lui sellât le meilleur cheval qui s'y trouvait. Un écuyer s'empressa d'obéir à ses ordres et lui amena Gringalet tout harnaché. Codrogwynn n'était autre en effet que le chevalier à l'épervier, l'homme qui avait abandonné Gauvain et sa propre amie en plein bois, par pure jalousie, et emmené leurs chevaux. Il sauta sur le fougueux destrier et se précipita, bien résolu à se débarrasser des intrus, vers l'endroit où se tenaient Gauvain, Raguidel de l'Angarde et les deux jeunes filles.

Le Chevalier sans Nom l'entendit approcher au galop. Il se retourna et d'emblée reconnut son cher Gringalet. Alors, sa colère fut si vive qu'il se mit immédiatement en garde, et sans poser de questions, il fonça hardiment sus à l'agresseur. Le choc fut bref, mais très rude. L'adversaire de Gauvain frappa le premier, faisant voler sa lance en éclats. Mais, au deuxième assaut, Gauvain lui plaqua son bouclier sur le bras, le tordit et l'obligea à mordre la poussière puis, levant son épée, s'apprêta à le frapper. Il lui aurait immédiatement tranché la tête si la jeune fille à l'épervier n'était intervenue. « Seigneur ! s'écria-t-elle, si tu le tues, jamais plus je ne connaîtrai de joie en ce monde !

— Je l'épargnerai volontiers, répondit Gauvain, à condition qu'il fasse amende honorable pour son attitude de l'autre jour, quand j'étais sur l'arbre à la recherche de l'épervier. — Ah, seigneur ! s'écria Codrogwynn, il y a en toi tant de noblesse et de courage, tant de vertu et de générosité que je ne peux qu'accéder à ton désir. J'affirme que tu ne peux être accusé d'aucun méfait envers moi. Mon arrogance et ma jalousie ont été les seuls motifs de l'attitude désobligeante que j'ai adoptée. Aussi, pour me faire pardonner, accepté-je sans réserve d'obéir à tes ordres. — Seigneur, répondit Gauvain, je t'en remercie. Je te prie d'abord d'oublier ton ressentiment envers cette jeune fille qui n'avait d'autre but en m'appelant près d'elle que de reprendre l'épervier. Ensuite, je voudrais obtenir de toi quelque chose : que tu acceptes de donner ta sœur, ici présente, au chevalier qui a nom Raguidel et qui l'aime de tout son cœur. Enfin, je te demanderai de me rendre mon cheval, Gringalet, sans qui je me sens bien seul et bien gauche. — Qu'il en soit selon tes vœux », répondit Codrogwynn, et ainsi fut conclue la paix. Le Chevalier sans Nom reprit Gringalet, sans contestation, et fit don à l'autre de son cheval, qui était aussi vigoureux que rapide, et d'une insigne beauté. Cependant, les frères de Codrogwynn, qui avaient entendu le vacarme depuis le bois où ils chassaient, piquèrent eux-mêmes des deux aussitôt, franchissant tertres et vallons, sans ménager leurs montures, de sorte qu'ils parvinrent rapidement à la forteresse. Là, avant même de descendre de cheval, ils demandèrent des nouvelles au premier écuyer qu'ils rencontrèrent, et celui-ci leur conta en détail ce qui s'était passé. Ils réclamèrent leurs armes, s'équipèrent et se précipitèrent en direction du groupe, bien décidés à venger l'affront qu'avait subi leur sœur.

C'est alors que Codrogwynn, qui était monté sur son cheval, les aperçut, la lance en arrêt, prêts à combattre ceux qu'ils croyaient être des perturbateurs. Il s'élança à la rencontre de ses frères et leur signifia sans ambages que s'ils touchaient un seul des chevaliers qu'ils voyaient là, eux-mêmes devaient cesser de compter sur son amitié. Il assura même qu'il serait prêt à faire pour ces étrangers ce que personne n'avait jamais fait : à se ranger à leurs côtés, fût-ce contre ses propres frères. Ceux-ci s'arrêtèrent donc, tout surpris de la situation. Mais lorsqu'ils eurent entendu les explications de Codrogwynn, ils abandonnèrent leur attitude hostile et vinrent saluer leurs hôtes. Ils prièrent même le Chevalier sans Nom de demeurer. Mais celui-ci leur avoua que c'était impossible : il venait de laisser, à deux lieues sur sa droite, un chevalier qui avait d'urgence besoin d'aide pour délivrer son amie. Codrogwynn et ses frères protestèrent alors qu'il n'irait pas sans eux. Gauvain, très touché de leur offre, les en remercia et leur répondit qu'il acceptait volontiers qu'ils l'accompagnassent pour le triomphe de l'amour et de la justice. Enfin, Codrogwynn indiqua qu'il n'était détour, sentier ni traverse qu'il ne connût. Aussi promit-il de rejoindre Gauvain avec ses six frères aussitôt qu'ils seraient armés et de lui prêter toute l'aide qu'il lui faudrait.

Quant à Raguidel, il déclara simplement qu'il accompagnerait le Chevalier sans Nom et le servirait fidèlement dans son entreprise. Ainsi fut fait. Codrogwynn et ses frères allèrent se préparer tandis que Gauvain et Raguidel se précipitaient à travers le bois en direction du gué. Heaumes rabattus, ils parcoururent les sentiers d'un si grand galop que, dans une lande, ils repérèrent bientôt les traces des deux hommes qui les précédaient. « Hâtons-nous ! s'écria Gauvain. Il ne serait pas séant que nous arrivions après la bataille ! »

Cadret et Espinogre étaient déjà parvenus au gué depuis un certain temps lorsqu'ils aperçurent le groupe de leurs adversaires. Celui qui emmenait l'amie de Cadret parvint le premier au passage. En le voyant, Cadret ne put se retenir et, laissant aussitôt son cheval courir de toute la vitesse qu'il pouvait fournir, il frappa son rival avec une telle violence sur le haut du bouclier qu'il jeta à terre tout ensemble la monture et le cavalier. Quant à Espinogre, il porta un coup si rude au suivant qu'il l'abattit de son cheval, la face contre terre, aux pieds de la jeune fille. Puis, Cadret et Espinogre défièrent rudement les autres et revinrent tranquillement à la charge, à grands coups de lance et d'épée. Jamais encore deux chevaliers seuls n'avaient supporté pareil assaut avec si peu de dommage et de perte. Pourtant, ils étaient soumis à rude épreuve, mais leur détermination était telle qu'ils ne ressentaient ni fatigue ni souffrance. Chacun d'eux se comporta si brillamment que le reste de leurs adversaires en demeura tout interdit : ils ne s'attendaient pas à être malmenés si fort par deux chevaliers seuls. Mais ils finirent par se ressaisir, éprouvant une grande honte de se voir infliger semblable traitement, et se lancèrent tous ensemble contre leurs adversaires, et ceux-ci, bousculés par une ruée aussi fracassante, durent reculer en hâte.

C'est alors qu'Espinogre se souvint de ce que lui avait recommandé le Chevalier sans Nom avant leur séparation. Il prit son cor et en sonna quatre fois avec une puissance telle que la forêt tout entière en retentit. Gauvain l'entendit et s'en réjouit, comprenant que les deux braves se défendaient sans faiblir et sauraient résister jusqu'à son intervention. Lui et Raguidel pressèrent l'allure en direction de l'endroit d'où surgissait le son du cor. Au moment de dévaler un tertre, ils aperçurent les combattants : Espinogre courait grand péril, car toute la mêlée dans le vallon s'était concentrée sur lui. Cadret, qui s'apprêtait à secourir son compagnon, reconnut le Chevalier sans Nom, et son courage en fut redoublé. Le cœur plein de son amie, et s'étant aperçu qu'elle le regardait, il éperonna son cheval avec fougue et, franchissant le gué, se précipita contre son rival, suivi bientôt par Gauvain et par Raguidel. Les adversaires, comprenant que leur seigneur allait être isolé au milieu de la bataille, abandonnèrent Espinogre et, faisant demi-tour, fondirent au secours du premier dans l'espoir de le délivrer. Mais il était trop tard : Cadret lui avait déjà arraché son heaume et, le maintenant par le col, l'obligeait à mordre la poussière. « Grâce ! cria celui-ci. Je me rends. »

C'est à ce moment que Codrogwynn et ses frères surgirent du bois, poussant leurs montures le plus qu'ils pouvaient. Ils entrèrent dans la mêlée et renversèrent leurs adversaires qui comprirent que tout était perdu. Abandonnant là leur seigneur qu'ils renonçaient à délivrer, ils remontèrent sur leurs chevaux et s'enfuirent à bride abattue dans toutes les directions. Alors le Chevalier sans Nom, qui entendait mener à bien la bonne action qu'il avait entreprise, saisit par la bride le cheval de la jeune fille et le mena vers Cadret. Celui-ci, au comble de la joie, ne savait pas comment exprimer sa gratitude à ceux qui, l'ayant si bien servi, lui avaient permis de reconquérir son amie.

Codrogwynn supplia le Chevalier sans Nom de prendre quelque repos en leur compagnie. Mais Gauvain rejeta courtoisement cette proposition : « Je ne puis m'attarder, dit-il. Espinogre et moi, nous allons reprendre notre route pour chercher l'aventure qui nous tient tant à cœur. Quand nous l'aurons trouvée, nous reviendrons ici, je t'en fais la promesse, et alors je ne repartirai pas sans t'avoir dit qui je suis. Mais jusque-là, je ne saurais te révéler mon nom, puisque je l'ai perdu et que je ne peux le retrouver sans l'aventure à laquelle j'aspire. Mais si tu veux faire quelque chose pour moi, accueille en ta demeure le brave Cadret et son amie, ainsi que Raguidel qui aime ta sœur et en est aimé. Quant à toi, Codrogwynn, abandonne jalousie, colère, et prends soin de celle que tu as si durement traitée devant moi lorsque, perché dans l'arbre, je tentais de récupérer l'épervier. — Il en sera ainsi, dit Codrogwynn, je ferai tout ce que tu me dis. »

Alors, après avoir pris congé, Gauvain et Espinogre remontèrent sur leurs chevaux et s'en allèrent au petit trot, au hasard des chemins, pour trouver l'aventure grâce à laquelle le Chevalier sans Nom pourrait sans honte décliner son identité.

Ils parcoururent landes et forêts pendant longtemps sans rencontrer âme qui vive. Mais, un matin, ils arrivèrent près d'un ermitage. Un chevalier en sortait. Revêtu d'un manteau de beau drap doublé d'hermine, arborant, sur des chausses échancrées, des éperons d'or et monté sur un destrier de grande finesse, il n'avait pas d'armes, sauf l'épée qu'il portait au côté. Il avait rejoint là une jeune fille singulièrement belle et avenante à qui il contait une histoire qui était survenue dans le pays. Le chevalier à qui l'on avait ravi son nom le salua avec courtoisie.

« Seigneur, répondit l'autre, que Dieu te protège dans la quête que tu mènes. » Puis il ajouta : « Je voudrais que tu m'accordes une faveur : viens, avec ton compagnon, te divertir chez moi ce soir et y passer la nuit. Je t'y promets aussi bon gîte que si tu étais chez toi. — Seigneur, répondit Gauvain, je te remercie. Mais j'ai entrepris une aventure qui ne souffre point de retard. Aussi ne prends pas à mal mon refus. — Puisque tu ne peux t'attarder, accorde-moi au moins le plaisir de t'inviter ce matin. J'ai un manoir qui ne se trouve pas très loin d'ici, derrière ce vallon. En ce moment même, un repas m'y attend, tout préparé. Toi et ton compagnon, venez le partager avec moi. Cela ne te détournera guère. — J'accepte bien volontiers », dit Gauvain.

Ils ne furent pas longs à atteindre le manoir. Ils n'étaient pas descendus de cheval que déjà les tables étaient mises, que les serviteurs avaient disposé serviettes et bassins. Les nappes, le pain, le vin, tout fut rapidement en place. Ils se mirent à table sans plus attendre et, après s'être lavé les mains, commencèrent à manger. Le repas fut magnifique et abondant. Au bout d'un moment, le maître du manoir s'adressa à ses deux invités en ces termes :

« Seigneurs, il faut que je vous fasse part d'un événement récent qui a provoqué douleur et colère. Et lorsque la nouvelle sera connue à la cour, la douleur du roi sera sans bornes. Hélas ! qui osera lui parler du Bon Chevalier qu'on a si injustement mis en pièces ? C'est en effet de son neveu que je parle. — Par tous les saints du Paradis ! s'écria Gauvain, voilà une nouvelle surprenante ! Je t'en prie, mon cher hôte, explique-toi : d'où tiens-tu cela ? — Eh bien, voici. Je m'apprêtais, l'autre soir, à aller voir, pour me distraire, mes bœufs au pâturage. Au moment de franchir la porte, je vis venir au loin trois chevaliers armés de pied en cap sur leurs destriers. L'un piqua vers moi, tout seul, le long d'un chemin ferré [1], laissant en arrière ses compagnons. Après que nous nous fûmes salués, il me demanda de les héberger tous trois pour la nuit. Je ne pouvais qu'accéder à son vœu.

« Le chevalier entra donc avec moi et je fis en sorte qu'on le reçût avec tous les égards possibles. Hélas ! j'aurais dû me renseigner sur lui auparavant ! Une fois en effet que, lui ayant offert l'hospitalité, j'eus appris l'énormité du crime qu'il avait commis, il ne m'était plus possible de le bannir de ma maison. C'est alors qu'arriva, le tronc d'un homme sur sa monture, l'un des chevaliers qui l'escortaient. L'autre, sur ses talons, manifestait la

1. Ce terme désigne des routes *dallées*, telles les voies romaines.

plus vive allégresse de transporter les membres et la tête du cadavre. Je demandai aussitôt l'identité du mort, la cause de leur grande joie et les raisons pour lesquelles on l'avait tué. "J'en avais promis la tête à mon amie ! dit le premier. — Et moi, dit le second, le corps à la mienne !" Devant ma stupeur, le chevalier que j'avais invité entreprit de tout me raconter. »

Gauvain ne put se retenir de l'interrompre : « Seigneur ! s'exclama-t-il, c'est là l'aventure dont je suis en quête ! Je t'en prie, cher hôte, ne me cache rien de ce que tu as appris. — Je ferai de mon mieux. Voici donc ce que l'on me narra : deux des chevaliers que j'avais reçus étaient amoureux de deux belles jeunes filles, qui appartenaient à une noble famille du nord. Mais quand ils les pressèrent d'accorder leur amour, elles imposèrent une abominable condition : il fallait que leurs soupirants tirassent vengeance d'un homme qui avait tué leur père autrefois en combat singulier. Elles exigèrent même la preuve de cette vengeance, à savoir la tête et le corps de celui qu'elles poursuivaient de leur haine, à savoir le plus merveilleux chevalier qui fût en ce royaume, Gauvain, fils du roi Loth d'Orcanie, neveu du roi Arthur.

« Dès lors qu'ils eurent compris qu'ils n'obtiendraient jamais l'amour de leurs belles sans accomplir cette vengeance, les chevaliers se mirent en quête de Gauvain. Ils errèrent si longuement dans ce pays qu'enfin ils rencontrèrent un jour, seul et désarmé, l'homme qu'ils devaient tuer. Et ainsi périt le neveu du roi ! Sa mort, crois-le bien, me cause une si profonde douleur que je ne pense pas en éprouver d'aussi grande pour aucun des malheurs qui me frapperaient désormais. Et ce qui m'afflige encore davantage, c'est que les meurtriers découpèrent le corps de Gauvain pour le transporter et le remettre à leurs amies. Quand ils se furent introduits chez moi de la façon que tu sais, je leur demandai cependant une faveur : qu'ils consentissent à me faire don du bras droit. Ils me l'accordèrent. Au petit matin, ils repartirent pour leur pays avec le reste du corps, et moi, je mis tous mes soins à faire enchâsser le bras de Gauvain dans un reliquaire d'or et d'argent afin d'honorer la mémoire de celui qui fut le plus valeureux chevalier de son temps.

— Cher hôte, demanda le Chevalier sans Nom, dis-moi, au nom de Dieu, connaissais-tu Gauvain ? — Je ne l'avais jamais rencontré. Mais sois sûr qu'il s'agit de lui. D'ailleurs, je vais te montrer son bras, et si toi, tu l'as déjà croisé, tu pourras sans peine le reconnaître. » Aussitôt, il envoya chercher la relique qui, enfermée dans un coffre, était enveloppée dans la soie. Une fois le bras dénudé, ils l'examinèrent de près avec une grande attention. Puis Gauvain pria son hôte de le conserver pieusement jusqu'à ce que l'on sût qui était réellement le chevalier auquel il appartenait. L'hôte promit de n'y point manquer. « Seigneur, ajouta celui qui était venu sans nom, m'est avis que tu te soucies vainement de cette affaire. Moi-même, il n'y a pas quatre jours, j'ai vu Gauvain près de Kaerlion : il allait, en parfaite santé, en quête d'aventure. Mais je voudrais maintenant que tu m'accordes une faveur. — Elle t'est accordée, cher seigneur, répondit l'hôte. — Voici, dit Gauvain. Si tu les connais, dis-moi les noms de ceux qui ont si lâchement assassiné ce chevalier puis traité son corps de manière si irrévérencieuse. Je jure, par tous les saints du Paradis, que je ne laisserai pas ce crime impuni et que je poursuivrai ces lâches jusqu'au bout du monde ! — Je te comprends, dit l'hôte, et je suis prêt moi-même à t'accompagner.

— C'est à moi et à mon compagnon de faire justice, dit Gauvain. Mais tu feras une bonne action en me révélant qui ils sont. — Connais-tu l'Orgueilleux Faé ? Je ne sais pas au juste quel est son nom, mais c'est ainsi qu'il se fait appeler. Ce surnom lui vient sûrement de la Roche Faée, puisque c'est ainsi qu'on appelle sa forteresse. Quant à l'autre, on le connaît sous le sobriquet de Gomeret sans Mesure. — Voilà un surnom qui ne m'impressionne pas, dit Gauvain, car il ne dénote guère une belle qualité !

— Il lui convient pourtant à la perfection, dit l'hôte. Il montre en effet autant d'arrogance que de démesure. Quant au troisième, j'ignore qui il est, sinon qu'il accompagnait les deux autres par amitié. Je lui ai entendu dire et répéter qu'il ne jouait aucun rôle dans cette affaire. Il paraissait très sincère, et je ne crois pas qu'on puisse le tenir pour coupable.

— Cher hôte, dit Gauvain, ne prends pas ombrage de ma demande : serait-il possible que nous fassions route cette nuit et demain jusqu'à midi ? Tu nous mèneras vers le pays des deux meurtriers, puis tu nous quitteras. Mon compagnon et moi, nous irons les combattre et nous obtiendrons justice. » Ils se levèrent de table, s'équipèrent et montèrent chacun sur son destrier. L'hôte les escorta assez longtemps, et au moment de s'en séparer, les plaça sous la protection de Dieu. « Cher hôte, dit Gauvain, nous avons commis une grande faute envers toi : nous ne nous sommes pas informés de ton nom. — Ce n'est pas grave, répondit l'autre. Sachez que je m'appelle Tristan-qui-jamais-ne-rit. Je ne cherche pas à le cacher. Mais je vous demande une chose, à tous deux : au nom du service que je vous ai rendu, et par amitié, je voudrais que vous fassiez retour par cette route-ci. Pas plus que vous, je ne sais quelle sera l'issue de votre aventure, mais je désire savoir, quand vous reviendrez, la façon dont vous vous en êtes tirés. Vous me raconterez alors qui vous êtes et de quelle terre vous venez, et pour quelle raison vous vous êtes lancés dans cette entreprise. — Bien volontiers, seigneur », répondit Gauvain. Et, sans plus attendre, ils se séparèrent.

Tristan leur avait indiqué le chemin, leur précisant que l'Orgueilleux Faé se tenait dans sa forteresse d'où il faisait crier publiquement qu'il avait tué Gauvain, le neveu du roi Arthur, et que Gomeret sans Mesure se trouvait de même dans son manoir, clamant à qui voulait l'entendre qu'il détenait le corps du même Gauvain après l'avoir tué au combat. Gauvain et Espinogre se retrouvèrent bientôt sur une grande route. Ils n'avaient pas encore parcouru une grande distance quand ils atteignirent un carrefour, ainsi que Tristan le leur avait annoncé : l'une des voies conduisait, selon ses indications, vers le manoir de Gomeret, l'autre vers la forteresse de l'Orgueilleux. Les deux compagnons se voyaient maintenant dans l'obligation de choisir : aller tous deux dans une seule direction et attaquer ensemble les meurtriers l'un après l'autre, ou bien se séparer et risquer un combat solitaire. Le Chevalier sans Nom dit à Espinogre : « Ami, à toi de décider. Veux-tu que nous allions ensemble ou préfères-tu attaquer seul l'un des assassins ? Si tu préfères la seconde solution, choisis, et allons chacun de notre côté. Nous nous retrouverons chez Tristan-qui-jamais-ne-rit. Le premier arrivé y attendra l'autre jusqu'à ce qu'il apprenne de ses nouvelles. — Puisque tu m'en donnes le choix, répondit Espinogre, je prendrai la voie de gauche qui me mènera jusqu'à Gomeret. — Je prends donc l'autre, dit Gauvain. Je te recommande au roi de gloire. Qu'il te garde de toute honte et de tout mal ! »

Chacun éperonna son cheval, et ils filèrent à vive allure. Espinogre avait à peine parcouru une demi-lieue qu'il rencontra une forêt. Il y chevaucha longtemps sans en sortir et finit par trouver le manoir de Gomeret qui se dressait au milieu d'une lande désertique. Espinogre s'avança et vit un chevalier en armes qui se reposait au pied d'un arbre, devant la porte du manoir. « Es-tu Gomeret sans Mesure ?, lui demanda-t-il. — Je le suis, effectivement, répondit le chevalier. — On m'assure que tu prétends avoir tué Gauvain, le neveu du roi Arthur. Est-ce vrai ? — Aussi vrai que nous sommes tous deux en train de converser, répondit l'autre. Et je puis te le prouver, car je détiens une partie de son corps, moins un bras, et moins la tête qui est en possession de l'Orgueilleux Faé. — Eh bien, je te traite de menteur ! s'écria Espinogre, et je te défie. Je sais pertinemment, moi, que Gauvain, fils du roi Loth d'Orcanie et neveu du roi Arthur, jouit d'une santé parfaite. Et je suis prêt à défendre ce que je dis en luttant contre toi dans cette lande et à te tuer ou te faire prisonnier avant de repartir ! »

Sans exiger d'autres explications, Gomeret demanda ses armes. On lui apporta de robustes chausses de fer, plus éclatantes que de l'argent pur. Puis vint le tour de son haubert, solide et léger, resplendissant et tissé de mailles, de son heaume, fort bien orné. Toutes les pièces de l'armure étaient noires. Quand il fut armé comme il convenait, il ne s'attarda pas davantage. Il monta sur son cheval plus noir que mûre et s'en alla dans le pré au petit trot.

Dans le choc de la rencontre, les deux champions se portèrent de si grands coups qu'ils fendirent et percèrent leurs boucliers. Les fers les traversèrent et atteignirent les hauberts. Ils se frappèrent de leurs lances avec une telle force et un tel acharnement que leurs chevaux en furent renversés. Alors, vidant les étriers, ils s'affrontèrent à l'épée, durement, longuement, sans que l'un d'eux parût à même de l'emporter. À la fin, il arriva que Gomeret, se ruant sur son adversaire, le frappa si fort que l'épée s'enfonça dans le bouclier. Peu s'en fallut qu'il ne le tranchât en deux, tant le coup fut violent. Il déploya tous ses efforts pour retirer sa lame, mais avant qu'il n'eût pu y parvenir, celle-ci se brisa au niveau de la poignée, si bien que le pommeau et la garde, tout ornée d'or, lui restèrent seuls dans la main. Espinogre fonça immédiatement sur lui. Il le frappa tant que Gomeret s'écria qu'il se mettait à la merci de son vainqueur. « Je t'accorde la vie, répondit Espinogre, mais à une condition : que tu me suives à la cour du roi Arthur pour te constituer prisonnier !
— Tout ce que tu voudras ! » dit Gomeret.

De son côté, Gauvain avait tant chevauché qu'il était parvenu à la forteresse de l'Orgueilleux Faé. Quand il arriva, il entendit un héraut crier une proclamation selon laquelle le maître des lieux avait tué le neveu du roi Arthur en combat singulier. Gauvain se précipita devant l'Orgueilleux Faé et, sans même le saluer, lui tint ce discours : « Chevalier, ce serait une grande perte si Gauvain avait été tué ! Il ne s'est rendu coupable d'aucun méfait ni envers toi, ni envers un autre, à ce que j'ai entendu dire. Tu n'es donc pas très sage d'oser te vanter de l'avoir tué. Me voici pour t'en donner le démenti et prouver par les armes que Gauvain, neveu du roi Arthur, est bel et bien vivant. Et je le ferai savoir à tous ! — Je prouverai à mon tour ce que j'avance, répondit l'autre, et je me moque de ceux à qui cela peut déplaire ! »

L'Orgueilleux fit apporter ses armes et s'équipa. Il avait une magnifique prestance, une fois monté sur son destrier. Les petites gens firent un large cercle autour d'eux. Alors, on lâcha les brides, sans perdre de temps en autres menaces. Chacun éperonna son cheval et le poussa le plus possible. De sa lance robuste, l'Orgueilleux porta le premier coup, en pleine poitrine de son adversaire et fit voler son bouclier en éclats. Mais, en retour, le Chevalier sans Nom se lança à l'assaut : il fendit le bois du bouclier de l'Orgueilleux de telle sorte qu'il entama le haubert. Il lui enfonça même son épieu jusqu'à la moitié à travers l'épaule, si bien que la pointe en ressortit dans le dos d'un bon pied et plus encore. Elle trancha tout, bois, fer et os, et Gauvain la poussa avec une telle violence qu'il abattit tout ensemble et le cavalier et sa monture. Il saisit alors vivement son épée d'acier et se précipita sur l'Orgueilleux. Mais celui-ci, se sentant grièvement blessé, s'empressa de demander grâce.

« J'accepte ta reddition, dit Gauvain. Mais je veux t'avertir d'une chose avant de la recevoir, car je n'ai nulle envie de te prendre en traître. Tu vas m'accompagner à la cour du roi pour te constituer prisonnier. Et tu devras t'expliquer sur le meurtre que tu as commis envers le chevalier que tu as attaqué lâchement et dont tu as démembré le corps. J'exige que tu t'expliques devant tout le monde sur ton action et celle de ton complice, Gomeret sans Mesure. » L'Orgueilleux, contrarié par ces propos, demeurait silencieux. Alors, Gauvain brandit son épée comme pour l'en frapper. L'autre se sentait trop mal en point pour se défendre. Comprenant que, s'il s'obstinait, son adversaire ne l'épargnerait point, il répondit : « Je ferai tout ce que tu voudras, je le jure devant Dieu ! » Il se redressa péniblement et ajouta : « Chevalier, j'ignorais qu'il existait un homme capable de résister aussi vaillamment à mes assauts et de me vaincre avec tant d'aisance. Il faut que tu sois brave et habile pour avoir réussi un tel exploit. Dis-moi, je te prie, qui tu es. »

Avant de répondre, Gauvain lui tendit la main pour l'aider à se relever. Puis il dit : « Chevalier, sache qu'il ne faut jamais se vanter de ce qu'on n'a pas fait. Depuis plusieurs jours, je n'étais plus que le Chevalier sans Nom. Maintenant que je t'ai vaincu par les armes, je peux te dire qui je suis : Gauvain, fils du roi Loth d'Orcanie, neveu du roi Arthur, celui-là même que tu prétendais avoir tué. — Certes, répondit l'autre, me voici bien contrit et tout honteux. — Il y a de quoi, continua Gauvain. Puisque désormais, au prix de longues errances et de pénibles combats, j'ai recouvré mon nom, il faut que se répande le récit du crime insensé que tu as commis envers ta victime. Après être allé la mettre en pièces dans le bois, tu l'as emportée jusqu'ici. De plus, avant d'être sorti du bois, tu as crevé les yeux d'un jeune homme qui avait pris la défense de celui que tu croyais Gauvain. Il y avait auprès de lui trois jeunes filles, aussi nobles que belles, qui en manifestaient une vive affliction : s'il n'avait tenu qu'à elles, chacune en serait morte, là, sur place. Elles avaient le visage pâle et décoloré à force d'avoir pleuré sur le sort du jeune homme et sur celui du défunt dont j'ignore qui il était. Mais, passant non loin de là, j'entendis leurs cris et leurs lamentations et j'allai vers elles. C'est alors que j'appris ce qui s'était passé et comment deux chevaliers inconnus avaient cru me tuer d'une manière aussi lâche. J'étais plein de colère et de ressentiment : je promis aux trois jeunes filles que le jeune homme serait vengé. Et, depuis, je n'ai eu de cesse de te poursuivre pour que justice soit faite et que ton ignominie soit connue de tous. — Seigneur, répondit l'Orgueillleux, il me faut t'expliquer pourquoi j'ai agi ainsi. »

Il fit à Gauvain un long récit de ses motifs et des conditions posées par les deux jeunes filles que Gomeret et lui avaient priées d'amour. Mais cela, Gauvain le savait déjà grâce à Tristan-qui-jamais-ne-rit. « Belle excuse ! dit-il froidement. Tu paieras ta faute de ton honneur. — Les apparences sont contre moi, dit l'Orgueilleux Faé, mais je te l'assure, la réalité est bien différente. Le malheur dont tu parles n'est pas définitif, et il est tout à fait possible de le corriger. Je te le jure, par Dieu et tous les saints du Paradis, et en présence de tous les gens de ce pays, je te rendrai ce chevalier, dont j'ignore moi aussi le nom, je te le rendrai plus sain qu'il n'a jamais été, avec ses armes et son destrier. Dussé-je t'étonner, c'est ainsi. De plus, je te le promets : le jeune homme que tu as vu aveuglé, je ferai en sorte qu'il n'aura jamais joui d'une vue plus excellente. Il me suffira de lui passer ma main droite sur le visage pour qu'il soit promptement guéri. — Je ne te crois pas, dit Gauvain. Mais s'il arrivait qu'il en fût ainsi, je jure de te déclarer quitte de tout blâme. — Emmène-moi et tu verras », dit l'Orgueilleux Faé.

Après avoir pansé sommairement leurs blessures, Gauvain et son prisonnier remontèrent sur leurs chevaux et se mirent en route rapidement, car la nuit approchait. Ils arrivèrent bientôt au carrefour où Gauvain s'était séparé d'Espinogre. Ils virent alors s'avancer deux chevaliers armés de pied en cap. Il paraissait bien, à voir leurs boucliers mal en point, qu'ils venaient de livrer un combat acharné. De plus, tous deux étaient couverts de sang. L'un montait un destrier blanc, l'autre un alezan. Gauvain reconnut facilement le premier : c'était Espinogre. Quant à l'autre, l'Orgueilleux Faé l'identifia pour Gomeret sans Mesure. Les deux groupes se rejoignirent bientôt, et

Gauvain fut tout heureux de voir qu'Espinogre avait accompli sa mission avec tant de bonheur. Enfin, sans perdre de temps, les quatre hommes se dirigèrent vers le manoir de Tristan-qui-jamais-ne-rit.

Dès qu'il les vit arriver, celui-ci se précipita à leur rencontre. « Seigneurs, dit-il, soyez les bienvenus ! » C'était un homme d'expérience, encore jeune, et chevalier de belle allure. Il s'empressa de tenir l'étrier à Gauvain et de l'aider à mettre pied à terre. Des écuyers coururent prendre son cheval et l'emmener à l'écurie. On en fit de même pour les trois autres. Puis Tristan prit Gauvain par la main et le conduisit, comme la courtoisie le voulait, dans la grande salle du manoir. Le soir, pour le dîner, ils eurent en abondance pain et vin, oiseaux rôtis, pluviers, faisans, perdrix et grands cygnes, car le parc en regorgeait. Tristan, qui était largement pourvu de tout ce qui convient à un homme de bien, les reçut ce soir-là avec magnificence. Enfin, il leur procura un bon lit pour que chacun pût se délasser et dormir, car ils étaient tous fourbus et harassés. Ce fut la propre fille de Tristan-qui-jamais-ne-rit qui s'occupa de leur logement, et ils en furent tout réconfortés, car la jeune fille était fort belle et de bonne compagnie.

Le lendemain, ils se levèrent alors que le soleil était déjà haut sur l'horizon. Ils passèrent la journée dans le manoir à se reposer et à deviser. Le soir, Gauvain prit la parole et, la mine sombre et soucieuse, parla en ces termes à Tristan : « Cher hôte, dit-il, toi qui es si noble et si bienveillant, tu connais maintenant notre histoire et le détail de nos errances. Tu sais également qui je suis. Mais, à présent, je voudrais que nous soit présenté dans sa châsse le bras que tu nous as montré, si ma mémoire est bonne, le soir où nous avons logé chez toi. » Tristan regarda alors l'Orgueilleux Faé. « Seigneur, dit celui-ci, ses prétentions sont légitimes. Nous sommes convenus de la chose suivante : il me tiendra quitte de mon crime si je puis le réparer en rendant la vie et la santé au corps dont je t'ai confié un bras, puis si je me montre capable de redonner la vue au jeune homme que j'ai aveuglé. C'est ce à quoi je me suis engagé au terme de notre combat, et Gauvain l'a accepté. — S'il en est ainsi, dit Tristan, comment rien vous refuser ? » Il ordonna donc d'apporter le reliquaire. L'Orgueilleux Faé entreprit de l'ouvrir et, prenant le bras, le déposa près de la tête qu'il avait apportée, et du corps que Gomeret sans Mesure avait conservé dans une peau de cerf. L'Orgueilleux Faé passa alors sa main sur ces tristes débris et, à la stupeur générale, le cadavre revint à la vie, frémissant et intact comme si rien ne s'était passé. Le chevalier ainsi ranimé se souleva sur son séant, salua l'assistance médusée et raconta comment il avait rencontré l'Orgueilleux Faé et Gomeret sans Mesure dans le bois, comment ils s'étaient rués sur lui, comment il s'était défendu, comment il était mort sans s'en rendre compte et comment il était ensuite resté en repos. Gauvain s'émerveilla fort de son récit et se signa devant l'étonnante aventure. Quant à Tristan, témoin de la merveille, ainsi que toute sa maisonnée, il prit l'Orgueilleux à part et lui demanda qui lui avait fait don d'un tel pouvoir.

« Je ne comprends pas moi-même, répondit-il. Ma mère, jadis très liée avec Morgane, sœur du roi Arthur, si experte en magie, prétend que celle-ci vint la voir alors que je venais de naître. Elle m'a conté que Morgane avait prononcé sur moi des incantations, me promettant des pouvoirs qu'aucun être humain ne pouvait posséder. De fait, je sais que j'ai le pouvoir de tuer sans tuer, c'est-à-dire que la mort ou les blessures que j'inflige ne sont pas définitives et que, dans certaines conditions, le flux qui sort de ma main droite me permet d'effacer les actes de violence que j'ai commis. »

Cependant, Gauvain avait le sentiment que tout n'était pas accompli. Il voulait retourner au plus vite à la cour d'Arthur, mais auparavant, il lui fallait songer à retrouver le jeune homme aveuglé afin que l'Orgueilleux pût lui rendre la vue, comme il l'avait promis. Le lendemain matin, ils se remirent donc en route, et chevauchant sans obstacle, parvinrent au bout d'un certain temps dans la forêt où l'Orgueilleux Faé avait crevé les yeux du jeune homme. À force de s'enquérir des jeunes filles qui avaient assisté au drame, Gauvain finit par les retrouver. Leur manoir était dans la forêt. La tristesse et l'amertume y régnaient, à cause de la mort de Gauvain : tous étaient en effet persuadés qu'il avait été tué et son corps démembré. Gauvain leur révéla d'abord son identité et, à cette nouvelle, elles manifestèrent une grande joie. Ensuite, il leur demanda comment allait le jeune homme.

« Seigneur, répondit l'une d'elles, comme quelqu'un qui ne voit plus ni le ciel ni la terre. — Allez le quérir, dit Gauvain, et menez-le-moi au plus vite. » Elles s'empressèrent d'aller trouver le jeune homme et, le tenant par la main, elles le conduisirent auprès de Gauvain. Le malheureux avait fort belle allure, malgré son infirmité, et Gauvain fut bouleversé de le voir. Alors il dit à l'Orgueilleux : « Tiens ta promesse. » Sans hésiter, l'Orgueilleux passa sa main le long du visage du jeune homme et, instantanément, celui-ci recouvra la vue. Dès qu'il porta les yeux sur Gauvain, il le reconnut. « Ah, seigneur, dit-il avec une grande douceur, sois le bienvenu ! J'étais pourtant certain, j'en prends Dieu à témoin, que tu étais l'homme dont le corps avait été mis en pièces. Je sais maintenant qu'on avait pris pour toi le chevalier ici présent, que je connais bien et qui se nomme Courtois de Huberlant. Jamais on ne vit meilleur compagnon que lui, et je suis tout heureux de le voir ainsi sain et sauf ! » Puis le jeune homme raconta tout ce qui lui était arrivé, et chacun s'extasia sur les pouvoirs que possédait l'Orgueilleux Faé.

Cependant, Gauvain ne voulait pas s'attarder. Malgré les prières du jeune homme et des trois jeunes filles, il invita ses compagnons à se remettre en selle. Et ils s'en vinrent tout droit à Kaerlion sur Wysg à l'heure même où l'on préparait le souper. On avait déjà annoncé au son du cor le service de l'eau, et les convives étaient à table. C'est alors qu'un guetteur vint annoncer le retour de Gauvain. Le roi s'en réjouit, ainsi que tous ceux de sa cour. Ils s'élancèrent tous au-devant de Gauvain et, dès qu'il aperçut son neveu, Arthur l'embrassa tendrement avant de l'entraîner à la table vers la meilleure place. Et c'est ainsi que, pendant tout le repas, Gauvain fit le récit détaillé des aventures qu'il avait vécues depuis son départ. Enfin, cette nuit-là, il put prendre un repos mérité [1].

1. D'après *L'Âtre Périlleux*. Le texte original contient bien d'autres épisodes et bien d'autres rebondissements, dont certains apparaissent comme des parodies des versions classiques des Romans de la Table Ronde.

CHAPITRE IV

Les Errances décevantes

Quelques jours plus tard, sur la grande prairie qui s'étendait devant Kaerlion sur Wysg, le roi Arthur se reposait à l'ombre d'un bosquet, en compagnie de la reine Guenièvre, du sénéchal Kaï, du roi Bohort, d'Yvain, fils du roi Uryen, de son neveu Gauvain et de ses frères Gahériet et Agravain. Un barde, s'accompagnant à la harpe, chantait les exploits des ancêtres, au temps où les hommes de ce pays luttaient contre les géants qui voulaient étendre leur domination sur toutes les îles qu'empourpre le soleil couchant. Le barde s'étant interrompu, on servit à boire, car il faisait très chaud. Et chacun devisait joyeusement quand un cavalier surgi de la forêt au triple galop fonça droit vers la petite assemblée, s'arrêta juste devant elle puis, sautant à bas de son cheval, vint saluer le roi. Arthur le connaissait bien : c'était Guinganbrésil, un hardi chevalier, fils du roi d'Escavalon, qui avait jadis mené une lutte acharnée contre lui, refusant obstinément de reconnaître son autorité sur tout le royaume de Bretagne.

Guinganbrésil se planta ensuite avec arrogance devant Gauvain et l'interpella de façon que tout le monde pût entendre : « Gauvain ! je te défie ! Moi, Guinganbrésil, fils du roi Maelgwn, je suis le frère des jeunes filles qui ont demandé ta tête et ton corps aux deux chevaliers qui sollicitaient leur amour. Sur la foi de fausses nouvelles, nous nous sommes réjouis de ta mort, mais il s'est avéré qu'un autre avait péri à ta place. Aujourd'hui, mes sœurs sont au désespoir de te savoir encore en vie. Sache, Gauvain, que tu as tué mon père, le roi Maelgwn, et ce par traîtrise, l'ayant attaqué sans une parole de défi. Lâche que tu es, tu devras me répondre de ce forfait ! Et que tous les barons réunis ici sachent bien que je n'ai pas menti d'un mot ! Tu es un traître et je le prouverai ! »

Interloqué mais quelque peu honteux, Gauvain se levait quand son frère, l'orgueilleux Agravain, sauta brusquement sur ses pieds et le tira par le bras : « Frère, dit-il, pour l'amour de Dieu, ne tolère pas que l'on injurie ton lignage ! De l'opprobre dont on te couvre, je te laverai bien, je te le promets ! » Gauvain secoua son bras auquel s'agrippait Agravain. « Frère, dit-il, tu es trop prompt à la colère. Nul ne me défendra que moi-même. Autant que je sache, je suis le seul qu'il ait nommé, et tu n'as rien à voir dans cette affaire. D'ailleurs, si je me sentais un tort quelconque envers lui, je n'hésiterais pas à lui demander de m'accorder sa paix et à lui offrir la compensation que ses amis et lui pourraient exiger. Mais comme il n'y a pas un mot de vrai dans ce qu'il raconte et qu'il a passé la mesure, je suis prêt à me défendre par les armes, ici et tout de suite s'il le désire, ou ailleurs et quand il lui conviendra.

— Je le tiens pour acquis, dit Guinganbrésil. Si, d'ici quarante jours, tu ne m'as pas rendu raison, ce délai une fois passé, je te ferai déclarer félon et traître devant la cour du roi d'Escavalon ! — Et moi, répondit Gauvain, je fais serment de te suivre sans tarder au lieu que tu choisiras ; et là, nous verrons bien de quel côté se situe le droit ! » Sans ajouter un mot, Guinganbrésil remonta sur son cheval, piqua des deux et, sans même prendre la peine de saluer l'assistance, il se dirigea tout droit vers la forêt et s'y engouffra.

Gauvain fit préparer ses armes et son bon destrier, Gringalet. Nombreux furent ceux qui lui offrirent qui sa lance, qui son bouclier, qui son épée. Mais il était trop fier pour accepter d'autrui ce qu'il possédait lui-même. Une fois équipé, il prit congé de la reine, du roi, de tous les compagnons de la Table Ronde et, à son tour, s'en fut vers la forêt. Il n'avait pas encore quitté la cour que déjà on l'y regrettait amèrement. Ce n'étaient là que gens se frappant la poitrine, s'arrachant les cheveux et s'égratignant la figure. Aucune dame de raison ne pouvait s'empêcher de pleurer. Mais, insensible à ces marques d'amitié, Gauvain partit, au petit trot de Gringalet, bien décidé à laver son honneur de l'horrible soupçon dont on l'avait terni.

En une lande, il rencontra une troupe de cavaliers. Avisant un écuyer qui allait tout seul derrière les autres, un bouclier pendu au cou et menant par la bride un cheval de combat, il lui demanda qui étaient les gens qu'il venait de voir. « Seigneur, répondit l'écuyer, c'est Méliant de Liz, un preux et hardi chevalier, ainsi que ses compagnons. — Es-tu de sa maison ? — Non pas, seigneur. Moi, je suis au service de Traé d'Anet, mais il n'est pas moins vaillant que Méliant de Liz. — Méliant de Liz ? Je l'ai bien connu autrefois. Où va-t-il donc ? Ne me cache rien. — À un tournoi, seigneur, où il doit affronter Tiebaut de Tintagel. Et je souhaite que tu t'y rendes aussi, seigneur Gauvain, pour seconder les chevaliers du château contre les chevaliers du dehors. — Mais, dit Gauvain, je croyais que Méliant de Liz avait été élevé dans la maison de Tiebaut ? — C'est vrai, seigneur. Le père de Méliant aimait beaucoup Tiebaut, son fidèle vassal, et sa confiance en lui était telle qu'à son lit de mort il lui confia son fils, encore tout jeune. Tiebaut garda donc l'enfant et l'éleva avec beaucoup de tendresse et d'affection. Or, il arriva que, devenu grand, le jeune homme en vint à prier d'amour l'une des filles de son père adoptif, laquelle toutefois ne voulait accorder son amour qu'à un chevalier célèbre par ses prouesses. Méliant, ayant compris la leçon, s'est donc distingué par ses exploits, cela si bien que tout le monde, dans le pays, vante ses mérites et son courage. Plein d'espoir, il alla de nouveau trouver la jeune fille et la prier d'amour. Elle lui répondit qu'il devait d'abord jouter devant elle pour lui démontrer l'intensité de son amour. Piqué au vif, Méliant a donc décidé d'entreprendre ce tournoi. Mais je crains fort qu'il triomphe. Aussi serais-je très heureux si tu allais prêter main-forte aux gens du château, car ils auront grand besoin de toi.

— Ami, répondit Gauvain, va et suis ton seigneur, tu ne pourrais mieux faire, et ne te soucie pas du reste. » L'écuyer prit donc congé et suivit la troupe. Quant à Gauvain, après avoir réfléchi, il reprit le chemin qui le menait droit vers la forteresse de Tiebaut. De toute façon, il n'existait pas d'autre route. « Que faire ? se demandait-il. Je dois me rendre à la cour du roi d'Escavalon pour me battre contre Guinganbrésil. Mais le délai qui m'est imparti est loin d'être expiré. À la vérité, je serais fort curieux de voir ce fameux tournoi... »

Pendant que Gauvain s'interrogeait ainsi sur ce qu'il allait faire, Tiebaut de Tintagel avait rassemblé tous ses barons, tous les chevaliers d'alentour, et également mandé tous ses cousins, grands ou humbles, jeunes ou vieux, qui, tous, étaient accourus à son appel. Il était en effet fort perplexe : devait-il tournoyer contre son seigneur, Méliant de Liz, qui était aussi son fils adoptif ? Les plus sages de ses conseillers voulaient l'en dissuader, car ils redoutaient que Méliant ne voulût leur ruine. Malgré son désarroi, Tiebaut fit néanmoins murer et maçonner toutes les entrées du château. Il ne fallait pas que Méliant trouvât d'autre portier que des blocs de pierre dure dûment scellés dans du mortier. Seule une petite poterne fut épargnée. Toutefois, la porte n'en était pas de bois d'aulne, mais bien de cuivre, et renforcée par une barre de fer si lourde qu'elle équivalait pour le moins à la charge d'une charrette.

Cependant, faute de pouvoir trouver d'autre voie ou d'autre sentier avant sept journées de marche, Gauvain était obligé d'approcher la forteresse. Quand il vit la poterne fermée, il entra dans un pré clos de pieux que surplombait exactement la tour. Il mit alors pied à terre sous un chêne et pendit son bouclier dans l'arbre, afin que ceux qui se trouvaient dans le château le vissent et ne pussent se méprendre sur ses intentions.

Dans le château, il ne manquait pas de gens pour se réjouir qu'il eût renoncé au tournoi. Mais quelqu'un jugeait différemment, un vieux vavasseur, riche en terres, puissant de lignage, fort avisé et dont chacun sollicitait les conseils : quand il avait donné une opinion, on la prenait au sérieux, quelle qu'en fût la teneur. Or, comme on lui avait montré de loin l'homme qui s'était installé dans le pré, il alla trouver Tiebaut et lui dit : « Seigneur, je viens d'apercevoir un chevalier qui campe sous nos murs. Je le crois compagnon du roi Arthur. Il ne faut pas négliger ce détail : il suffit parfois d'un homme isolé, mais valeureux et puissant, pour décider de la victoire dans un combat. Je te conseille donc de participer au tournoi. M'est avis que tu peux le faire en toute sécurité. Tu as de bons chevaliers et, en outre, de bons sergents, ainsi que de bons archers qui peuvent tuer les chevaux de tes adversaires. Je sais que ceux-ci viendront chercher le combat devant cette porte. Mais si leur orgueil les y pousse, c'est à leurs risques et périls, car c'est nous qui aurons le gain, et eux la perte et le dommage. »

Tiebaut écouta attentivement le vavasseur et lui laissa pleine liberté d'agir à son gré. Le vavasseur dit aux assistants que ceux qui le souhaitaient pouvaient s'armer et sortir des murailles. Les chevaliers s'en réjouirent grandement. Leurs écuyers coururent aux armes et se mirent en devoir de seller les chevaux. Les dames et les jeunes filles allèrent s'asseoir au sommet de la tour afin de bien voir le tournoi. Au-dessous d'elles, elles aperçurent bien le harnois de Gauvain, et s'en émerveillèrent. « Dieu !

s'exclama l'une d'elles, que ce chevalier a fière allure ! On ne peut douter qu'il n'accomplisse aujourd'hui quelque action d'éclat ! D'où vient-il ? Qui est-il ? Mais s'il est là, c'est qu'il entend se distinguer, il n'y a pas lieu d'en douter ! »

Tandis qu'elles devisaient de la sorte, les chevaliers sortaient de la forteresse, et la fille de Tiebaut, l'aînée, pour qui le tournoi devait se faire, vint prendre place sur la tour parmi ses compagnes. Près d'elle se tenait sa sœur cadette, qui portait des manches si étroites et si originales qu'elles semblaient peintes sur ses bras et que tout le monde l'avait surnommée la Fille aux petites manches. À ce moment, sa sœur aînée aperçut Méliant de Liz qui survenait, suivi d'une troupe de chevaliers qui avaient fière allure et dont le harnachement était somptueux. « Dames, dit-elle, jamais aucun chevalier ne m'a autant plu que Méliant de Liz. Je vous le dis en toute franchise, n'est-ce pas une pure joie que de voir si bon chevalier ? Regardez comme il est ferme sur sa selle, et avec quel art il tient sa lance et son bouclier : à l'évidence, il saura s'en servir ! »

Mais sa cadette, à ses côtés, ne semblait guère de cet avis. « Je sais plus beau que ton Méliant ! », dit-elle. L'autre, furieuse, bondit pour la frapper, et il fallut, pour éviter l'affrontement, que les dames retinssent les deux sœurs.

Cependant, le tournoi commençait. De nombreuses lances furent rompues, de nombreux coups d'épée furent assénés, de nombreux cavaliers furent abattus. Mais, entre tous, Méliant de Liz semblait ne craindre aucun rival : sa lance avait tôt fait d'envoyer l'adversaire à terre, et nul, dans un camp ni dans l'autre, ne le pouvait surpasser. Son amie jubilait, au comble de l'allégresse : « Dames ! s'écria-t-elle, qu'en dites-vous ? Vîtes-vous jamais semblable merveille ? Ah ! voilà bien le meilleur chevalier qui se soit montré à vos yeux ! De tous ceux qui participent au tournoi, il est assurément le plus beau et le plus vaillant ! »

Mais sa cadette s'obstinait : « J'en vois un plus beau et autrement vaillant ! », dit-elle. Sa sœur s'insurgea, le visage enflammé de colère : « Chipie ! cria-t-elle, comment oses-tu rabaisser celui que j'admire ? Tiens ! tu te souviendras de cela ! » Et elle lui administra un tel soufflet qu'elle lui laissa sur la joue la marque de ses cinq doigts.

Les dames qui les entouraient eurent bien du mal à les séparer, car dans leur rage, les deux jeunes filles brûlaient d'en venir aux mains. Puis elles reportèrent leurs regards sur Gauvain. « Dieu ! dit l'une d'entre elles, ce chevalier qui est là-bas, sous l'arbre, dans le pré, qu'attend-il pour s'armer et participer au combat ? — Sans doute a-t-il juré la paix », suggéra une autre. Mais une troisième intervint : « Vous n'y êtes pas, c'est un marchand. Pourquoi voulez-vous qu'il participe au tournoi ? — Non, dit une quatrième, c'est un changeur, et ce n'est pas aujourd'hui qu'il va distribuer aux pauvres chevaliers les écus dont doit regorger son bagage !

— Vous êtes toutes de mauvaises langues ! s'écria alors la Fille aux petites manches. D'ailleurs, vous vous trompez : pensez-vous qu'un marchand possède une lance de cette taille ? En vérité, je souffre le martyre de vous entendre débiter semblables diableries ! Il ressemble plus à un vainqueur de tournoi qu'à un marchand ou à un changeur. C'est un chevalier, je vous l'assure, il en a tout l'air.
— S'il en a tout l'air, rétorquèrent-elles en chœur, il ne l'est pas, et s'il s'en donne l'apparence, c'est qu'il compte ainsi passer partout sans bourse délier, au détriment des péagers et des receveurs. Mais il est bien fou s'il s'imagine que sa ruse le mènera loin. Il sera pris sur le fait et convaincu de fraude. Alors, on lui passera la corde au cou ! »

Cependant, après avoir duré jusqu'au coucher du soleil, le tournoi prit fin. De nombreux chevaliers avaient été faits prisonniers. D'autres avaient perdu leurs chevaux, et certains leurs armes. Les assaillants avaient eu l'avantage, et ils emportaient fièrement leur butin. Au moment de se séparer, l'on convint toutefois que le combat serait repris le lendemain et qu'on bataillerait tout le long du jour. Ceux qui étaient sortis de la forteresse y rentrèrent, et Gauvain les suivit. Devant la porte, il rencontra le sage vavasseur dont les conseils avaient décidé le seigneur à relever le défi. Il dit à Gauvain : « Seigneur, il y a, dans cette forteresse, un hôtel tout prêt à te recevoir. Plus loin, tu ne trouverais aucun gîte qui soit digne de toi. Demeure donc avec nous, je te prie. — Cher seigneur, répondit Gauvain, de toutes les paroles que j'ai pu entendre, il en est peu qui m'aient fait autant de plaisir. C'est avec joie que je resterai parmi vous, et je te remercie vivement de ta courtoisie. »

Le vavasseur l'emmena en son hôtel et, chemin faisant, lui demanda, entre autres questions, la raison pour laquelle il s'était tenu à l'écart durant la journée et n'avait pas aidé les habitants lors du tournoi. Gauvain lui expliqua qu'étant accusé de trahison et de déloyauté, il devait d'abord demander raison par les armes à son accusateur. Il ne pouvait donc risquer ni prison ni blessure avant de s'être justifié et d'avoir lavé son opprobre. Le vavasseur, qui comprenait à demi-mot, n'insista pas davantage. Et il fit entrer Gauvain dans son logis qui était vaste et bien tenu.

Dans la demeure de Tiebaut, il n'était évidemment bruit que du tournoi. Mais la fille aînée, par haine de sa sœur, s'arrangea pour attirer l'attention sur Gauvain. « Seigneur, dit-elle à son père, tu n'as, selon moi, rien perdu aujourd'hui. M'est avis même que tu as gagné plus que tu ne penses. Tu ferais bien d'envoyer saisir un chevalier qui a assisté au tournoi toute la journée sans prendre notre défense. En fait, ce n'est pas un chevalier, mais un marchand ou un changeur qui use d'un stratagème odieux pour franchir les péages sans payer un sou. Donne-lui donc la leçon qu'il mérite et fais-le saisir. Garin, le vavasseur, l'a logé chez lui. Je les ai vus passer tous deux il n'y a qu'un instant. » Et, sans attendre de réponse, elle se retira dans ses appartements.

Tiebaut de Tintagel ne perdit pas de temps. Il monta à cheval et se dirigea vers la maison qui hébergeait Gauvain. Mais, en voyant son père partir, la cadette se glissa par une porte de derrière afin de n'être point vue et, tout en courant, se précipita vers l'hôtel du vavasseur. Celui-ci venait juste de sortir pour aller, ainsi qu'il en était coutume, parler avec son seigneur. Il se trouvait à mi-chemin quand il le rencontra et lui demanda où il allait. « Chez toi, m'y distraire un moment, répondit Tiebaut. — Voilà qui n'est pas pour me déplaire, dit le vavasseur, et tu pourras y voir le plus beau chevalier du monde. — C'est à son propos que je viens, autant te dire la vérité, mais non pour m'entretenir avec lui. Je veux l'appréhender pour qu'il paye sa fourberie, car c'est un marchand ou un changeur qui se donne pour chevalier. » Le vavasseur marqua son étonnement. « Voilà des paroles bien laides ! dit-il. Je suis ton homme, et tu es mon seigneur mais, en mon nom et au nom de tout mon lignage, je reprendrai plutôt mon hommage ici même que de te permettre en mon hôtel pareille déloyauté ! »

Tiebaut fut bien embarrassé, car s'il faisait saisir l'hôte du vavasseur, lui seul en porterait la honte. « Allons, dit-il enfin, je parlais en l'air ! J'en atteste Dieu, jamais ton hôte et ton hôtel ne connaîtront par ma faute le déshonneur, quoique, je le confesse, on m'ait conseillé le contraire. — Grand merci, dit le vavasseur. Tu m'honores moi-même en venant voir mon hôte. »

Ils arrivèrent de conserve au logis de Gauvain. Quand il les vit, Gauvain, en courtois chevalier qu'il était, se leva, les salua et leur souhaita la bienvenue. Ils le saluèrent à leur tour et s'assirent près de lui dans la grande salle. Tiebaut de Tintagel lui demanda pourquoi, dès son arrivée sur le lieu du tournoi, il s'était tenu toute la journée à l'écart du combat. « Seigneur, répondit Gauvain, je ne nie pas qu'il n'y ait quelque chose de laid et de blâmable dans mon attitude, mais sache qu'un chevalier qui m'accuse de trahison m'a provoqué en duel. Je ne peux me dérober, et je dois me défendre contre lui dans une cour royale.

— L'excuse est bonne, convint Tiebaut, et te voici innocenté. Mais où se déroulera la rencontre ? — Seigneur, devant le roi d'Escavalon, et je vais à sa cour par la route la plus directe, ce me semble ! — Certes, et je te donnerai une escorte pour t'y mener plus sûrement. En outre, comme il te faudra traverser des terres bien pauvres, je te fournirai des vivres et des chevaux pour les porter. » Gauvain déclina poliment cette offre en arguant qu'il pourrait toujours acheter des vivres, quelque route qu'il empruntât. Et, après avoir conversé quelque temps encore, Tiebaut se leva pour partir. C'est à ce moment que la plus jeune de ses filles, entrant tout essoufflée dans la grande salle, alla se jeter aux genoux de Gauvain.

« Beau seigneur, dit-elle, écoute-moi. Je viens à toi me plaindre de ma sœur qui m'a battue ! Je te prie de me faire rendre justice ! » Tiebaut, qui avait déjà pris congé, entendit ces paroles et se retourna : « Fille, dit-il, qui donc t'a permis de venir importuner ce chevalier ? » Gauvain s'étonna : « C'est donc là ta fille, seigneur ? — Ma plus jeune, en effet. Mais ne lui tiens pas rigueur de son comportement. C'est une enfant très simple et très étourdie. — Cependant, dit Gauvain, je serais bien peu courtois si je refusais de l'entendre. Dis-moi, douce enfant, quelle justice pourrais-je obtenir de ta sœur, et comment le ferais-je ? — Seigneur, demain seulement, s'il te plaît, pour l'amour de moi, viens combattre au tournoi. — Réponds-moi franchement : as-tu déjà prié un chevalier de venir à ton aide ? — Non, cher seigneur, c'est la première fois.

— Laisse-la babiller à son aise, dit le père, mais ne t'en soucie pas. Il est inutile que tu perdes du temps avec ses caprices ! » Cependant, Gauvain était fort amusé de la situation, et il admirait la douceur et l'obstination de la jeune fille. « Seigneur, cette enfant a du caractère, et j'aime cela. Je ne vois pas pourquoi je refuserais sa requête. Puisqu'il lui plaît, je serai demain, pour un moment, son chevalier. Je porterai ses couleurs au tournoi. » La jeune fille ne se tenait plus de joie. « Merci, seigneur chevalier. Et c'est aussi en ta propre faveur que je t'ai fait cette demande, car ma sœur n'a cessé de te déprécier, te traitant de marchand déguisé, et ce pour mieux vanter les mérites de Méliant de Liz. J'ai eu l'audace de prétendre qu'il existait meilleur chevalier que Méliant, et je pensais à toi. Sur quoi, ma sœur m'a traitée de folle et de chipie et m'a prise aux cheveux. Honni soit qui l'approuverait ! Je laisserais volontiers couper mes tresses jusqu'au ras de la nuque, à mon grand dam, assurément, si j'obtenais par là que ce chevalier-ci abattît dans la mêlée Méliant de Liz. Voilà qui mettrait fin aux cris d'extase de ma sœur. Elle n'a cessé, avec son Méliant, de nous rebattre les oreilles toute la journée, au point d'en fatiguer toutes les dames. Mais, patience ! petite pluie peut abattre grand vent ! »

Devant tant de véhémence, Gauvain ne put s'empêcher de rire. « Belle, dit-il, il est inutile que tu sacrifies tes cheveux. Je combattrai pour toi demain. Accorde-moi seulement une faveur, celle de porter sur mon armure quelque chose qui t'appartienne, l'une de tes manches, par exemple. — Bien volontiers, seigneur », répondit-elle. Et, à l'instant, elle détacha l'une de ses manches et la tendit à Gauvain. Alors, elle prit congé et suivit son père qui regagnait sa demeure.

Le lendemain, quand survint l'heure, les chevaliers s'armèrent et s'assemblèrent hors de la ville, tandis que les dames et les jeunes filles montaient à la tour. Sous leurs yeux, les preux combattants s'avancèrent, ligne contre ligne. À la tête des siens, arrivait au galop Méliant de Liz et, en le voyant, son amie ne put tenir sa langue : « Dames, cria-t-elle, voyez venir celui qui, de toute chevalerie, est le maître reconnu ! » Au même moment, Gauvain lança son cheval à toute allure contre Méliant. Celui-ci, le redoutant fort peu, ne se méfiait guère. Mais Gauvain le frappa si habilement que, tout étourdi par le coup, il s'en alla rouler à terre. Gauvain tendit la main vers son cheval, le prit par le frein et le remit à un valet qu'il pria de le mener vers celle pour qui il participait au tournoi. Il voulait ainsi lui offrir son premier gain du jour. Le valet conduisit le cheval tout harnaché à la jeune fille, qui, du haut des remparts, avait bien vu Méliant de Liz mordre la poussière. « Ma sœur, dit-elle, vois-tu ce que je vois ? Regarde bien Méliant de Liz dont tu faisais un tel éloge ? Tu sais merveilleusement mesurer les louanges au mérite ! Mais il est bien clair que j'avais raison hier : Méliant de Liz a trouvé son maître, et il n'est pas le meilleur chevalier du monde ! »

La jeune fille prenait un malin plaisir à taquiner sa sœur, et elle alla si loin qu'elle réussit à la mettre hors d'elle. « Chipie ! cria-t-elle, tais-toi. Si je t'entends encore prononcer un mot, je te gifle de telle sorte que tu en perdras le sens ! — Fi donc, ma sœur, insista l'effrontée, qu'il te souvienne de Dieu ! Est-ce parce que je t'ai dit la vérité que tu veux me frapper ? Je l'ai sûrement vu abattre, et toi aussi, tout comme moi. Et je ne crois pas qu'il ait même la force de se relever. Le tournoi est perdu pour lui. Et quand bien même tu devrais étouffer de rage, je dirai qu'il n'est ici dame qui ne le voit distinctement, étendu tout à plat et agitant piteusement ses jambes. » Si les dames ne les avaient séparées, les deux sœurs se fussent écharpées. Et c'est à ce moment-là que l'écuyer s'approcha de la cadette pour lui faire part du don de Gauvain. Avec mille remerciements, elle accepta le cheval, toute fière de sa revanche et pleine d'admiration pour le chevalier qui portait ses couleurs.

Cependant, Gauvain continuait à jouter. Il n'y eut chevalier si fier et si sûr de lui qui, faisant connaissance avec sa lance, ne dût bientôt vider les étriers. Plus qu'il ne l'avait jamais fait, Gauvain s'adonna au plaisir de conquérir des destriers. Et, à chaque fois, il se faisait une joie de les donner aux dames qu'il voyait sur le haut des remparts, afin de rendre hommage à leur beauté et à leur sagesse.

Quand le tournoi fut terminé, chacun reprit le chemin de son logis. Dans un camp comme dans l'autre, au jugement de tous, Gauvain était le vainqueur. Aussi, lorsqu'il regagna l'hôtel du vavasseur, fut-il suivi d'une foule de chevaliers qui vantaient ses mérites et voulaient apprendre qui il était et de quel pays. Devant la porte du logis se tenait la Fille aux petites manches. Elle lui saisit l'étrier et dit simplement : « Seigneur, merci de tout mon cœur. — Jeune fille, répondit Gauvain, si je cesse de te servir un jour, c'est que je serai bien vieux et bien chenu. Sois certaine que chaque fois que tu te trouveras dans la nécessité et que tu me le manderas, j'accourrai à ton aide. » La jeune fille, fort émue, ne sut plus quoi dire.

C'est alors que survint Tiebaut de Tintagel qui, tout joyeux, voulait absolument retenir le chevalier chez lui. Mais Gauvain ne voulait pas s'attarder davantage et s'en excusa courtoisement. Tiebaut le pria alors de lui révéler son nom. « Seigneur, répondit-il, on m'appelle Gauvain, fils du roi Loth d'Orcanie, et je suis de la Table Ronde. » À ces mots, Tiebaut fut encore plus joyeux, et il insista pour que Gauvain acceptât son hospitalité. Mais Gauvain demeura intraitable : il lui fallait reprendre son chemin vers la cour d'Escavalon.

La Fille aux petites manches, qui n'était ni sotte ni méchante, lui baisa le pied et le recommanda à Dieu. Il s'en étonna un peu, mais elle lui déclara que, si elle lui avait baisé le pied, c'était dans l'intention qu'il en conservât le souvenir en quelque lieu qu'il se pût trouver. « N'en doute pas, douce amie, lui dit Gauvain. En quelque lointain pays que je me puisse trouver, jamais je ne t'oublierai. » Et, prenant congé de son hôte, le vavasseur, et de tous ceux qui étaient là, il piqua des deux et sortit de la forteresse.

Le lendemain, au milieu de l'après-midi, le trouva en vue de la cité d'Escavalon. Il s'en approcha rapidement et, parvenu à la grande porte de la ville, en vit sortir tout un cortège qui s'engageait sur la chaussée. En tête, marchaient des gens court vêtus, garçons à pied menant des chiens, puis des piqueurs portant des épieux tranchants, ensuite des archers et des sergents bien munis d'arcs et de flèches, et qui précédaient un flot de chevaliers ; enfin, derrière tous les autres, deux chevaliers montés sur de magnifiques destriers. L'un paraissait très jeune, et il était d'une grande beauté. Lui seul salua Gauvain et alla le prendre par la main. « Seigneur chevalier, dit-il, je te retiens. Va donc d'où nous venons et descends en mon hôtel. Il est l'heure de songer à ton logis pour cette nuit. J'ai une sœur, la plus courtoise de toutes les femmes, qui se fera une grande joie de t'accueillir. Ce seigneur qui est avec moi te mènera. » Et, se tournant vers son compagnon : « Prends avec toi ce noble chevalier et conduis-le jusqu'à ma sœur. Tu la salueras d'abord, puis tu lui diras de prendre soin de celui que j'ai invité. Qu'elle le traite comme elle me traiterait, moi qui suis son frère. Qu'elle reste auprès de lui et s'occupe de le distraire jusqu'à notre retour. Je reviendrai le plus tôt possible. »

Rebroussant donc chemin, le second chevalier conduisit Gauvain à l'intérieur de la cité. Gauvain se demandait comment cette aventure allait tourner, car il savait bien que tous les gens du lieu le haïssaient mortellement. Mais personne ne le reconnaissait, et il parcourut sans encombre les rues de la ville. Celle-ci, située sur un bras de mer, était peuplée de beaux hommes et de belles femmes. Les tables des changeurs étaient couvertes de pièces d'or, d'argent, et de menue monnaie. Les places et les rues foisonnaient de bons ouvriers qui s'appliquaient aux métiers les plus variés : ici, l'on fabriquait des heaumes et des hauberts, là, des selles et des harnachements, ailleurs, des boucliers et des éperons ; ceux-ci fourbissaient des épées, ceux-là tissaient des draps ou les foulaient, d'autres fondaient l'or et l'argent, ailleurs encore, on fabriquait de belles et riches vaisselles, des coupes, des écuelles et des émaux précieux. On eût dit que dans cette ville se tenait une foire perpétuelle, tant elle regorgeait de richesses et de marchandises diverses.

Ils parvinrent enfin à une tour des mieux bâties. Des valets s'en élancèrent au-dehors, qui prirent aussitôt soin des chevaux. Le chevalier entra le premier, suivi de Gauvain, et le mena droit vers la chambre de la jeune fille. « Belle amie, dit le chevalier, ton frère te salue et te prie que le seigneur que voici soit honoré et servi en tout point. Qu'il ait tout ce qu'il désire, montre-toi large, franche et généreuse. Penses-y, tandis que je vais rejoindre ton frère dans le bois. » Et, sur ce, il les quitta, laissant Gauvain seul avec la jeune fille, qui était d'une étourdissante beauté.

Celle-ci parut ravie de l'événement. « Béni soit celui qui m'envoie si agréable compagnie ! s'écria-t-elle. Beau seigneur, viens t'asseoir près de moi, je te vois beau, noble, et, pour l'amour de mon frère qui m'en prie, je te ferai bonne compagnie. » Gauvain s'assit près d'elle. Plus le temps passait, plus il la trouvait belle et tentante. Elle était d'une grande douceur, et si bien apprise qu'elle ne songeait même pas à s'inquiéter qu'on les guettât ou non. Ils se mirent à parler d'amour et commencèrent à se blottir l'un contre l'autre. Gauvain, qui se sentait de plus en plus échauffé, la pria de lui accorder ce qu'une femme peut offrir à un homme qu'elle aime. Elle ne le repoussa pas, loin de là, et aux baisers succédèrent les caresses, celles-ci devenant de plus en plus ardentes.

C'est alors qu'entra un vavasseur, et celui-ci reconnut immédiatement Gauvain. Les ayant surpris en pleine transe amoureuse, il ne put se contenir : « Femme, honnie sois-tu de te conduire comme une putain ! s'écria-t-il avec colère. Tu accueilles allégrement l'homme que tu devrais le plus haïr au monde, et tu lui permets les baisers les plus pervers et les caresses les plus audacieuses ! Maudite sois-tu ! »

Il tourna le dos et s'élança au-dehors avant que Gauvain eût pu articuler une syllabe. La jeune fille tomba évanouie et resta étendue sur les carreaux. Gauvain la releva, livide du saisissement qu'elle avait éprouvé. Quand elle fut quelque peu revenue à elle, elle s'écria : « Ah ! nous sommes perdus ! Je mourrai aujourd'hui pour toi, bien injustement, et toi aussi, je crois, tu mourras pour moi. La commune de cette ville va accourir, je n'en doute point. Ils seront bientôt plus de dix mille massés devant cette tour. Mais il y a des armes ici, et je te les donnerai sur-le-champ. Un seul brave pourrait tenir cette tour contre une armée entière. » Sans perdre un instant, elle courut chercher une armure et quand elle l'en eut revêtu, ils se sentirent plus en sécurité, elle et lui, sauf que le malheur voulut qu'elle ne trouvât pas de bouclier. Mais Gauvain saisit un échiquier. « En voici un ! s'écria-t-il, je n'aurai besoin de nul autre ! »

Au sortir de la tour, le vavasseur avait trouvé, assis côte à côte, des voisins, le maire, les échevins et toute une troupe de bourgeois, si gros et si gras que l'on peut affirmer sans crainte que le poison n'entrait pas dans leur nourriture. Il courut à eux et leur expliqua ce qui se passait. Aussitôt, les uns et les autres se précipitèrent, au comble de la fureur. Ils ne furent pas longs à trouver des haches, des piques et des madriers. Le crieur cria le ban, et tout le peuple s'assembla. Les cloches de la commune sonnèrent afin que ne manquât personne à l'appel. Et, de fait, ce fut une horde hurlante qui s'assembla au bas de la tour.

La jeune fille voulut aider Gauvain de son mieux. Elle se mit à la fenêtre et cria très fort pour être entendue de tous : « Hou ! hou ! Canailles, chiens enragés, serfs de malheur, quels diables vous ont mandés ! Que voulez-vous ? Puisse Dieu ne jamais vous donner de joie ! J'en atteste Dieu tout-puissant, vous n'emmènerez pas le chevalier qui est ici, ou bien bon nombre d'entre vous resteront sur le carreau, morts ou mis à mal. Le chevalier n'est pas entré ici, tel un oiseau, par la voie des airs ; il n'a pas pénétré par un passage souterrain : c'est mon frère qui me l'a envoyé comme son hôte et m'a priée de le traiter le mieux possible. Que me reprochez-vous ? Comment osez-vous tirer vos épées contre moi ? Vous ne savez même pas pourquoi. Du moins, si vous le savez, ne m'en avez-vous rien dit. Sachez-le, vous m'avez indignement outragée ! »

Mais la meute ne l'écoutait pas. Déjà on entendait les coups de hache contre la porte. Mais le portier, qui veillait au-dedans, sut bien leur barrer le passage. Il asséna un tel coup au premier qui se présenta que les autres sentirent leur zèle se refroidir. Nul n'osa plus s'y aventurer, chacun craignant pour sa propre vie. Quant à la jeune fille, elle avait ramassé les pièces de l'échiquier et les lançait furieusement contre les assaillants. Elle serrait son corsage, relevait le bas de sa robe et jurait dans son courroux qu'elle les ferait tous pendre ou écorcher vifs.

Mais les bourgeois, s'opiniâtrant, juraient qu'ils abattraient la tour pour les en déloger. Les assiégés ne s'en défendirent que mieux, faisant pleuvoir pions, pièces d'ivoire et vaisselle sur les assaillants. Ceux-ci, sous cette avalanche, reculèrent. Alors, ils décidèrent de creuser la terre avec des pics d'acier pour faire crouler la tour. Et, aussitôt, ils se mirent à l'ouvrage.

Cependant, le jeune seigneur qui avait hébergé Gauvain, ne savait rien de l'affaire. Il chassait dans le bois quand, voyant que l'heure avançait, il décida de revenir vers la cité. C'est alors que Guinganbrésil, par le plus grand des hasards, atteignit celle-ci, galopant de toute la vitesse de son destrier. Il s'informa de ce qui se passait, et quand il eut appris que Gauvain se trouvait là, assiégé par la commune, il en fut très contrarié. Il alla au milieu de ceux qui, avec leurs pics, s'acharnaient à creuser sous la tour, et d'une voix forte, il leur interdit de continuer leur ouvrage insensé, les menaçant des pires châtiments si une seule pierre de la tour était descellée. Mais, dans leur fureur, ils lui répondirent avec insolence que, s'il voulait joindre son sort à celui de Gauvain, ils l'en laissaient libre. Et ils reprirent leur travail comme si de rien n'était.

Voyant que son intervention ne servait à rien, Guinganbrésil se précipita alors chez le roi, son frère, et le rencontra au moment où celui-ci regagnait son palais, entouré d'une multitude de ses gens. « Seigneur roi, s'écria-t-il, ton honneur est en jeu ! Ton maire et tes échevins te couvrent d'opprobre. Depuis je ne sais combien de temps, ils attaquent ta tour et tentent de l'abattre ! — Comment se peut-il ? » s'étonna le roi d'Escavalon. C'était lui, en effet, le jeune homme qui avait invité Gauvain à se loger chez lui. « Seigneur, continua Guinganbrésil, tu as donné asile, sans le connaître, à Gauvain, le meurtrier de notre père. Je l'avais sommé en duel pour sa félonie, tu le sais, et je prétends débattre de cette affaire en champ clos avec lui. Il serait malséant que ton peuple s'en fît justice ! » Le jeune homme n'en revenait pas. « Certes, dit-il, voici une bien étrange aventure. Mais tu as raison. Gauvain est mon hôte, et je dois le protéger contre toute attaque. C'est à toi que revient l'honneur de venger notre père, ainsi que nous en sommes convenus. Allons tout de suite rétablir l'ordre. »

Le jeune roi se précipita vers la tour et, en le reconnaissant, ceux de la commune s'arrêtèrent de creuser le sol. Il commanda au maire et aux échevins de faire cesser toute manœuvre hostile, les menaçant des pires châtiments s'ils n'obéissaient immédiatement. Sans insister, la foule se dispersa peu à peu. Alors, le jeune roi, accompagné de Guinganbrésil, pénétra dans la tour et vint saluer Gauvain. « Je ne savais pas qui tu étais, dit-il, mais tu es mon hôte et rien ne doit t'arriver de fâcheux tant que tu te trouveras sous ma protection. — Je te remercie, seigneur », répondit Gauvain.

Sur ce, Guinganbrésil salua la jeune fille qui, toute pâle, ne savait que penser, et il s'adressa à Gauvain dans ces termes : « Seigneur, je t'ai accusé de félonie et de déloyauté, et tu m'as juré que tu te présenterais devant moi pour me combattre sous quarante jours. Mais je ne t'avais pas demandé de pousser la hardiesse jusqu'à venir en cette cité te mettre à la merci de ses habitants. Quoi qu'il en soit, je devais te prendre sous ma sauvegarde et je l'ai fait. Mais ne te crois pas quitte du serment prêté devant témoins. — Certes non, je ne l'oublie pas, répondit Gauvain. Je rends hommage à ton sens de l'honneur et suis prêt à en découdre avec toi quand il te plaira. »

C'est alors qu'intervint un chevalier, vieux et chenu, mais dont la réputation de sagesse était telle que chacun l'écoutait et tenait compte de ses avis. Il s'en vint vers le roi et lui dit : « Seigneur, il est temps de te donner un bon et loyal conseil. Comment s'étonner que celui qui a tué traîtreusement ton père se soit vu ainsi agressé ? Tout le monde ici lui veut male mort. Cependant, tu l'as reçu chez toi, et tout hôte doit être à l'abri de la prison ou de la mort. Au demeurant, pour parler franc, Guinganbrésil que je vois là, lui doit aussi sa protection puisqu'il s'est rendu à la cour du roi Arthur lui demander raison de la traîtrise qu'il lui reproche. Force est d'en convenir, le chevalier Gauvain est venu à ta cour se défendre de l'accusation. Mon conseil est donc que mieux vaut remettre ce combat à un an d'ici. En attendant, je suggère que le chevalier s'en aille d'abord en quête de la Lance dont le fer ne cesse de saigner, cette merveille dont on nous a parlé et que chacun des rois de ce monde voudrait posséder. — J'y consens volontiers, dit Guinganbrésil. — Et moi de même, dit le jeune roi. Qu'en dis-tu, Gauvain ? Acceptes-tu d'attendre un an pour combattre Guinganbrésil et, pendant ce délai, de te mettre en quête de la mystérieuse Lance dont la pointe pleure des larmes de sang et dont il est écrit qu'un jour elle détruira tout ce royaume ? — J'accepte, répondit Gauvain.

— Attendez, dit encore le vieillard. La justice ne peut se faire qu'elle ne soit égale pour tous. Seigneur roi, il est bien évident que le chevalier Gauvain ici présent a subi un grand dommage, lui qui, sous ta protection, a été assailli par la commune de ta ville. Tu lui dois réparation. Voici donc ce que je propose : si Gauvain, dans le délai d'un an, te rapporte la Lance qui saigne, il sera dispensé de combattre Guinganbrésil, et l'accusation portée contre lui sera abandonnée. Cela me semble équitable, car la quête de la Lance ne sera pas sans danger. » Le jeune roi se tourna vers Guinganbrésil. « Quel est ton avis, frère ? demanda-t-il. — Cela me paraît juste, répondit Guinganbrésil. Je déclare que Gauvain sera lavé de tout soupçon concernant la mort de notre père si, dans le délai d'un an, il nous rapporte la Lance qui saigne. S'il ne peut la rapporter, il devra combattre contre moi. »

Le roi se tourna vers Gauvain : « Qu'en penses-tu ? demanda-t-il. — J'accepte la proposition, répondit Gauvain, et je suis prêt à en faire serment. » On apporta alors le reliquaire le plus précieux qu'on put trouver, et sur lui, Gauvain jura solennellement qu'il n'épargnerait ni peines, ni fatigues pour conquérir la Lance. Il ajouta qu'en cas d'échec, il reviendrait à Escavalon se mettre à la disposition de Guinganbrésil. — Voilà qui est bien », dit le jeune roi, qui ne pouvait s'empêcher de manifester une grande admiration pour le neveu d'Arthur.

Celui-ci, avant de quitter la tour, prit congé de ses hôtes et dit adieu à la jeune fille à cause de qui il avait failli courir grand péril. Elle avait les larmes aux yeux, car le départ de Gauvain l'emplissait de mélancolie. Mais, dans son cœur, elle espérait qu'il revînt un jour et qu'elle pût alors lui accorder pleinement son amour. Enfin, après avoir enfourché Gringalet, qui piaffait d'impatience, Gauvain piqua des deux, descendit les rues de la ville, franchit la grand porte et se mit à galoper dans la plaine [1].

1. D'après quelques épisodes de *Perceval ou le Conte du Graal*, de Chrétien de Troyes, récit en vers de la fin du XIIe siècle. Traduction complète par Lucien Foulet, Paris, Stock, 1947. Texte et traductions complets par Daniel Poirion dans les *Œuvres complètes* de Chrétien de Troyes, Paris, la Pléiade, 1994.

CHAPITRE V

Le Château de la Merveille

Le lendemain, peu avant midi, Gauvain parvint sur le penchant d'une colline, au pied d'un grand arbre touffu et ombreux. Aux branches étaient suspendus un bouclier, une lance toute droite, et lié un petit palefroi. Intrigué, il s'approcha, mit pied à terre et, jetant un coup d'œil moins rapide, aperçut, à même le sol, une jeune fille qui, de ses doigts crispés, tentait de s'arracher les cheveux. Elle menait ainsi grand deuil pour un chevalier qui gisait de tout son long près d'elle et dont le visage semblait défiguré par une plaie béante et le crâne entamé par un coup d'épée. « Belle, dit Gauvain, que s'est-il donc passé, et quel est ce chevalier blessé ? — Seigneur, répondit la jeune fille au milieu de ses pleurs, c'est mon ami, qui a été attaqué par un maudit chevalier. — Il faut le soigner, reprit-il, se penchant sur lui. — Ne l'éveille pas, dit la jeune fille, car il risquerait d'en mourir. Mais toi, seigneur, si tu veux suivre mon conseil, rebrousse chemin : rien de bon ne peut t'arriver au-delà. Sache que personne n'est revenu indemne des pays qui s'étendent sous cette colline. — Personne ne m'empêchera d'aller plus loin, si telle est ma décision. — Dans ce cas, dit la jeune fille, que Dieu te sauve !

— Mais que puis-je faire pour cet homme ? insista Gauvain. — Rien, répondit-elle, sinon le laisser dormir. Ou il mourra, ou il guérira, mais dans beaucoup de temps. À moins qu'on ne lui apporte l'herbe d'or, cette herbe qui guérit les maladies de toutes sortes et procure l'oubli à ceux qui souffrent. — Jeune fille, dit Gauvain, je vais partir, puisque tel est ton vœu, mais je te promets, si je trouve l'herbe d'or, de revenir ici au plus vite et de t'apporter de quoi guérir ton ami. — À ton aise », dit-elle encore, et elle se remit à pleurer et à s'arracher les cheveux.

Gauvain les quitta et poursuivit son chemin par prés et par bois. Il aperçut enfin une forteresse imposante, de noble aspect, au bord d'un estuaire. D'un côté s'étendait le port, où flottaient des navires, de l'autre des vignobles sur les pentes d'une colline. Gauvain décida de se porter vers la forteresse. Il franchit un pont puis les murs d'enceinte et aperçut alors dans un pré, sous un orme, une jeune femme qui mirait son visage d'une blancheur de neige au-dessus d'une fontaine, et dont la chevelure noire comme les plumes du corbeau était couronnée par un cercle d'or. Gauvain éperonna son cheval afin de parvenir plus vite jusqu'à elle.

« Hé, doucement, chevalier ! lui cria la jeune femme. Un peu de mesure, je te prie, tu vas beaucoup trop vite. Et, d'abord, pourquoi tant de hâte ? — Belle, répondit Gauvain, sois bénie de Dieu. Je voudrais bien savoir pourquoi tu m'as crié d'aller moins vite. Je suis sûr que tu avais une idée en tête. — C'est juste, répondit-elle. Je lisais dans tes pensées : tu voulais me saisir et m'emporter sur l'encolure de ton cheval. » Gauvain arbora une mine un peu piteuse, car telle était exactement la pensée qu'il avait eue, tant la beauté de la jeune femme excitait son désir. Était-elle fée ou sorcière pour lire ainsi dans les esprits ? Elle se mit à rire et continua : « Sache, beau chevalier, que je ne suis pas de celles que l'on emmène ainsi et que l'on culbute dans le premier champ de genêts !

Cela dit, si tu voulais être patient et suivre les conseils que je te donnerais, tu pourrais certainement m'emmener, sans que j'émette de restriction d'aucune sorte. Mais il te faudrait me donner la preuve de ta vaillance. — Qui es-tu donc ? demanda Gauvain. — Je me nomme Orgueluse [1], dit-elle, et je suis la fille du roi de Lorrois. Aussi comprendras-tu que je ne peux me comporter comme la dernière de mes servantes, elles qui sont toujours prêtes à se livrer au premier venu ! Mais je t'avertis : si tu me veux, tu devras me mériter. Vois-tu mon palefroi, de l'autre côté de la rivière ? Va le chercher, ramène-le-moi, et alors je m'en irai avec toi jusqu'à ce que malheur et ennui, deuil et chagrin t'accueillent en ma compagnie. — M'imposes-tu d'autres conditions ? — Pas la moindre, répondit la jeune femme qui prétendait se nommer Orgueluse. Si tu me veux, obéis-moi.

— Je vais aller chercher ton palefroi, dit Gauvain. Mais le seul moyen de passer de l'autre côté est de ramper sur cette planche. Que vais-je faire de mon cheval, pendant ce temps ? — Ne t'inquiète pas pour si peu. Je le garderai, ce cheval auquel tu tiens tant. Mais hâte-toi, car je ne pourrai peut-être pas le retenir longtemps, et je m'en voudrais de te le faire perdre. — Tu dis vrai. Eh bien, si tu ne peux le retenir, je t'en tiens quitte et ne te ferai nul reproche. » Sans plus tarder, Gauvain lui tendit la bride de Gringalet et, non sans se munir de ses armes, car il redoutait que ne l'attendît au-delà de la rivière quelque mésaventure, il s'engagea sur l'étroite planche qui vacillait et menaçait de s'effondrer. Arrivé cependant sans encombre sur l'autre rive, il se trouva en présence d'une

1. Le nom est emprunté à la version allemande du *Parzival* de Wolfram von Eschenbach, et n'est que la transcription du mot français « Orgueilleuse ». La suite des événements nous montrera qu'il s'agit en fait de la fée Morgane, travestie de sorte que Gauvain ne la reconnaît pas. Il est vrai que, comme Merlin, elle a le don de métamorphose.

foule de gens qui le regardaient et qui criaient tous d'une seule voix : « Ah ! que le feu d'enfer puisse te brûler, maudite femme qui as fait tant de mal ! Maudite sois-tu, toi qui as fait périr tant de bons et loyaux chevaliers. Seigneur, tu veux enlever le palefroi, mais sais-tu quels maux t'attendent si tu y mets la main ? Chevalier, ne l'approche pas et fuis sans rien demander d'autre que le salut de ton âme et la sûreté de ton corps ! »

Mais Gauvain eut beau les entendre, il n'était guère tenté de suivre leur conseil. D'abord, il n'avait pas pour habitude de renoncer à une entreprise qu'il assumait ; ensuite, il se sentait si fort attiré par Orgueluse que pour rien au monde il n'aurait voulu se priver de sa compagnie. Il alla donc jusqu'au palefroi, et il s'apprêtait à lui saisir la bride, car la bête était toute harnachée, quand un grand chevalier, assis sous un arbre verdoyant, lui cria : « Doucement, chevalier. Tu commets une action bien vaine. Laisse le palefroi. Tendre seulement un doigt vers lui serait présomption de ta part. Pourtant, je n'ai pas l'intention de te le disputer si tu persistes dans ton projet. Sache-le toutefois, si tu t'en empares, il t'arrivera les pires ennuis.

— Tes discours ne m'impressionnent guère, répondit Gauvain. La jeune femme qui se mire là-bas sous cet arbre m'envoie le chercher, et si je ne le lui ramenais, ne serais-je venu chercher que la honte, ici ? Je serais honni en toutes terres comme un couard et un pleutre. — Bien, bien, beau seigneur. Je ne t'en empêche pas. Mais tu ne sais comment finira l'aventure. Je n'ai jamais vu de chevalier poser la main à sa bride et l'emmener, comme tu t'y apprêtes, qui n'ait payé sa folie de sa tête. Voilà la triste fin que je redoute pour toi. Réfléchis bien à ce que tu fais ! »

Gauvain ne répondit même pas. Poussant devant lui le palefroi dont la tête était mi-partie blanche, mi-partie noire, il lui fit passer la planche. De toute évidence, il était coutumier de la chose, car il franchit la rivière facilement. Gauvain le prit par ses rênes de soie et s'en alla droit à l'arbre où se mirait la jeune femme. Elle avait laissé glisser à terre son manteau, et sa chemise entrouverte laissait entrevoir l'un de ses seins, une partie de son ventre et même de son pubis. À la retrouver dans cette tenue, Gauvain fut tout commotionné. Il lui présenta néanmoins l'étrier et lui dit : « Jeune femme, viens, que je t'aide à monter.

— Non ! s'écria Orgueluse avec colère. Puisse Dieu ne te jamais laisser raconter en nul lieu que tu m'as tenue en tes bras ! Si tu me touchais de ta main nue, si tu me frôlais même seulement, je me réputerais moi-même honnie ! Je monterai sans l'aide de quiconque et, à condition que tu n'effleures ni mon corps, ni mes vêtements, je te suivrai fidèlement jusqu'à l'heure où fondront sur toi le malheur et la honte. Et, crois-le bien, je serai là pour jouir de ta déconvenue. À présent, tu ne peux plus y échapper, pas plus qu'à la mort ! »

Sans perdre un instant, la jeune femme sauta sur le palefroi, noua sa guimpe et s'enveloppa de son manteau. Puis elle s'écria : « Maintenant, chevalier, va où tu voudras. Je m'attache à ton pas et ne te quitterai que je n'aie été témoin de ta honte. J'en serai la cause, et ce avant la nuit. » Gauvain se tut et se mit en selle, l'esprit agité de pensées contradictoires. Ils chevauchaient au petit trot quand il aperçut dans une lande couverte de fleurs la plante appelée herbe d'or qui guérit blessures et maladies. Il s'arrêta, mit pied à terre et cueillit la plante qu'il plaça précautionneusement sur l'arçon de sa selle. La jeune femme éclata de rire : « Par ma foi, si mon compagnon s'entend à la médecine autant qu'à la chevalerie, il n'aura point de peine à gagner sa vie : il lui suffira de vendre des boîtes d'onguent sur les foires ! » Gauvain répondit : « J'ai rencontré près d'ici un chevalier dont les blessures réclamaient un remède urgent et qui gisait sous un arbre. Si je puis le retrouver, cette plante qu'on appelle l'herbe d'or le soignera et lui rendra forces et santé. — Je ne te le conseille pas », dit simplement Orgueluse.

Ils ne mirent cependant guère de temps à retrouver l'endroit où se trouvaient la jeune fille et le blessé. « Dieu soit loué ! s'écria la jeune fille. Je vois que tu rapportes l'herbe d'or ! » Sans perdre de temps, Gauvain sauta à bas de Gringalet et se pencha sur le blessé qui paraissait fort mal en point. « Il faut que j'extraie le jus de la plante pour l'appliquer sur ses blessures, mais il serait plus efficace si je pouvais lui faire un pansement. — Prends ma guimpe », dit la jeune fille en la retirant prestement. Alors, Gauvain pressa la plante à travers l'étoffe puis appliqua soigneusement celle-ci sur les blessures du chevalier. Au bout d'un moment, le blessé s'agita, puis se dressa sur son séant.

« Puisse Dieu récompenser celui qui m'a rendu la parole ! dit-il. J'avais grand-peur de mourir sans confession. Déjà les diables, assemblés en cortège, guettaient le moment où mon âme sortirait de mon corps. Je t'en prie, seigneur, je dois me confesser. Je sais où trouver un chapelain, non loin d'ici, et si j'avais une monture, j'irais lui avouer mes péchés et recevoir la sainte communion. Après quoi, je ne redouterais plus la mort. Je t'en prie, beau seigneur, rends-moi un service, donne-moi le roncin de cet écuyer qui arrive au trot. »

Gauvain se retourna et vit en effet un écuyer qui allait l'amble sur un roncin de piètre allure. L'homme, d'un aspect peu engageant, avait des cheveux roux tout raides et emmêlés, hérissés comme les soies d'un porc. Ses sourcils, de même nature, lui couvraient le visage et le nez jusqu'aux moustaches. Sa bouche était largement fendue, sa barbe épaisse ; sa tête s'engonçait entre les épaules, et sa poitrine bombée saillait. Gauvain, néanmoins, s'approcha de lui. « Écuyer, dit-il, qui es-tu et où vas-tu ? — Cela te regarde ? répondit l'autre d'un ton arrogant, occupe-toi de tes affaires ! » Gauvain sentit le courroux l'envahir. « Donne-moi ce roncin !, s'écria-t-il avec violence. — Il n'en est pas question ! répliqua l'autre. Que la male mort t'emporte ! » Gauvain ne put résister à un mouvement d'humeur : de sa paume bien ouverte, il donna un tel coup à l'écuyer que celui-ci vida les étriers et se retrouva à terre, jurant qu'il se vengerait. « Laisse donc cet écuyer à sa colère et amène-moi le roncin, dit le blessé. Mais je te demande une chose : prends soin de cette jeune fille pour qui j'éprouve grande gratitude. Aide-la à monter sur son palefroi. »

Gauvain prit la jeune fille par le bras, et, en galant et courtois chevalier, se mit en devoir de la jucher sur le palefroi. Mais, tandis qu'il s'empressait ainsi, le chevalier blessé bondit, s'empara de Gringalet et, sautant en selle, le fit cabrioler de-ci de-là à travers le terrain puis, sous les yeux éberlués de Gauvain, galoper par la colline. Mais avant de disparaître, il lui cria : « Je te laisse le roncin ! Prends-le et sois heureux d'avoir une monture. Quant à ton cheval, je le retiens pour mon service, il m'appartient dorénavant ! — Ah, félon ! s'écria Gauvain, pourquoi tant de vilenie ? » L'autre éclata d'un rire strident : « Tu as la mémoire courte, Gauvain, dit-il. L'as-tu donc oublié ? Voilà quelques mois, tu me mortifiais en me faisant manger de longues semaines, en compagnie des chiens, les mains liées derrière le dos. Tu commis là une grande sottise, sache-le, et ta honte présente m'en venge assez ! » Sur ce, il piqua des deux et disparut au loin, tandis que la jeune fille, enfin bien installée sur son palefroi, le suivait au triple galop.

Orgueluse, qui n'avait soufflé mot pendant toute l'affaire, se mit à rire bruyamment : « Eh bien, dit-elle, cher vassal, que vas-tu faire à présent ? Ne t'avais-je pas prévenu qu'il t'arriverait grand-honte ? Je ne sais où tu comptes aller, en cet équipage, et je m'en veux de t'avoir suivi, mais je te talonnerai néanmoins pour voir tes prochaines mésaventures. Et plût au ciel que ce roncin fût une jument, pour t'humilier davantage encore ! »

Ravalant sa rancœur, Gauvain se garda de répondre à la jeune femme. Après avoir enfourché le roncin, il donna le signal du départ. La bête, fort laide, avait l'encolure grêle, la tête énorme, de larges oreilles flasques, des flancs durs, la croupe maigre et l'échine interminable. Et c'est monté, à défaut de mieux, sur ce monstre que, piqué par les sarcasmes de la belle Orgueluse, Gauvain reprit sa route.

Ils chevauchèrent jusqu'au soir sans échanger un seul mot. Gauvain, furieux de son coursier minable, ne savait comment s'en débarrasser, ni tirer vengeance du chevalier qui lui avait de manière si outrageante dérobé son valeureux Gringalet. Cependant, malgré leur faible allure, ils traversaient des landes incultes et parvinrent enfin à proximité d'une rivière qui semblait infranchissable tant elle était large et profonde. Sur l'autre rive, se dressait une forteresse si haute et fièrement campée que jamais œil d'homme n'en vit de semblable.

En un palais de marbre gris bâti sur la roche, six cents fenêtres grandes ouvertes laissaient apercevoir une multitude de dames et de jeunes filles qui, accoudées sur les rebords, contemplaient les prés et les vergers fleuris. Les unes étaient vêtues d'étoffes souples et élégantes, d'autres de tuniques multicolores et de robes de soie brochée d'or. Du dehors, on distinguait parfaitement leurs belles chevelures, leurs bustes harmonieux et leurs tailles souples.

Orgueluse, à qui l'endroit semblait familier, alla droit à la rivière, s'y arrêta et descendit de son palefroi. Là, amarrée à un perron, était mouillée une nef munie de son aviron mais fermée à clef. Sans hésiter ni perdre un instant, Orgueluse dénicha la clef sur le perron, ouvrit la nef, y pénétra, suivie de son palefroi et se saisit de l'aviron. « Vassal ! cria-t-elle à l'adresse de Gauvain, descends de ton maigriot de roncin, puis largue les amarres qui retiennent la nef. Si tu ne traverses immédiatement, tu en verras de cruelles, et seule une fuite rapide te sauvera. — Fuir ? s'écria Gauvain. Et pourquoi donc ? — Ne vois-tu pas ce que je vois ? Si tu l'avais vu, tu serais déjà loin ! »

Gauvain se retourna et vit un cavalier qui fonçait sur lui de toute la vitesse de son coursier. « Femme, insista-t-il, qui donc est celui-là ? Je reconnais son cheval, puisque c'est le mien, Gringalet que l'on m'a ravi ce matin ! — Certes, répondit Orgueluse, il ne peut en être autrement, puisque ce cavalier est le neveu de l'homme qui te l'a volé. Son oncle lui a commandé de te suivre et de lui rapporter ta tête. Ainsi donc, si tu ne veux t'exposer au pire, suis mon conseil : entre dans cette nef et fuis en ma compagnie. — À Dieu ne plaise, femme, répondit Gauvain. Je n'ai jamais fui de ma vie, j'attends celui-ci de pied ferme. D'ailleurs, je veux récupérer mon cheval. »

Orgueluse éclata de rire. « À ta guise ! dit-elle, mais prends-y garde, quel spectacle tu vas offrir à ces belles et gentilles jeunes filles qui sont accoudées là-haut aux fenêtres de la forteresse ! Quels quolibets t'attendent, quand elles te verront galoper puis piquer du nez ! — Femme, langue de vipère, nul ne me verra jamais faiblir ! Je vais me précipiter sur mon adversaire et lui reprendre mon cheval ! » Cependant l'autre arrivait à bride abattue. En voyant Gauvain si piteusement monté, il ne put s'empêcher de rire. « Ah ! dit-il, qu'un chevalier doit se sentir mal à l'aise sur pareil bidet ! » Furieux, Gauvain voulut lui faire avaler ses sarcasmes et, passant à l'attaque, lui asséna sa lance en haut du bouclier. Il fut assez heureux pour percer celui-ci, froisser le haubert et jeter l'homme à terre. Alors, il tendit la main, saisit la bride de Gringalet et, tout heureux, revint vers la rivière. Mais pendant qu'il combattait, Orgueluse en avait profité pour gagner l'autre rive, et elle caracolait maintenant dans de vertes prairies.

À nouveau désemparé, et par l'outrage supplémentaire qu'elle lui infligeait, et par le sentiment d'une perte irréparable, Gauvain se démenait comme un beau diable quand il vit aborder une nacelle qui venait de la forteresse et à bord de laquelle se trouvait un nautonier qui agitait sa longue perche. « Seigneur, lui dit l'homme, je t'apporte le salut des jeunes filles qui t'ont vu combattre avec tant d'habileté. En outre, elles te prient de ne pas me frustrer de mon privilège. — En quoi consiste ton privilège? demanda Gauvain.

— Seigneur, tu as abattu dans ce port un chevalier dont me revient le destrier. Telle est la coutume, tel est mon privilège, que le destrier m'appartienne. — Mais, mon ami, il me serait pénible d'en passer par où tu veux, car je devrais m'en aller à pied. — Seigneur, reprit le nautonier, maintenant que les jeunes filles te voient discuter, et hésiter, nul doute qu'elles ne te tiennent pour déloyal et ne s'indignent de ta conduite. Jamais encore il n'advint qu'un chevalier fût abattu dans ce port sans que j'obtinsse son cheval ou, à défaut du cheval, que le chevalier ne me demeurât. — Ah bon ! s'écria Gauvain, il fallait le dire tout de suite. Je m'engage à respecter ton privilège. »

Sautant à terre, Gauvain s'en alla, l'épée nue, vers l'homme qu'il avait renversé et fit mine de lui pousser une pointe. « Grâce, seigneur, dit celui-ci. Je suis rudement blessé, je ne te le cache pas, et l'heure n'est pas à une nouvelle joute. Je me remets en ta merci. — Dans ce cas, lève-toi et suis-moi. » Le vaincu se releva péniblement, et Gauvain le remit au nautonier qui l'en remercia. « Ami, reprit Gauvain, sais-tu où est allée la dame qui a traversé la rivière à bord de la nef ? — Seigneur, répondit l'homme, où qu'elle soit allée, qu'elle y reste et qu'on n'en entende plus parler. C'est une créature pire que Satan. Elle a fait trancher la tête, en ce port même, d'un bon nombre de chevaliers. Cela dit, si tu m'en croyais, tu accepterais de venir loger en mon hôtel. Il est modeste, mais c'est le mien, et je te l'offre de bon cœur. Il n'est pas prudent de demeurer ici pendant la nuit, car c'est une terre sauvage et pleine de dangers. — J'accepte avec joie, ami », répondit Gauvain.

Après qu'il eut pénétré dans la nacelle, ainsi que son cheval et le vaincu, le nautonier les mena rapidement jusqu'à l'autre rive et, de là, en son hôtel qui se trouvait non loin de l'eau. C'était un logis si plaisant et si confortable qu'un roi y eût pu séjourner sans rougir. Gauvain, traité en hôte de marque, se vit servir à son souper pluviers, faisans, perdrix et venaison, le tout arrosé d'un vin vermeil. Et quand le repas fut terminé, chacun s'en alla dormir dans de bons lits.

Le lendemain matin, Gauvain se leva de bonne heure et devisa avec son hôte. Depuis la fenêtre d'une tourelle où tous deux s'étaient accoudés, Gauvain contemplait le pays qui était fort beau et bellement boisé. Il arrêta ses regards sur la forteresse qui se dressait presque au-dessus d'eux. « Ami, dit-il, qui donc est le seigneur de ce château ? — Seigneur, répondit le nautonier, je l'ignore. — Comment ? s'étonna Gauvain, tu es pourtant le serviteur de ce château ! — Peut-être, mais je t'affirme que je n'en connais pas le maître. — Au moins, dit Gauvain, tu sais qui garde et défend cette forteresse ?

— Cinq cents arbalètes, incessamment prêtes à décocher leurs traits. À la moindre alerte, elles tireraient sans arrêt, sans se lasser jamais tant elles sont subtilement agencées. Je te dirai encore qu'au château réside une très noble et sage reine, de très haut parage. Elle vint jadis, avec tous ses trésors, son or et son argent, demeurer en ce pays, et c'est elle qui fit construire le manoir que tu vois. Elle amena avec elle une dame qu'elle chérit et qu'elle appelle reine et fille, et qui, elle-même, a une fille qui ne déshonore en rien son lignage. Je ne crois pas qu'il existe sous le ciel de jeune fille aussi belle et aussi apprise. La grande salle du manoir est, par art et enchantement, à l'abri de toute surprise. Un sage clerc, très versé dans la science des astres, avait accompagné la reine : c'est lui qui a doté ce palais de merveilleux et redoutables sortilèges, tels que tu n'en as entendu de semblables.

« En effet, nul chevalier n'y peut rester en vie une heure, s'il est couard, médisant ou cupide. Lâches ni traîtres n'y peuvent demeurer, non plus que les déloyaux et les parjures : ils meurent aussitôt, tous tant qu'ils sont, par la vertu de l'incantation. Cependant, une foule de valets, venus de terres lointaines, servent au château pour s'y instruire au métier des armes. Ils sont bien cinq cents, les uns barbus, les autres non. Cent qui n'ont barbe ni moustache, cent dont la barbe commence à poindre, cent qui se rasent, cent qui sont plus blancs que laine, et cent dont la barbe est grise. On voit aussi là des dames âgées qui n'ont plus mari ni seigneur, ainsi que des jeunes filles orphelines que les reines gardent auprès d'elles et traitent avec honneur et affection.

« Ces gens vont et viennent par toute la forteresse, soutenus d'une folle espérance irréalisable. Ils attendent un introuvable chevalier qui doterait les jeunes filles d'un mari, rendrait leurs fiefs aux dames qui en ont été dépossédées, et armerait chevaliers les valets. Mais je crains fort que la mer ne se change en glace avant qu'on trouve un chevalier capable d'accomplir de telles merveilles. D'abord, il faudrait qu'il pût se maintenir dans le palais sans être frappé de mort. Ensuite, il faudrait qu'il fût sage en tout point, sans convoitise, beau et franc, hardi et loyal, sans vilenie ni vice. Un tel homme, s'il venait, pourrait tenir la forteresse, ramener la paix dans le royaume, marier les jeunes filles et adouber les valets. Enfin, il anéantirait les enchantements qui pèsent sur le palais. »

Gauvain médita longuement les paroles du nautonier. Puis il lui dit : « Ami, descendons et fais-moi préparer à l'instant mes armes et mon cheval. Je ne veux pas rester ici un instant de plus. — Mais où veux-tu aller, seigneur ? demanda son hôte. Demeure encore quelques jours en mon hôtel. — Il ne s'agit pas de cela, dit Gauvain. Béni soit ton hôtel et bénis tous ceux qui m'y ont accueilli. Je veux seulement aller voir ce que font ces dames et ce qu'il en est des merveilles.

— Tu n'y penses pas ! s'exclama le nautonier. Par Dieu tout-puissant, ne commets pas cette folie ! — Je ne pense qu'à la commettre, bien au contraire, dit Gauvain. Allons, mon ami, fais préparer mes armes et mon cheval. — Je vois bien qu'il faut m'y résoudre, dit tristement le nautonier. Mais puisque tu es mon hôte et que je connais les lieux, permets que je sois ton guide. — Si tel est ton vœu, ami, je t'en remercie vivement. » Alors, sans perdre de temps, Gauvain s'équipa, monta sur Gringalet et s'en fut, suivi de près par le nautonier sur son destrier. Ils arrivèrent ainsi au pied de l'escalier qui permettait d'accéder au palais.

Ils virent là, assis tout seul sur un faisceau de joncs, un homme qui n'avait plus qu'une jambe : l'autre, en argent doré, était rehaussée de cercles d'or pur et de rangées de pierres précieuses ; il ne demeurait pas oisif, car il tenait un canif et appointait un petit bâton de frêne. Comme il ne dit rien aux survenants, ceux-ci ne prononcèrent aucune parole et, continuant d'avancer, se trouvèrent à l'entrée du palais. Les portes étaient riches et belles : gonds, anneaux de verrous étaient de l'or le plus fin qui fût. À chacun de leurs entrelacs était suspendue une clochette. À l'intérieur, s'ouvrait une grande salle au milieu de laquelle se trouvait un lit dont on ne voyait pas le bois tant l'ornaient des revêtements d'or et de pierres précieuses et dont chaque montant portait une escarboucle enchâssée : quatre cierges n'eussent pas jeté de clarté plus vive. La couche reposait sur quatre grimaçantes figures de chiens, lesquelles étaient elles-mêmes montées sur quatre roulettes si légères et si mobiles que, ne l'eût-on poussé que du bout du doigt, le meuble eût comme de lui-même traversé la salle.

Gauvain regarda tout autour de lui : le luxe ambiant était à l'avenant. Les murs du palais étaient de marbre et drapés de riches tentures de soie. Au-dessus, des verrières admettaient une lumière si claire qu'on aurait pu voir au travers des gens qui entraient et franchissaient la porte. Le verre était teint des couleurs les plus belles et les plus plaisantes qu'on pût imaginer. Dans tout l'édifice, il y avait bien quatre cents fenêtres qui étaient pleines, et une centaine qui étaient ouvertes. Quand il eut bien tout examiné, Gauvain dit au nautonier : « Bel hôte, je ne vois rien là qui me puisse effrayer, rien qui me fasse balancer d'entrer. Je vais m'asseoir sur ce lit et m'y reposer un instant, car je n'en ai jamais vu de si richement paré. » Le nautonier parut terrifié : « Ah, seigneur ! s'écria-t-il, je te prie de n'en rien faire ! — Et pourquoi donc ? — Cher seigneur, reprit le nautonier, quel regret et quel désespoir me causera ta mort ! Car tu ne saurais l'éviter : jamais nul chevalier ne s'est assis sur ce lit sans en mourir. On l'appelle le Lit de la Merveille. Nul n'y dort ni ne s'y repose qui puisse après s'en relever et vivre. Je t'en supplie, renonce à ton projet et reviens avec moi ! — Je resterai et je m'étendrai sur ce lit », répondit Gauvain avec une farouche détermination.

Après avoir recommandé son hôte à la grâce de Dieu, le nautonier sortit du palais. Resté seul, Gauvain alla, tout armé et le bouclier pendu à son cou, s'asseoir sur le lit. Au même moment, une grande clameur retentit, toutes les sonnettes du palais se mirent à tinter, les fenêtres s'ouvrirent et, par leurs embrasures, s'abattit une pluie de flèches et de carreaux d'arbalètes. Un grand nombre vint frapper le bouclier de Gauvain qui, tout en se protégeant du mieux qu'il pouvait, s'interrogeait, perplexe : qui pouvait lancer tous ces traits ? Mais l'enchantement était tel que personne ne pouvait voir d'où provenaient ceux-ci, ni qui les tirait. Et le fracas qui en résultait était épouvantable. Gauvain eût volontiers donné mille marcs d'argent pour se trouver ailleurs. Au bout d'un certain temps, les fenêtres se refermèrent toutefois d'elles-mêmes, et Gauvain entreprit d'arracher les carreaux qui s'étaient fichés dans son bouclier ou l'avaient blessé lui-même en maints endroits, si bien que le sang coulait à flots de ses plaies. Il n'avait cependant pas fini sa besogne qu'une autre épreuve se présenta.

Il entendit heurter contre l'une des portes et, tout à coup, vit surgir un lion qui semblait affamé, lequel se précipita sur lui, toutes griffes dehors. Gauvain n'eut que le temps d'interposer son bouclier entre sa personne et le fauve. Mais celui-ci déchira le bois comme il eût fait de la cire, et le choc renversa Gauvain, qui tomba sur ses genoux. Dans un grand sursaut, il se releva d'un bond, tira du fourreau sa bonne épée et en porta à la tête du lion un coup si violent qu'il lui trancha le cou et deux pattes, l'une toujours prise dans le bouclier, l'autre au-dehors, pendante.

En se voyant débarrassé du fauve, Gauvain retourna s'étendre sur le lit afin de reprendre sa respiration, mais alors se précipita vers lui son hôte, le nautonier, qui criait au comble de la joie : « Seigneur ! tu n'as plus rien à craindre à présent ! tu as vaincu les enchantements ! tu peux te dépouiller de tes armes. Les merveilles du palais ont pris fin pour toujours, grâce à toi qui as osé les affronter avec courage et qui n'as pas succombé à leur violence ! »

Une multitude de gens, des valets vêtus de beaux habits, apparurent alors. Ils se mirent tous à genoux et s'écrièrent d'une même voix : « Beau seigneur, nous te présentons nos services comme à celui que nous avons si longtemps désiré. Le temps nous a paru bien long, cher seigneur ! » L'un d'eux entreprit de le désarmer. Les autres allèrent soigner son cheval. Et, tandis qu'on lui retirait son armure, entra une jeune fille d'une rare beauté, dont les cheveux étaient d'un blond si éclatant qu'ils auraient pu rivaliser avec les rayons du soleil. Son visage était blanc, d'une pureté absolue. Souple, bien faite, grande et droite, elle s'avançait, suivie de tout un cortège d'autres belles jeunes filles, et d'un seul valet qui portait, suspendue à son cou, une magnifique robe de chevalier.

Gauvain ne se lassait pas d'admirer les jeunes filles qui s'approchaient. Il se leva, vint à leur rencontre et les salua du mieux qu'il put. « Jeunes filles, dit-il, soyez les bienvenues ! » L'un d'elles s'inclina et dit : « Ma dame la reine te salue, beau cher seigneur, qui nous commande à toutes de nous tenir à ta disposition. Je te promets, moi la première, un service fidèle et sans faille. Quant à mes compagnes, elles te regardent également pour leur seigneur et seront tes servantes les plus zélées. Voilà bien longtemps qu'elles désiraient ta venue, et elles sont heureuses de pouvoir enfin contempler le plus sage de tous les sages chevaliers de ce royaume. Et je n'ai plus qu'un mot à dire : ordonne, nous sommes prêtes. »

Sans plus attendre, les jeunes filles le lavèrent et soignèrent ses blessures en y appliquant un baume qui supprimait toute douleur. Puis, quand on l'eut réconforté, on le revêtit de la belle robe d'hermine qu'avait apportée le valet. « À présent, dit la jeune fille qui paraissait commander aux autres, nous allons repartir et te laisser. Tu peux admirer des fenêtres les belles campagnes à l'entour : elles valent la peine qu'on les contemple. Sous peu, ma dame la reine viendra te saluer. » Et elle sortit, entraînant la troupe de jeunes filles dans son sillage.

Demeuré seul avec le nautonier, Gauvain alla jusqu'aux fenêtres et regarda dehors. Ébloui par tant d'eaux courantes, de champs immenses et de forêts giboyeuses, il ne put s'empêcher de dire à son hôte : « Par Dieu tout-puissant, cher ami, j'aurais plaisir à vivre ici pour aller chasser et tirer les bêtes de ces forêts ! — Seigneur, répondit le nautonier, il ne faut y penser. J'ai maintes fois entendu conter que le chevalier cher à Dieu qui délivrerait ce manoir de ses enchantements et que l'on nommerait maître et protecteur de ce lieu n'en pourrait jamais plus sortir. À tort ou raison, telle est la loi : ne parle donc plus de chasse ni de tir à l'arc. C'est ici ton séjour, que de ta vie tu ne pourras quitter. »

Une violente tristesse saisit Gauvain. Agité de sombres pensées, il se jeta sur le lit. C'est à ce moment que la jeune fille revint. « Seigneur, dit-elle, ma dame la reine te fait demander la permission de venir te saluer. — Qu'elle vienne ! », répondit Gauvain d'un ton peu amène qui dénotait sa mauvaise humeur. Mais, dès qu'elle entra, Gauvain fut émerveillé : c'était une femme déjà âgée, mais d'une beauté qui n'avait pas fané ; de blanches tresses lui retombaient jusqu'aux hanches, et une robe de soie blanche la parait, diaprée de menues fleurs d'or. Il se leva en hâte devant elle et la salua avec une extrême courtoisie.

La reine lui rendit son salut et lui dit : « Seigneur, je suis, après toi, la dame de ce palais. Je t'en laisse la seigneurie, car tu en es bien digne. Es-tu de la maison d'Arthur ? — Oui, dame. — Es-tu de ceux de la Table Ronde, les meilleurs chevaliers de la terre ? » Gauvain hésita un moment avant de répondre, puis il dit : « Non, dame, à mon grand regret. » Il eut aussitôt honte de ce mensonge mais, ne pouvant revenir en arrière, il ajouta : « Dame, je n'oserais jamais dire que je suis au nombre des plus prisés. Sans me compter cependant parmi les meilleurs, je ne crois pas être des pires. — Voilà une réponse bien courtoise, dit la reine. Mais parle-moi du roi Loth : combien a-t-il eu de fils de sa femme ? — Dame, il en a eu quatre. — Nomme-les-moi. — L'aîné s'appelle Gauvain, le deuxième Agravain l'Orgueilleux, aux poings robustes. Les deux autres sont Gahériet et Mordret. — Plût au ciel qu'ils fussent avec nous aujourd'hui, dit la reine. Mais connais-tu le roi Uryen de Gorre ? — Certes, répondit Gauvain. Il a eu deux fils, l'un est Yvain, le courtois, le bien appris. Quant à l'autre, pour s'appeler également Yvain, il n'est pas son frère germain : on le surnomme Yvain l'avoutre, ou Yvain le Bâtard, ce qui ne l'empêche nullement de triompher de tous ceux qui osent le provoquer au combat. Tous deux sont sages chevaliers de la cour d'Arthur.

— Et comment va le roi Arthur ? reprit la reine. — Dame, mieux qu'il n'alla jamais, plus sain, plus ardent, plus vigoureux. — Par ma foi, dit la reine, il a toujours été ainsi, et je vois qu'il ne change guère. Mais parle-moi de son épouse, la reine Guenièvre. — Dame, elle est si courtoise, si belle et si sage que Dieu ne fit climat ou pays qui pût lui opposer d'égale. Depuis la première femme qui fut formée de la côte d'Adam, jamais il n'y eut de dame si renommée. Et elle le mérite bien, car de même que le sage maître endoctrine les jeunes enfants, ma dame la reine enseigne et instruit tous ceux qui vivent. D'elle descend tout le bien du monde, elle en est source et origine. Nul ne la peut quitter qui s'en aille découragé. Elle sait ce que chacun veut et le moyen de lui plaire selon ses désirs. Nul n'observe droiture ou ne conquiert honneur qu'il ne l'ait appris auprès de ma dame. Nul ne sera si affligé qu'en la laissant il remporte avec lui son chagrin.

— Par Dieu tout-puissant, s'exclama la reine, voilà un éloge qui place Guenièvre au-dessus de toutes les femmes ! J'en suis bien heureuse pour le roi Arthur. Mais, dis-moi encore, seigneur : toi qui te trouves auprès de moi, pourrais-tu en dire autant de moi ? — Dame, je le crois, répondit Gauvain avec sincérité. Avant de te voir, tout m'était devenu indifférent, tant j'étais triste et mélancolique. Mais, maintenant, je me sens si gai et si joyeux que je ne pourrais l'être davantage. — À la bonne heure, dit la reine aux blanches tresses. Je sais que la joie ne te quittera jamais. Et puisque tu es dans l'allégresse, tu pourras prendre ton repas quand tu le voudras, car il est prêt. Ensuite, tu pourras dormir dans ce lit et parcourir le palais selon ton désir. »

Quand la reine eut pris congé et qu'elle se fut retirée, les jeunes filles vinrent dresser la table pour Gauvain et lui préparèrent les mets les plus fins qu'on eût pu trouver dans le palais d'un roi. Gauvain mangea et but à satiété, en compagnie du nautonier. Puis, quand celui-ci l'eut laissé, il décida de se coucher dans le Lit de la Merveille. Mais si, cette fois, rien ne vint perturber le calme de la salle, Gauvain eut du mal à trouver le sommeil, tant le hantait l'image d'Orgueluse. « Hélas ! pensait-il, pourquoi suis-je couché dans ce lit, alors que j'ignore où se trouve Orgueluse ? Il faut que je la retrouve, ou je n'aurai jamais de joie parfaite. » Cependant, sa fatigue était telle qu'il finit par s'endormir.

Le lendemain, le soleil était déjà haut dans le ciel quand Gauvain se leva et revêtit la belle robe qu'on lui avait préparée. Ne voyant personne aux alentours, il sortit de la salle et s'en alla de pièce en pièce jusqu'au pied d'un escalier qui, perçant le plafond, s'enroulait vers le haut comme une spirale. Tenaillé par la curiosité, il entreprit de le gravir. Tout en haut se dressait une belle colonne, qui n'était point faite de bois périssable, mais qui, claire et solide, eût été suffisamment forte pour supporter un poids énorme.

La chambre à laquelle menait l'escalier était ronde comme une tente. Il était évident, vu la perfection de ses lignes, qu'elle était l'œuvre d'un magicien habile. Ses fenêtres, magnifiques, aussi larges que hautes, étaient tapissées de diamants, d'améthystes, d'émeraudes et de topazes. Le plafond portait les mêmes ornements que les colonnes entre les fenêtres. Mais aucune de ces colonnes ne pouvait être comparée à celle qui s'élevait au centre de la chambre. Pour la mieux contempler, Gauvain monta dans une rotonde où étincelaient d'innombrables pierres précieuses, et il vit alors des choses si merveilleuses que son regard ne s'en pouvait lasser. Il lui sembla que tous les pays de la terre lui apparaissaient dans cette grande colonne, s'y mouvaient en ronde, que les hautes montagnes s'y faisaient la chasse les unes aux autres. Il y vit aussi paraître l'image de gens montés ou à pied, les uns qui couraient, les autres immobiles. Il s'assit dans l'embrasure de la fenêtre, tant l'enchantait l'examen de cette merveille.

C'est alors qu'apparut, flanquée de deux jeunes filles si belles que Gauvain en faillit perdre le souffle, la reine aux blanches tresses. Pourtant, le souvenir d'Orgueluse le faisait cruellement souffrir. Il les salua courtoisement, et elles lui rendirent son salut. Puis il pria la reine de lui expliquer les étranges vertus de la colonne.

« Seigneur, répondit-elle, depuis que je la vis pour la première fois, la pierre dont elle est faite n'a jamais cessé de répandre une clarté dans tout le pays jusqu'à six lieues à la ronde. Tout ce qui se passe dans les environs, sur l'eau ou dans la campagne, vient s'y refléter : elle en est le miroir fidèle. Oiseaux ou bêtes sauvages, chevaliers ou forestiers, gens du pays ou étrangers, il n'est rien ni personne dont on n'y distingue l'image. Son éclat s'étend même au fond de la moindre des vallées. Elle est si dure et si résistante que le forgeron le plus vigoureux ne saurait l'entamer à coups de marteau. M'est avis qu'elle n'a pas sa pareille au monde. »

Cependant, Gauvain, qui regardait toujours attentivement, aperçut sur la colonne un chevalier et une femme qui chevauchaient à vive allure. La femme lui parut fort belle. L'homme, ainsi que son cheval, était recouvert d'une armure, et son heaume était surmonté d'un fier cimier. Il les vit se hâter sur un chemin que coupaient des marais, puis déboucher dans une plaine. C'était sans doute la fin de leur voyage. Ils empruntèrent, pour traverser les marais, la route qui rejoignait la rivière. Le chevalier conduisait par la bride le cheval de la femme. Visiblement, il venait dans le but de rompre des lances.

Gauvain se tourna vers la fenêtre. Mais ce qu'il vit ne fit qu'aggraver son tourment. Il avait cru que la colonne le trompait. Or il reconnut, à n'en point douter, que c'était Orgueluse de Lorrois qui, accompagnée d'un chevalier aux intentions belliqueuses, traversait le grand pré pour gagner le port. Et, de même que la senteur de certaines herbes, en venant irriter sournoisement l'intérieur du nez, contraint à éternuer, de même l'image d'Orgueluse s'insinua-t-elle dans le cœur de Gauvain, lui faisant battre une folle chamade. « Dame, dit-il brusquement à l'intention de la reine, si j'osais, je te prierais de t'approcher de la fenêtre et de me dire qui est cette femme que je vois venir et qu'accompagne un chevalier porteur d'un écu écartelé. »

La reine jeta un coup d'œil au-dehors. « Que le feu d'enfer la consume ! s'écria-t-elle. C'est celle qui t'amena hier, mais à quoi bon t'inquiéter d'elle ? Va, ne te soucie pas davantage de l'homme qui l'accompagne. Il est, certes, un chevalier des plus courageux ; le combattre n'est pas un jeu, je l'ai vu vaincre et tuer bien des chevaliers en ce port, sous mes propres yeux, mais que t'importe ? — Reine, permets-moi de les aller venger ! — Tu n'y penses pas ! Il est cruel et sans pitié, je ne l'ai jamais vu faire grâce à quiconque. — Raison de plus pour que j'y aille ! s'écria Gauvain. — Je te l'interdis ! dit la reine. — Tu m'as dit hier que j'étais le seigneur de ce lieu, riposta froidement Gauvain, et tu m'as cent fois répété que j'étais le maître. J'irai donc combattre ce chevalier. » Et, sans plus attendre, il quitta les trois femmes, dégringola l'escalier quatre à quatre et ordonna qu'on lui préparât ses armes et son cheval. En entendant cela, la reine et les jeunes filles fondirent en larmes.

Mais Gauvain déjà descendait vers le port en compagnie du nautonier. Celui-ci eut tôt fait de les embarquer, lui et son cheval, et de détacher la nacelle. Ils arrivèrent sans encombre sur l'autre rive. Pendant ce temps, le chevalier qui accompagnait Orgueluse avait aperçu Gauvain, et, sans plus attendre, s'était précipité, la lance en avant. Il n'y eut ni défi, ni menaces. Gauvain, le cœur empli de rage, se jeta sur son adversaire et lui porta un tel coup qu'il le blessa grièvement au bras et au flanc. La blessure était loin d'être mortelle, car le haubert avait si bien résisté que le fer n'avait pu le fausser, quoique la pointe de la lance eût pénétré de trois doigts dans la chair. Le blessé fut jeté à terre. Il se releva, mais ce fut pour voir le sang jaillir de ses plaies. Néanmoins, il repartit à l'attaque en brandissant son épée. Mais Gauvain se défendit avec tant d'habileté que bientôt l'autre, au bord de l'épuisement, s'affaissa sur les genoux et demanda grâce.

Après la lui avoir accordée, Gauvain le remit, conformément à la coutume, entre les mains du nautonier. Quant à Orgueluse, elle était descendue de son cheval et vint à la rencontre de Gauvain. Il la salua et lui dit :

« Remonte, belle amie, car je n'entends pas te laisser. Je t'emmènerai par-delà cette rivière jusqu'où je dois retourner. — Par Dieu tout-puissant ! s'écria-t-elle, j'en fais serment, je n'irai pas avec toi de l'autre côté de l'eau. — Et pourquoi donc, belle amie ? — Je n'ai aucune envie de t'accompagner où tu veux retourner. Là-bas, les gens me haïssent, et je ne vois pas ce que j'y ferais. — Cependant, dit Gauvain, je dois y retourner. »

La jeune femme se mit à rire. « La belle affaire ! dit-elle. Tu te crois appelé à régner sur cette forteresse ? Tu te trompes. Tu as peut-être triomphé des épreuves que l'on t'a imposées là-bas, mais tu n'es pas pour autant celui qu'on attendait. C'est à un autre qu'il appartiendra d'achever l'aventure. — Qu'en sais-tu ? demanda Gauvain. — Je sais bien des choses que tu ne sais pas, répondit Orgueluse. Mais dis-moi : sais-tu qui est la reine aux blanches tresses ? — Non, tout ce que je sais d'elle, c'est qu'elle est très bonne et très belle malgré son âge. — Eh bien, dit la jeune femme, je vais te dire qui elle est : c'est la reine Ygerne, la mère du roi Arthur. — Comment cela ? s'étonna Gauvain. Il y a longtemps que sa mère est morte. — Peut-être, dit Orgueluse, mais c'est ainsi. Et puisque toi, tu es Gauvain, elle est donc la mère de ta mère. Et tu n'as pas même été capable de la reconnaître ! »

Gauvain demeura tout songeur. Il leva la tête et regarda du côté de la forteresse. À toutes les fenêtres, les jeunes filles menaient grand deuil et se lamentaient : « Ah, malheureuses que nous sommes ! s'écriaient-elles. Pourquoi vivons-nous encore quand nous voyons s'éloigner celui qui devait nous sauver et devenir notre seigneur ? La méchante l'entraîne, et il ne reviendra plus, car elle ne laisse échapper aucun de ceux sur lesquels elle a jeté son dévolu. Hélas ! quelle douleur est la nôtre, pauvres infortunées que nous sommes ! »

Gauvain se retourna vers Orgueluse : « Jeune femme, dit-il, finissons-en de tous ces discours. Tu m'avais dit que tu me suivrais partout, ne serait-ce que pour assister à ma honte. Alors, accompagne-moi dans cette forteresse. — Il est trop tard, répondit Orgueluse. Jamais plus le nautonier ne te fera traverser. Quand tu l'appelleras, il ne t'entendra même pas, et, sans son aide, il est impossible de passer cette rivière. Moi-même, si je peux parfois la franchir, c'est parce que j'en ai le droit. Mais je n'ai pas le pouvoir de mener quelqu'un d'autre. — Qui es-tu donc ? soupira Gauvain, étreint d'une soudaine angoisse. — Je te l'ai dit : je suis Orgueluse de Lorrois. »

Gauvain était fort perplexe. D'un côté, il aurait voulu tout tenter pour retourner dans la forteresse de la reine aux blanches tresses ; de l'autre, son désir pour la belle Orgueluse ne faisait que s'exaspérer. Et plus il la regardait, plus il la trouvait merveilleuse. Devinant trop bien son trouble, elle se mit à rire de son air penaud. « Gauvain, dit-elle, te souviens-tu du serment que tu as fait à Escavalon ? Tu dois partir en quête de la Lance qui saigne et la rapporter dans un délai d'un an. Faute de quoi tu devras combattre Guinganbrésil pour te justifier de l'accusation de trahison qu'il a lancée contre toi. Que fais-tu de ton honneur ? — C'est juste », dit Gauvain. Et, lentement, il fit avancer son cheval le long de la rivière, s'éloignant de plus en plus de l'étrange forteresse dans laquelle il avait été le témoin d'incroyables merveilles. Et Orgueluse le suivait, au pas tranquille de son palefroi [1].

1. D'après la dernière partie (inachevée) du *Perceval ou le Conte du Graal*, de Chrétien de Troyes, récit en vers de la fin du XIIe siècle, avec des emprunts aux épisodes correspondants de la version allemande du *Parzival* de Wolfram von Eschenbach, œuvre du début du XIIIe siècle.

CHAPITRE VI

À la recherche de Gauvain

Au temps du roi Arthur, dont la valeur exceptionnelle avait su rassembler la fine fleur des chevaliers courtois, vivaient, quelque part dans le royaume de Bretagne, deux jeunes chevaliers de grande renommée. L'un avait nom Méraugis de Portleguez, l'autre Gorvain Cadruz. Ils étaient compagnons d'armes, ainsi que les meilleurs amis du monde. Chaque fois que l'un devait participer à un tournoi, l'autre se faisait un devoir de l'accompagner et de l'assister. Et l'on ne tarissait pas d'éloges sur eux, à propos tant de leur vaillance que de leur indéfectible amitié.

Or, un jour, dans la ville de Lindesore, la dame de Landemore, qui gouvernait le pays, organisa un grand tournoi auquel elle avait convié les meilleurs chevaliers du temps. Celui qui aurait l'honneur de se voir désigner vainqueur du tournoi remporterait en prix un cygne perché sur un pin, et il aurait le privilège d'embrasser la dame de Landemore, qui n'était pas un laideron, tant s'en faut. Une fois le cygne remis au vainqueur, on sonnerait du cor auprès de la fontaine sous le pin : sur un perchoir de sapin, se tiendrait un épervier déjà mué auquel nul ne toucherait avant que ne fût déclarée victorieuse celle qui se révélerait la plus belle de toutes les dames et les jeunes filles présentes. Sa robe pourrait bien être trouée aux coudes, aucune femme inférieure à elle en beauté ne pourrait obtenir l'épervier.

Méraugis de Portleguez et Gorvain Cadruz ne se firent pas faute de venir à cette assemblée. Et bien qu'aucun des deux n'eût été reconnu vainqueur du tournoi, tous deux s'y distinguèrent avec tant d'éclat que nombre de jeunes filles ne voyaient plus qu'eux. Entre celles-ci se trouvait une fille de grand mérite, nommée Lidoine, dont le père était le roi de Cavalon. D'une beauté remarquable, elle avait des traits harmonieux et les cheveux plus dorés que les ailes d'un loriot. Elle avait un front haut, pur et régulier. Ses sourcils bruns [1], fort bien dessinés, atteignaient si fort à la perfection qu'on les eût dits tracés au pinceau. Ils étaient légèrement étirés vers les tempes et bien écartés. Ses yeux avaient une expression si subtile que la flèche de son regard aurait bien transpercé l'épaisseur de cinq boucliers, triomphant ainsi du cœur le plus profondément enfoui dans une poitrine. Et elle avait le teint plus frais et plus vermeil que la rose des prés, un nez fin et droit, une belle bouche et des dents très blanches. Quand sa langue se déliait, ces dernières avaient, semblait-il, l'éclat de l'argent le plus pur. Elle avait une gorge divine, plus lumineuse que neige ou cristal et son cou était long, blanc et droit. Cette jeune fille était douée de tant de qualités que l'homme qu'elle aurait enlacé de ses bras eût été à jamais guéri de tous ses maux.

Aussi longtemps que dura le tournoi, la belle Lidoine se trouva donc le point de mire de tous les cœurs, et les

1. Ce détail prouve que les canons de la beauté féminine privilégiaient la décoloration de la chevelure. Ce genre de description se retrouve dans de nombreux récits irlandais.

chevaliers voulaient tous combattre pour elle. Bien entendu, Méraugis et Gorvain n'étaient pas les moins attentifs, et tous deux se sentirent envahis d'un amour fou pour la belle jeune fille. Chacun alla, de son côté, faire sa déclaration, mais Lidoine ne leur dit ni oui ni non. Elle paraissait estimer l'un et l'autre à égalité. En fait, elle éprouvait une grande angoisse, car elle ne savait qui choisir. Et quand, ayant eu l'honneur d'être déclarée la plus belle de toutes les femmes présentes à l'assemblée, elle posséda l'épervier, la rivalité entre Méraugis et Gorvain atteignit au paroxysme. Eux qui étaient naguère des amis dont chacun vantait l'immuable fidélité, ils se sentirent mutuellement possédés par les violences de la haine. Chaque fois qu'ils se rencontraient, ils se cherchaient querelle et se battaient en des duels dont aucun ne sortait vainqueur. Alors, dans tout le pays, il ne fut plus bruit que de leur rivalité.

À la fin, la belle Lidoine ne put plus supporter de voir deux hommes qu'elle estimait grandement se comporter avec autant de haine que de violence. Elle les fit mander devant elle et les pria de choisir une fois pour toutes lequel laisserait le champ libre à l'autre. Mais comme aucun ne voulut consentir à se sacrifier pour l'autre, la belle, en femme sage, leur proposa d'aller tous trois porter l'affaire devant la cour du roi Arthur. Ils acceptèrent, et rendez-vous fut pris à Carduel, où Arthur tenait sa cour.

Dès leur arrivée à Carduel, Lidoine, sans plus de retard, soumit le cas au roi et parla de l'amour que les deux chevaliers éprouvaient pour elle. Après l'avoir écoutée, Arthur, tout étonné par ce récit, ordonna que fût rendu le jugement qu'elle demandait, car il voulait savoir lequel méritait mieux le cœur de la jeune fille. Làdessus, les barons, sans délai, se retirèrent donc pour délibérer. Kaï prit le premier la parole et déclara en pleine assemblée : « Roi, je propose que chacun la possède tour à tour un mois. — Seigneur Kaï, répliqua

Yvain, fils du roi Uryen, cet avis est bien léger ! Quand cesseras-tu donc de te moquer du monde ? — Mais je ne me moque pas, dit Kaï ; je dis cela, au contraire, afin de ramener l'entente entre ces deux hommes qui, auparavant, étaient les meilleurs amis du monde. On n'y parviendra jamais, à moins de leur donner satisfaction à tous deux. — Kaï, dit Yvain, je peux t'assurer qu'un tel compromis n'en contenterait aucun. — Je ne sais comment l'on réglera cette affaire, dit Kaï en maugréant, mais, dans ces conditions, je n'ai plus rien à ajouter. »

Alors, les autres prirent la parole, et chacun donna son avis. Ils discutaient déjà depuis un bon moment, quand la reine Guenièvre survint et demanda que se réunît sa propre cour de justice. Le roi, furieux d'être dérangé, lui intima le silence. Mais la reine insista, disant : « Tu sais pertinemment, roi Arthur, que les jugements d'amour me concernent. Toi et tes guerriers, vous n'avez aucune compétence en pareille matière. — Par ma foi ! s'écria Kaï, la reine a raison. » Et tous les barons se rangèrent à son opinion.

Les barons sortirent alors, et les dames entrèrent. Aussitôt s'élevèrent débats et discussions. Par groupes de deux ou trois, de cinq ou six, elles délibérèrent de longues heures. Quand l'une donnait son avis, l'autre aussitôt lui opposait le sien. À peine l'une finissait-elle un long discours qu'une autre en entamait un plus long. Certaines se taisaient, d'autres parlaient. Elles en vinrent à se quereller, car aucune ne pouvait souscrire à l'avis d'une autre. Mais il fallut bien prendre une décision. La nuit approchait quand elles finirent par adopter le parti de Méraugis de Portleguez. À ce jugement, la reine n'ajouta rien. Sur ce, on appela le roi, et le verdict fut publié devant toute la cour. Apprenant qu'il était débouté, Gorvain Cadruz se montra furibond.

« Je récuse ce jugement ! s'écria-t-il. Je préfère livrer un combat franc et immédiat devant toute la cour. Je ne suis pas venu ici pour être jugé mais pour me battre. Je prouverai qu'il était malhonnête d'accorder Lidoine à Méraugis. » Celui-ci releva aussitôt le gant : « Gorvain, dit-il, j'en prends Dieu à témoin, tu ne seras pas privé de ce combat. Tu me trouveras bientôt ici avec mes armes et mon bouclier. Je suis bien résolu à établir la preuve et de ton tort et de mon droit ! — À la bonne heure ! s'écria Gorvain, tu deviens enfin raisonnable ! »

Tout était dit et, les poings serrés, ils se ruèrent l'un sur l'autre. Un instant de plus, puisqu'ils n'avaient même pas attendu leurs armes et leurs chevaux, et le plus valeureux des deux se révélait aux yeux de tous. Mais le roi Arthur s'écria qu'il interdisait que quiconque fût assez hardi pour frapper le premier et se battre à sa cour comme portefaix. Quant à la reine, elle marcha droit sur les deux chevaliers et leur dit : « Seigneurs, Dieu m'en est témoin, je ne tolérerai jamais que ce combat ait lieu à la cour. Vous étiez tous deux convenus de vous en remettre à mon jugement. — Je me demande si nous avons bien fait, dit Méraugis. Dieu sait s'il m'en coûte mais, à tout prendre, j'aurais préféré me battre et conquérir ainsi l'amour de Lidoine par l'épée plutôt que de le recevoir sans effort !

— Et pourquoi donc ? demanda Guenièvre. — La gloire m'en serait revenue, répondit Méraugis. — J'ignore qui de vous s'en féliciterait, repartit la reine, mais je tiens à vous dire ceci : vous voulez vous battre ? Soit, mais plutôt que d'essuyer une honte publique, quittez cette cour, vous pourrez toujours vous expliquer ailleurs. — Comment ? dit Gorvain. Cette cour est-elle sous le coup d'un enchantement qu'on n'ait pas le droit de s'y battre ? — Ce qui est jugé est jugé, dit froidement la reine. — Fort bien, répliqua Gorvain. Je vois que la justice va de travers dans cette cour. » Et, sans ajouter un mot, il prit son cheval, l'enfourcha et s'en fut immédiatement. Alors, Méraugis, qui était resté dans la grande salle, savoura son bonheur, car le roi pria Lidoine de lui accorder son amour en tout bien tout honneur.

« Roi, dirent les chevaliers, il serait normal que la jeune fille scelle cet amour d'un baiser. » En entendant cette requête, Méraugis ne se tint plus de joie. Lidoine n'en paraissait pas mécontente, elle non plus. Elle s'avança vers Méraugis : « Sur l'ordre du roi et de la reine, dit-elle, j'accorderai donc à Méraugis l'amour que je lui dois. Mais il n'en aura la jouissance que dans un an, jour pour jour, car je ne goûterai aucun plaisir avec lui avant ce terme, sachez-le tous. Je ne consens à le fréquenter que s'il respecte cette convention. L'année prochaine, je le lui promets, il goûtera avec moi d'autres plaisirs, mais, pour l'instant, les choses en resteront là. Aujourd'hui, il n'emportera que mon baiser et le titre que je lui donne de mon chevalier servant. » À ces mots, Méraugis répondit en pleine assemblée : « J'accepte cette convention et je m'engage à n'y point contrevenir. » Alors, Lidoine s'approcha de lui et lui donna en public le baiser qui scellait leur accord. Puis, tout joyeux d'avoir réglé cette affaire, le roi invita l'assemblée à passer à table et demanda qu'on apportât l'eau.

La nuit était tombée et ils avaient presque achevé leur repas quand ils virent arriver, sur un cheval pie, un nain d'une laideur peu commune. Celui-ci s'avança vers Arthur et lui dit : « Roi, accorde-moi quelque attention, écoute-moi et fais taire ta compagnie, car je la trouve bien bruyante et bien insouciante. Roi, comment peux-tu manifester une telle joie ? J'en suis fort étonné. Je tiens à te dire que, dans cette cour, personne n'a sujet de rire. — Comment cela ? demanda Arthur. — Parce que vous n'avez aucun lieu de vous réjouir. Regarde donc autour de moi. Ton neveu Gauvain est-il là ? — Non, certes, j'en conviens. — Il serait donc vain de redouter ta cour puisqu'elle est privée du meilleur chevalier qui soit au monde. Comment peux-tu supporter une telle absence ? Roi, décidément, te voilà déclinant, quand tu devrais monter vers l'apogée. — Et pourquoi donc ?

— Je vais te le dire, reprit le nain avec une certaine arrogance, quoique je ne sache si cela te fera plaisir. Sûrement pas, mais peu importe : il faut te remettre en face des réalités. Ne te souviens-tu pas que Gauvain, accusé par Guinganbrésil d'avoir tué son père par trahison, a quitté la cour voilà déjà maintes semaines afin de laver son honneur ? Mais il ne s'agit pas que de cela. Ton neveu est à la recherche de la Lance dont la pointe saigne, et nul ne sait où il se trouve actuellement. Peut-être a-t-il péri dans une embuscade. Peut-être se morfond-il dans une lointaine prison. Et pendant ce temps-là, toi, roi Arthur, tu passes ton temps dans les réjouissances sans te préoccuper du sort de celui qui est le garant de ton royaume. Je sais bien que s'il était sain et sauf, il serait là aujourd'hui. Et s'il n'est là, c'est qu'un grave empêchement le retient. Aussi m'étonné-je, roi, que l'on puisse encore se réjouir dans cette cour !

— Hélas ! dit le roi, tu dis vrai. Certes, il aurait dû venir aujourd'hui, et je suis bien frivole de me réjouir ainsi en son absence ! » Arthur ne put retenir ses soupirs, et son visage changea de couleur. Il se maudissait en lui-même de son insouciance. Le chagrin envahit tous ceux qui, un instant avant, s'amusaient follement. Une angoisse mortelle étreignit le roi à la gorge. « Ami, dit-il au nain, ne me cache rien : Gauvain est-il sain et sauf, ou bien est-il prisonnier ? — Ce n'est pas moi qui te dirai s'il est vivant ou mort, répliqua le nain. Mais m'est avis que pour le savoir, il n'est qu'une solution, c'est, s'il s'en trouve d'assez hardi en cette cour, qu'un chevalier parte à sa recherche et s'enquière de son sort ! De la sorte, tu aurais de ses nouvelles. — Tout cela est bien joli, objecta le roi, mais, en admettant qu'un de mes compagnons veuille partir à sa recherche, où penses-tu qu'il retrouverait sa trace ? — Ce n'est pas difficile, dit le nain, à l'*Esplumoir Merlin*[1].

— Ah ! dit Arthur, si seulement Merlin se trouvait là pour nous donner la clef de tous ces mystères ! L'*Esplumoir Merlin* ! C'est sans doute là qu'il se cache, au fond de la forêt de Brocéliande. Il se cache, mais il nous observe et il sait tout ce que nous faisons. Mais où est donc cet *Esplumoir Merlin* ? — Personne ne le sait, répondit le nain. Mais je peux t'affirmer une chose : si nul n'y va, c'en est fini de Gauvain. On n'en entendra jamais plus parler. Mais avant qu'un chevalier se fasse fort d'entreprendre cette quête, je le préviens : s'il n'est le plus audacieux, je lui conseille de n'y plus songer. — Pourquoi ? demanda le roi. — Fût-il le meilleur chevalier du monde, je n'oserais cependant assurer qu'il puisse un jour revenir dans ce royaume. Je puis toutefois garantir qu'il se couvrira de gloire et qu'il se fera grande

1. Cette expression, qui apparaît dans certaines versions françaises des romans arthuriens, a donné lieu à bien des commentaires, car le mot *esplumoir* ne peut être valablement expliqué. Il doit s'agir du lieu où Merlin s'est retiré après sa disparition du monde, la tour d'air invisible où l'a enfermé la fée Viviane. Paul Zumthor, dans son *Merlin le Prophète*, prétend que le mot médiéval *esplumeor* utilisé dans les versions françaises provient d'une traduction fautive de la *Vita Merlini* de Geoffroy de Monmouth. Ce terme, signifiant « celui qui se sert de la plume », donc « qui écrit des caractères magiques », ferait référence tout à la fois à la qualité d'enchanteur-prophète de Merlin et au fait que, dans sa retraite, il dicte les aventures du Graal à l'ermite Blaise (autrement dit *Bleidd* ou *Bleiz*, le « loup »). Toujours selon Zumthor, le mot *esplumeor* pourrait renvoyer à la « maison des scribes » que, selon la *Vita Merlini,* sa sœur Gwendydd fait construire pour Merlin dans la forêt. Le mystère demeure entier, mais une hypothèse s'impose à partir du sens primitif d'*esplumeor,* « mue, cage où les oiseaux sont enfermés pendant la mue ». Ce pourrait être en effet le lieu symbolique où Merlin, après sa disparition, accomplit sa « mue », c'est-à-dire sa « transcendance », afin de parvenir à un niveau de conscience supérieur. Cette hypothèse n'est nullement contradictoire avec la signification symbolique et mythologique du personnage. Voir J. Markale, *Merlin l'Enchanteur,* nouv. éd., Paris, Albin Michel, 1992.

renommée. Maintenant, roi, je serais fort curieux de savoir lequel de tes compagnons de liesse acceptera d'aller chercher des nouvelles de ton neveu, le beau chevalier tant aimé des dames et des jeunes filles. »

À ces mots du nain, le roi jeta un regard circulaire. Mais il fut fort désappointé de constater que ses compagnons se taisaient et faisaient semblant de regarder ailleurs. Il en fut même très peiné, car, il le savait, Gauvain était aimé de tous. Mais personne, là, ne paraissait disposé à tenter l'aventure. C'est alors que Méraugis se leva et dit : « Seigneur roi, si ma dame le permet, son chevalier partira pour cette quête. Prie-la donc d'accepter. — C'est inutile, intervint Lidoine. Il n'est nul besoin de m'en prier, car c'est une grande joie pour moi que Méraugis se lance dans cette quête. Et comme il n'en est, à mes yeux, que plus estimable, j'ai grande envie de l'accompagner moi-même dans ce voyage, à condition qu'il respecte nos conventions. » Méraugis lui réitéra son serment. « Que te dire de plus ? ajouta-t-il. Ordonne seulement, je ne te refuserai rien. »

Le roi se réjouit fort de la décision de Méraugis et du consentement de Lidoine. « Voici un accord parfait, dit-il. Ce que dit Lidoine témoigne d'une grande noblesse et Méraugis parle en généreux chevalier. Comme ils partent sans hésiter, je puis affirmer que cela leur portera bonheur. Allez, mes amis, et que Dieu vous garde. J'ai hâte d'avoir des nouvelles de mon neveu, le fils de ma sœur. »

Pendant que Méraugis et Lidoine s'apprêtaient à partir, le nain, qui avait écouté attentivement ce qui se disait, tourna la bride de son cheval, et il se disposait à s'en aller quand Kaï le regarda et l'interpella : « Créature au museau plat, dit-il, viens ici, descends de cheval, repose-toi et attends donc ta suite. » Sans s'émouvoir des paroles blessantes du sénéchal, le nain descendit de cheval et revint sur ses pas. « Kaï, dit-il calmement, tu as toujours été ainsi, et tu le resteras toujours. Ta langue est sans cesse prête à darder, comme celle d'une vipère. Mais tes railleries sont plutôt émoussées et négligeables, car tout le monde en sourit, à moins de s'en moquer ouvertement. Écoute : je te propose une gageure. Battons-nous, et nous verrons qui est le plus fort de nous deux ! » Kaï, n'osant plus grommeler, se tut et tourna les talons. Quant au nain, il s'en fut sans ajouter un mot.

La journée était froide, car il avait neigé ce matin-là, et Méraugis, en compagnie de Lidoine, chevauchait sur une route inconnue, dans la direction qu'avait suivie le nain. En pressant l'allure de leurs chevaux, ils finirent, au-delà d'un bois enclos d'une forte palissade, par rejoindre le nain qui marchait dans un essart. Méraugis alla doucement au pas vers lui et s'aperçut qu'il était à pied. La neige était haute, le nain ne pouvait guère avancer, tant il pataugeait. Méraugis s'écria : « Qui donc t'a pris ton cheval ? — Ah ! dit le nain, c'est toi. Alors, fais en sorte de changer la honte en honneur ! — Quelle honte ? demanda Méraugis. Je te rendrai service de bon cœur, mais je t'avoue ne pas éprouver de honte. — Certes, pas encore, mais sois sûr qu'elle fondra sur toi quand il le faudra, et si cuisante que les chevaliers d'Arthur en auront grande tristesse quand ils ouïront ta mésaventure. À moins que je puisse te l'épargner, tu n'y couperas pas. Écoute-moi bien : autant cette honte qui t'attend sera humiliante, autant je vanterai ta gloire si tu me rends mon coursier. — Ne t'inquiète pas. Mais, dis-moi, qui te l'a ravi ? — Tu seras bien étonné : c'est une vieille femme, là-bas, à l'entrée de la lande, qui me l'a dérobé, et ce contre toute justice. — Que me contes-tu là ? s'ébahit Méraugis. Pourquoi t'a-t-elle volé ton cheval ? — Je n'en ai aucune idée. Tout ce que je sais, c'est qu'elle s'est jetée sur moi et m'a attaqué. Que te dire d'autre ? Ma honte est d'autant plus vive que je fus abattu du coup qu'elle me porta. Ma défaite, je n'en ferai pas toute une histoire, mais la perte de ma monture me déshonore grandement. Si tu veux me rendre service, va jusqu'à la vieille et force-la à me rendre mon bien ! — Je n'y manquerai pas ! » s'écria Méraugis.

Piquant des deux, il s'approcha de la vieille femme. Il la regarda attentivement et fut presque effrayé de la voir hirsute, grande et solidement charpentée. Alors que tout le monde grelottait de froid, elle avait un tempérament si ardent qu'elle chevauchait à demi découverte, vêtue qu'elle était d'une robe aussi légère que si l'on se fût trouvé en plein été. Elle avait été sûrement très belle autrefois et conservait une allure altière et élégante. Et si l'âge ne l'eût marquée, il eût été impossible d'imaginer femme plus gracieuse. Par souci d'élégance, elle ne dissimulait sa chevelure sous aucun voile, et elle portait un diadème d'or magnifique. Elle avait retiré son frein au cheval du nain et, le tenant bien en main, l'en frappait pour mieux se hâter. Elle l'en avait même déjà battu jusqu'à n'en plus pouvoir. Mais, en entendant qu'un chevalier la suivait, elle cessa d'infliger ce traitement au cheval. Méraugis arrivait à sa hauteur quand la vieille, qui l'attendait le frein en main, brandit celui-ci pour l'en frapper en plein visage. Tout en faisant un saut de côté, Méraugis s'en empara au vol et tira dessus, tandis que la vieille, de son côté, s'efforçait de le retenir avec beaucoup de fermeté. « Que se passe-t-il ? maugréa-t-elle. Voilà une chose qui ne m'est jamais arrivée jusqu'à présent, non, jamais. — Quoi donc ? demanda Méraugis. — Oserais-tu frapper une vieille femme, seigneur chevalier ? — Certainement pas. Mais, par Dieu tout-puissant, je constate que tu manques singulièrement de manières à mon égard. » Elle se mit à ricaner : « Et tu en es tout froissé ! dit-elle. Tu m'en vois d'autant plus heureuse. » Méraugis commençait à s'impatienter sérieusement : « Tais-toi, dame, s'écria-t-il, et ne m'englue pas de belles paroles, ou je me verrai dans l'obligation de te manquer de respect. Ne sois pas si arrogante. Je te pardonne volontiers l'humiliation que tu m'as infligée, mais à condition que tu rendes immédiatement son cheval au nain qui est mon compagnon et que je protège.

— Veux-tu que je te considère comme mon ami ? demanda la vieille. — Certainement, je ne demande pas mieux, répondit Méraugis. — Alors, dit-elle, ne me parle plus jamais de cela. Car jamais, à moins de recourir à la violence, tu ne pourras emmener ce cheval. D'ailleurs, prends-le par la force, et tu seras déshonoré, pour t'être attaqué au grand âge. Toutefois, si tu y tiens, je peux t'indiquer un moyen de récupérer ce cheval : fais ce que je te demande et je te le rendrai sans retard. Vois-tu là-bas cette tente dressée sous un frêne ? Vois-tu ce bouclier qui est suspendu à l'arbre ? Eh bien, si seulement tu allais abattre ce bouclier pour moi, je n'opposerais nulle résistance, et tu pourrais t'emparer du cheval tout comme s'il t'appartenait. — Au nom de la femme que j'aime le plus au monde, répondit Méraugis, je ne manquerai pas de te satisfaire. »

Il prit alors son élan et, une fois arrivé devant l'arbre, il abattit le bouclier. Mais alors qu'il s'apprêtait à repartir, il entendit s'élever, depuis l'intérieur de la tente, des lamentations si déchirantes qu'il en eut le cœur brisé. Tandis qu'il écoutait ces plaintes, il vit, de l'autre côté de l'essart, la vieille femme rendre le cheval au nain, puis le quitter. Il s'élança alors sur son cheval rapide pour rejoindre le nain. Celui-ci, déjà en selle, s'apprêtait à partir. « Explique-moi, dit-il, comment je vais me couvrir de gloire et éviter la honte ! » Le nain lui répondit d'un ton acerbe et plein d'animosité : « Me trouvé-je assigné à comparaître aujourd'hui devant un tribunal pour répondre à pareille question ? Que Dieu te protège, car l'explication te viendra en temps opportun. » Sur ce, il fouetta son cheval, l'éperonna et partit au triple galop. Il fut bientôt hors de portée, tandis que Méraugis, quelque peu surpris de son attitude et après l'avoir voué à tous les diables de l'enfer, décidait de retourner vers la tente plantée au milieu de la lande, afin de connaître la raison des lamentations qui en émanaient.

Une fois arrivé à la tente, il y pénétra et aperçut une jeune fille montée sur un mulet, et qui, dans sa main, tenait une lance. À terre, deux autres jeunes filles manifestaient un tel chagrin qu'on les aurait crues prêtes à se tuer. Sur ces entrefaites, Lidoine, qui s'inquiétait du sort de Méraugis, entra à son tour et, devant le deuil des jeunes filles, se mit à pleurer avec elles. Quand Méraugis vit son amie dans un tel état, il faillit en perdre la raison. « Que se passe-t-il ? demanda-t-il avec effarement. Pourquoi pleures-tu ainsi ? » Lidoine lui répondit : « Seigneur, je pleure parce que j'ai pitié de la douleur de ces femmes. Je comprends qu'elles se lamentent à propos de ce bouclier malheureusement abattu. Maudits soient les jours de la vieille qui t'a conseillé d'accomplir cet acte !
— Comment pourrait-il en être ainsi ? s'écria Méraugis. Était-ce donc un crime ? En tout cas, je n'avais nulle intention de commettre une mauvaise action. Et telle n'est sûrement pas la raison de leurs pleurs ! Il est d'ailleurs aisé de réparer la chose. » Il ramassa alors le bouclier et alla le replacer là où il était accroché. En voyant cela, la jeune fille montée sur le mulet lui dit : « Voilà le bouclier en meilleure place que sur le sol. On ne saurait rien te demander de plus. Tu t'es parfaitement acquitté de ta tâche. »

Méraugis entrevit qu'on se moquait de lui. « Maintenant, dit-il, je ne suis plus sûr de rien. Mais je croyais bien faire. — Vraiment ? dit la jeune fille. Eh bien, tu as parfaitement réussi. » Alors, elle fouetta son mulet, puis elle s'en alla, lance au poing, sans ajouter un seul mot. Dans la tente, effondrées, les deux autres jeunes filles continuaient à pleurer et à se lamenter. « Va-t'en ! dirent-elles à Méraugis, et ne reviens plus jamais. » Elles recommencèrent de plus belle à pleurer, et Lidoine faisait de même. De plus en plus étonné de leur comportement, le chevalier ne put que murmurer : « Par Dieu tout-puissant, voici une bien étrange histoire ! C'est par ma faute qu'elles se désolent, j'en ai l'impression, mais j'ignore quelle est ma faute ! Suis-je maudit, que je sois la cause d'une telle affliction ? »

L'une des jeunes filles arrêta ses pleurs et lui répondit : « Seigneur chevalier, le chagrin que nous éprouvons, nous ne pourrions l'exprimer. Quant à celui de ton amie, c'est celui d'une femme qui pleure sur notre sort. Mais, bientôt, elle pleurera non plus sur le nôtre, mais sur le tien. » Méraugis s'emporta, cette fois. « Me voici menacé d'un danger que je ne connais même pas ! s'écria-t-il. J'ignore qui me poursuit et qui veut ma mort. Mais je ne vais pas rester inactif, car on me prendrait pour un lâche ! » Et, sans plus attendre, il se précipita dehors, décrocha le bouclier qu'il avait replacé sur l'arbre et le jeta violemment à terre. Aussitôt, les jeunes filles poussèrent des cris encore plus lamentables.

Méraugis rentra dans la tente. « Jeunes filles ! cria-t-il, que vous le vouliez ou non, je vous déclare que je coucherai ici cette nuit, n'en déplaise à quiconque. Et je verrai bien ce qu'il adviendra lorsque arrivera mon hôte inconnu ! — Cher seigneur, dirent les jeunes filles, nous ne voulons pas te refuser notre modeste hospitalité. Que tu partes ou que tu restes, cela nous est complètement indifférent, et nous n'accepterons aucun remerciement de ta part. Mais s'il t'arrive malheur, ne nous en tiens pas responsables. — Je n'en ai pas l'intention, dit Méraugis. Je veux simplement vous prévenir que, si votre maître vient ici, je le combattrai. » Il mit pied à terre. « Voici mon gîte, dit-il, et me le dispute qui l'ose. — Calme-toi, cher seigneur, lui dit Lidoine. — Soit, répondit-il, mais à condition que nous prenions du repos dans cette tente. Je dormirai avec mon épée près de moi, et je ne saurais supporter qu'un intrus vînt nous déranger dans notre sommeil. »

Il passa toute la nuit dans la tente, ainsi que Lidoine, et tous deux reçurent des deux jeunes filles l'accueil le plus agréable qui fût. Elles mirent tout ce qu'elles avaient à leur disposition pour les traiter en hôtes de marque. Mais nul ne vint provoquer Méraugis qui ne manqua pas d'en être perplexe. Son étonnement de la veille n'était rien auprès de celui qui le saisissait à présent. Cependant, il résolut, puisqu'il en était ainsi, de s'en aller immédiatement reprendre la quête entreprise afin de retrouver Gauvain. Une fois Lidoine éveillée et prête, il se rendit auprès des jeunes filles et prit congé. « Belles, leur dit-il, je ne sais que penser. Puisque personne n'est venu, je puis seulement m'en aller, mais je tenais auparavant à vous assurer de mon dévouement sans réserve au cas où je pourrais vous être utile. Mais, encore une fois, je vous prie, dites-moi la vérité : pourquoi toutes ces lamentations, et qui est le seigneur de ces lieux ? — Nous ne pouvons rien te dire, répondirent-elles, et du reste, tu le sauras bien assez tôt. » Sans insister, Méraugis leur dit adieu et s'en fut, en compagnie de Lidoine. Ils chevauchaient ainsi tous deux au milieu d'une grande forêt obscure quand, près d'un gué, ils virent se précipiter vers eux un chevalier qui montait sans éperons un cheval sans frein ni bride, qui ne tenait ni verge, ni baguette mais se contentait d'une lance et d'un bouclier. Comme Méraugis s'approchait, celui-ci s'écria : « Chevalier, ne va pas plus loin ! Si tu avances jusqu'au gué, tu devras sur-le-champ te battre ! »

Méraugis fit celui qui n'avait pas entendu et continua son chemin. L'autre baissa sa lance et l'attaqua violemment. Mais, d'un revers de bouclier, Méraugis le fit basculer à terre. Ils poursuivirent la lutte à pied, se donnant sans succès de bons coups d'épée. Le chevalier inconnu était très fort et très violent, et le combat se prolongea jusqu'au moment où Méraugis, faisant sauter l'épée des mains de son adversaire, le menaça d'un coup mortel s'il ne se rendait. « Grâce ! cria l'homme, je ferai tout ce que tu me demanderas.

— Par ma foi ! s'écria Méraugis, dis-moi d'abord pourquoi tu montes sans éperon un cheval sans frein ni bride ! — C'est un serment que j'ai fait pour mériter l'amour d'une jeune fille et lui prouver que ma valeur n'avait pas besoin d'instruments, répondit le vaincu. — Tu as pris de grands risques, lui répliqua Méraugis, et il faut que tu aimes vraiment ton amie pour agir de la sorte. Mais tu me plais, et je te fais grâce sans condition. Cependant, je vais te demander de m'accorder une chose, par amitié : prends la route que je viens de suivre, traverse le bois et va, sur une lande, jusqu'à une tente où se trouvent deux jeunes filles. Tu te présenteras à elles et tu leur diras ce qui s'est passé ici. »

En entendant ces mots, le vaincu parut terrorisé. « Es-tu allé à cette tente ? demanda-t-il. — Certes, répondit Méraugis, et j'y ai même couché cette nuit. — Par Dieu tout-puissant ! As-tu touché au bouclier qui pend à l'arbre ? — Certes, répondit Méraugis, et je l'ai même abattu sur le sol. — Hélas ! tu as commis là une lourde erreur ! — Je voudrais bien savoir pourquoi ? — Seigneur, tu ne le sais donc pas ? Le diable qui était autrefois en prison s'est échappé. Voilà donc, par une circonstance malheureuse, le pays tout entier livré à son infamie ! Moi, aller à la tente ? tu n'y penses pas ! Ne me demande jamais pareille folie. Si j'allais là, j'y trouverais une mort certaine. J'aimerais mieux me laisser trancher la main droite. Et toi, tu n'as pas intérêt à t'attarder ici, je t'en avertis, car le destin qui t'attend est pire que tout ce que tu pourrais imaginer ! » Méraugis, de plus en plus déconcerté, sentait la colère monter en lui. « Écoute, dit-il, jusqu'à présent, on m'a régalé d'allusions auxquelles je n'ai rien compris. J'aimerais bien qu'on m'explique une fois pour toutes ce que cache tout ce mystère !

— Tu veux vraiment que je te le dise ? Tu risques fort d'apprendre des choses désagréables, car tu ignores la vérité, et moi je la connais parfaitement. Le maître de ce pays est un géant que l'on nomme l'Outredouté. Il ne redoute rien, car il a vaincu tant de chevaliers que son seul nom inspire la terreur. C'est lui qui a fait suspendre à l'arbre ce bouclier qui lui appartient. Sache qu'il n'y eut jamais d'homme plus cruel que cet Outredouté, et il est si valeureux au combat que plus personne n'ose l'affronter. Sache aussi qu'il ne connaît de joie qu'il n'ait tué ou déshonoré sans raison l'imprudent qui s'aventure dans son domaine. Il ne cherche pas à bénéficier d'un juste motif, non, cela lui paraît inutile. Lorsqu'il apprend qu'un combat se prépare, il demande lequel des deux adversaires est dans son tort et, adoptant d'emblée son parti, il s'engage dans la bataille.

— Et pourquoi donc ? demanda Méraugis. — Il veut, continua l'autre, à cause de son criminel orgueil, que le mal l'emporte sur le bien, que celui qui a tort l'emporte sur celui qui a raison. On ne l'a jamais vu soutenir une juste cause, car il préfère abattre le droit. Pourtant, à le voir, il est bel homme. Son corps ne présente pas d'imperfections, mais son cœur est corrompu et perverti. Sa méchanceté est telle que s'il venait à rencontrer un chevalier escortant son amie, il s'empresserait d'agresser celle-ci avant que celui-là ait eu le temps de souffler mot. Et comme il sortirait de toute façon vainqueur du combat, il déshonorerait la jeune fille sous les yeux du vaincu, crois-moi ! Jadis, il fut amoureux fou d'une femme. Il la pria de lui accorder son amour, mais elle finit par lui dire qu'elle ne l'aimerait jamais. — Et pourquoi donc ? — À cause de son extrême méchanceté. Éperdu d'amour pour cette femme qui en avait séduit bien d'autres, il la supplia et lui dit qu'il accomplirait tout ce qu'elle voudrait ordonner. Pressé par elle, il lui promit sur les saintes reliques de ne tuer aucun homme et de ne causer de tort à personne à moins de s'y trouver contraint par la légitime défense ou le souci de l'honneur.

— Eh bien, dit Méraugis, je ne vois rien de mauvais dans tout cela. — Attends, répondit l'autre. Comme il est méchant de nature, il s'arrange toujours pour se trouver en état de légitime défense, ou pour prétendre son honneur terni. Et c'est pourquoi il pend son bouclier à l'arbre. Ainsi peut-il se dire bafoué lorsqu'un chevalier jette à terre ce bouclier. Et il a mille autres astuces de ce genre pour combattre et tuer ceux qui l'ont, d'une façon ou d'une autre, prétendument insulté.

— Je commence à comprendre, dit Méraugis. La jeune fille sur le mulet, qui se trouvait dans la tente et qui est partie à mon arrivée, est son amie, et elle est allée l'avertir que j'avais jeté le bouclier à terre. — Tu as bien compris, dit le vaincu, et je ne te souhaite pas de te trouver en face de lui. — Peu importe, dit Méraugis. Si l'on m'attaque, je saurai bien me défendre. — Il n'empêche que, si j'étais toi, je n'hésiterais pas à rebrousser chemin. Il n'est qu'un cri dans tout ce pays : fuyez l'Outredouté !

— S'il ne tenait qu'à moi, dit Méraugis, et si je pensais rencontrer cet Outredouté, je n'hésiterais pas à rebrousser chemin. Mais j'ai autre chose à faire, je dois aller à l'*Esplumoir Merlin* afin d'obtenir des nouvelles de Gauvain, le neveu du roi Arthur. Je ne peux donc m'attarder ici. Mais toi, voici ce que tu vas faire : retourne à la tente. — Il n'en est pas question ! s'écria le vaincu. — Je te l'ordonne ! dit Méraugis. — Je n'irais pour rien au monde ! — Alors, tu vas mourir, dit Méraugis en levant son épée. N'oublie pas que je t'ai accordé la vie à condition que tu m'obéisses. — Bien, seigneur, dit l'autre. Je vois qu'il faut me résoudre à cela. — Tu iras donc à la tente, reprit Méraugis, tu salueras les jeunes filles de la part de Méraugis de Portleguez, puisque tel est mon nom, et tu leur conteras notre rencontre. Si l'Outredouté se trouve là, reviens aussitôt vers moi. S'il n'est pas là à ton arrivée, attends-le jusqu'à ce qu'il vienne. Alors, tu lui révéleras mon nom et tu lui diras que c'est moi qui ai jeté le bouclier à terre, dans le seul but de lui nuire et de salir son nom. S'il réclame alors vengeance, ramène-le-moi aussitôt.

— Mais comment saurai-je où tu es ? Toi, tu vas t'en aller par là, puisque c'est ton chemin, et moi je m'en irai de l'autre côté. J'ignorerai où te trouver. — Tu n'auras qu'à me suivre en prenant tous les chemins à droite. Ne tourne pas à gauche, sous aucun prétexte, avant qu'il soit mardi. Maintenant, dis-moi ton nom. — Seigneur, répondit le vaincu, je m'appelle Lakis de Lampagrès. — Eh bien, Lakis, je t'ai dit ce qu'il fallait faire. Accomplis ta mission. — Seigneur, répondit Lakis, tes désirs sont des ordres, et je serais déshonoré si je ne les exécutais, dût-il m'en coûter la vie. » Et sur ce, ils se séparèrent.

Lakis parvint bientôt à la tente. Il salua les jeunes filles et leur dit qui l'envoyait. L'Outredouté n'étant pas encore arrivé, Lakis mit pied à terre et annonça qu'il l'attendrait afin de lui délivrer le message de Méraugis. Alors, les jeunes filles, qui connaissaient Lakis et qui l'aimaient bien, lui dirent : « Ami, nous t'en prions, ne reste pas ici ! Remonte sur ton cheval et va-t'en. Si l'Outredouté veut se battre avec toi, il te tuera ! — Je n'en ferai rien, répondit Lakis. Je me suis engagé envers Méraugis et je ne peux me dérober. »

Cependant, alerté par la jeune fille montée sur le mulet, l'Outredouté se dirigeait vers la tente, au comble de la fureur, comme s'il devait détruire le monde entier. La colère l'aiguillonnait, et la neige volait sous les sabots de son cheval. En approchant, il aperçut Lakis de Lampagrès, son voisin, et le reconnut tout de suite. Il lui jeta un coup d'œil puis, galopant droit au frêne, vit que son bouclier gisait à terre.

« Comment diable ! s'écria-t-il, est-ce toi, Lakis, qui es venu ici abattre mon bouclier ? — Certes non, répondit Lakis. — Ce ne peut être que toi ! Viens donc te battre avec moi ! — Seigneur, dit Lakis, tu fais erreur, je le jure solennellement. C'est un autre chevalier qui, après avoir jeté ton bouclier à terre, m'a combattu et m'a terrassé. » Alors, il raconta à l'Outredouté toute l'histoire, y ajoutant quelques détails véridiques avant de transmettre en propres termes le message de Méraugis. L'Outredouté se sentit atteint dans son orgueil, défié. « De quel côté se dirige-t-il ? demanda-t-il en grinçant des dents. — Je te l'indiquerai, dit Lakis. — Pas avant que je ne t'aie vaincu par les armes. Remonte sur ton cheval et battons-nous ! s'écria l'Outredouté. — Mais, reprit Lakis, ce n'est pas moi qui t'ai provoqué. Je me suis battu avec ce chevalier, j'ai été vaincu et je ne suis rien d'autre que son messager chargé de te guider vers lui ! — Tu ne feras rien de plus avant que je ne sache sans l'ombre d'un doute qui de nous deux est le plus fort. Et voici pourquoi : si tu l'emportes, je ne vois pas pourquoi je partirais à la poursuite d'un chevalier encore plus fort. Mais si je réussis à te vaincre, ne te fais pas d'illusion, je n'aurai aucune pitié et te mutilerai !

— Dans ce cas, je me défendrai jusqu'au bout ! » dit Lakis. Et, remontant sur son cheval, il s'apprêta à affronter l'Outredouté. Le combat eut peu d'éclat, car il dura quelques instants à peine. L'Outredouté, qui tuait tous ses adversaires, réduisit Lakis à sa merci. Lakis demanda grâce et les deux jeunes filles implorèrent aussi l'Outredouté de l'épargner, mais ce fut là peine perdue. « De quel côté se dirige-t-il ? » demanda l'Outredouté. Le vaincu répondit piteusement : « Seigneur, vers la droite. » L'Outredouté le saisit alors par le côté gauche et lui fit sauter l'œil, le blessant ainsi grièvement. « De la sorte, se gaussa-t-il, il s'orienterait mieux et ne risquerait pas d'oublier. Lakis, ajouta-t-il, sois sans crainte. Je ne te ferai aucun mal avant d'avoir vaincu ce Méraugis. Mais après, sois sûr que je te tuerai. — Je mourrai heureux après vous avoir vu combattre tous deux. La colère qui m'emplit le cœur ne s'apaisera pas que n'ait sonné l'heure de ma vengeance. — Allons, conclut l'Outredouté, trêve de bavardages ! Tant que je ne l'aurai pas massacré, tu ne risques rien. En route ! »

Il piqua des deux, suivi par Lakis, dans la direction que celui-ci avait désignée. Quant aux jeunes filles, peu désireuses de rester plus longtemps dans la tente, elles s'en allèrent en déplorant à chaudes larmes le sort de Lakis.

De son côté, Méraugis, allant au pas et cheminant dans la forêt à la recherche de l'*Esplumoir Merlin,* était parvenu au carrefour de quatre chemins. Là, il fit halte, considéra la route et pensa à Lakis et à sa mission. Celui-ci avait tant tardé que le délai du mardi était déjà passé depuis longtemps. On était jeudi. Méraugis pouvait donc maintenant emprunter n'importe quel chemin. Toutefois, pour mieux remplir ses engagements, il décida de poursuivre par le chemin de droite ce jour-là encore, à moins d'être contraint de l'abandonner. Il reprit donc sa chevauchée. Et, peu de temps après, il vit le nain bossu sortir du bois et lui barrer la route. Sans dire un mot, le nain leva un bâton dont il frappa les flancs du cheval.

Méraugis s'arrêta et cria : « Nain maudit ! va-t'en ! Si tu continues, je te tue ! — Tu me tuerais vraiment ? demanda le nain qui se mit alors à trembler et leva les mains en les joignant. Prends le meilleur parti, dit-il. Voici d'un côté la honte, et de l'autre l'honneur que je te dois en contrepartie de ton aide, selon la promesse que je t'ai faite l'autre jour. Que décides-tu ? — File, sale nain ! tu ne me donneras aucune contrepartie et je ne te demanderai rien. Va-t'en à tous les diables de l'enfer ! Que prétends-tu donc ? — Que tu reviennes sur tes pas. Si tu vas là où tu veux aller, la honte s'abattra sur toi. — Quelles sornettes me contes-tu là ? — Ce ne sont pas des sornettes. Si tu avances un pas de plus, tu es déshonoré. Tu es déjà allé très loin, et la honte te trouble déjà l'esprit. Rebrousse chemin, je te dis. »

Méraugis se sentait mal à l'aise. À tout prendre, il préférait l'honneur à la honte. « Nain, où comptes-tu donc m'emmener ? dit-il. Où est l'honneur ? — Je vais t'y mener sans tarder. » Ils retournèrent au carrefour et empruntèrent une autre voie. Après avoir cheminé longuement puis être enfin sortis du bois, ils découvrirent au bord d'une rivière une forteresse en surplomb sur la rive opposée. Entre celle-ci et le bois, au beau milieu d'une prairie, se tenait un grand rassemblement de chevaliers. Comme tous les ans à la même époque, le roi Amangon avait convoqué ses vassaux, et ils n'avaient pas manqué de lui obéir. Ayant fait dresser sa tente dans la prairie, le roi se disposait à regarder jouter.

Le nain conduisit Méraugis jusqu'au centre de l'assemblée. Devant la tente, ils reconnurent le roi Amangon. À ses côtés se tenait la reine, assise sur un banc de pierre. Méraugis vit aussi une trentaine de chevaliers bien armés qui devaient être de puissants barons ; mais un seul d'entre eux se trouvait en selle, la lance au poing droit, le bouclier dans la main gauche et la visière du heaume abaissée. À l'évidence, rien ne lui manquait, et il attendait le moment de se battre.

Quand Méraugis fut devant le roi, le nain saisit son cheval par les rênes et dit d'une voix forte, afin d'être entendu de tous : « Roi Amangon, voici mon champion. Rends-moi justice ! — Bien volontiers », répondit le roi. À ces mots, le guerrier qui était armé de pied en cap sortit du groupe des trente chevaliers et se présenta devant le roi. « Nain, dit le roi, ce chevalier est déjà en selle et semble tout prêt à se défendre. Que décides-tu ? — Ma décision est déjà prise depuis longtemps, répondit le nain. Mon champion n'acceptera, je pense, aucun accord ni aucune discussion sur cette affaire. — Puisqu'il en est ainsi, dit le roi, et que tu te montres impitoyable, qu'ils aillent se battre tous deux. Nous n'y pouvons rien. »

Méraugis pensait réellement devenir fou. Voyant qu'il devait nécessairement aller au combat pour défendre une cause dont il ignorait jusqu'au premier mot, il se disait en lui-même : « Quel sot je fais de m'être fié à ce nain ! Le seul aspect positif des choses, c'est que mon honneur sera garanti. » Puis il dit tout haut au nain : « Voilà donc ce que tu m'as promis ? — Je m'en suis remis à toi, dit le nain. Mais n'aie aucune crainte : je ne conclurai aucun arrangement qui soit contraire à ton honneur. »

Comme force était de se résigner, Méraugis éperonna sa monture, et son adversaire se rua contre lui. Le premier choc fut brutal ; les tronçons de lances volèrent en éclats vers le ciel, mais les deux hommes redoublèrent d'énergie, se frappant de leurs épées nues si violemment que leurs heaumes se fendirent et jetèrent des étincelles. Le chevalier était brave et courageux, mais Méraugis l'était encore davantage ; et les barons, sans cacher leur surprise, se demandaient où le nain avait trouvé un tel champion. Finalement, Méraugis plaqua son adversaire au sol, et il s'apprêtait à lui couper la tête. « Je reconnais ma défaite, dit l'autre. C'est maintenant à toi de les marier, seigneur ! »

Méraugis comprenait de moins en moins ce qui lui arrivait. Le roi s'approcha de lui. « Chevalier, dit-il, tu es incontestablement le vainqueur de cette joute. Le prix que détenait ton adversaire te revient de droit. Plus de cent jeunes filles de grande beauté attendent maintenant que tu les maries. » De plus en plus perplexe, Méraugis demanda au roi : « Mais qu'est-ce que cela veut dire ? — Tu ne connais donc pas l'origine et le but de cette assemblée ? — Certes, non », répondit Méraugis.

— Je vais tout te raconter, dit le roi. De tous temps, dans ce royaume, la coutume a exigé que ce même jour, chaque année, tous mes barons, quels qu'ils soient, mènent leurs filles, s'ils en ont, à cette fête. Elles sont réunies ici afin d'y trouver mari. Mais la coutume veut aussi que le privilège de les marier revienne au chevalier le plus valeureux de ceux qui sont rassemblés autour de moi, et ce privilège dure d'une année sur l'autre, tant qu'aucun autre chevalier n'a réussi à vaincre celui qui le détient de droit. C'est pourquoi tu vois ici autant de preux chevaliers. Mais ils n'osent parfois pas affronter celui qui se révèle le meilleur jouteur. Pourtant, l'honneur est grand pour celui qui peut marier les jeunes filles selon son gré et les donner en partage aux chevaliers de son choix. Mais, attention, pour que sa réputation demeure intacte, il doit éviter de leur imposer une mésalliance. Quant à lui-même, s'il se trouve qu'il n'ait pas d'amie, il prend qui lui plaît. Je me conforme à cette coutume comme le faisait mon père, et voilà la dignité dont je t'investis en présence de tous. À ma connaissance, aucun chevalier ne s'élèvera contre toi. D'ailleurs, si tu n'étais pas venu ici, aucun de mes barons, quelque ulcéré qu'il fût, n'aurait osé jouté contre ton adversaire. L'année dernière, il a remporté le prix sans coup férir. Mais les choses ont changé, à la satisfaction de tous. »

Le nain s'approcha alors de Méraugis et lui dit : « Ne t'ai-je pas conduit sur la voie de l'honneur ? — Certes, répondit Méraugis, et je ne peux rien te reprocher. — Fort bien, dit le nain. Maintenant, je voudrais que tu m'accordes un don. — Si ce n'est pas déshonorant pour moi, je te l'accorde volontiers. Quel est ce don ? — Seigneur, reprit le nain, je vais tout te dire. Tu ne peux te figurer la joie que m'a procurée le spectacle de ton adversaire à terre, car je hais cet homme plus que tout au monde. Depuis l'an dernier, il importune chacun par son arrogance et sa suffisance. À la Pentecôte, à la belle saison, le roi a réuni sa cour, et il y est venu. Après le repas, il a promis, ainsi qu'il en avait le privilège, vingt jeunes filles d'entre celles qui nous semblaient les plus belles. Alors, moi, habitué à fréquenter la noble société, je me suis présenté, plein d'assurance, devant lui et, pour mon malheur, je lui ai demandé de m'accorder une jeune fille qui est sans égale dans le royaume. Personne, à part moi, n'aurait voulu la demander, et voici pourquoi : elle est plus petite et plus bossue que moi. Ainsi, de même que le fou et la folle doivent aller ensemble, de même avons-nous bien le droit, tous deux, de réclamer notre union. J'ai donc prié le chevalier de me l'accorder. Il m'a traité de chien galeux et conseillé d'aller ailleurs chercher une compagne. Qu'il m'éconduise de la sorte m'a rendu furieux. Je lui ai répondu qu'il usurpait le privilège de donner des épouses et qu'il réjouissait en vain ceux à qui il les promettait. Orgueilleux comme il l'est, il s'est mis en colère et, s'avançant sur moi, m'a, malgré la présence du roi, donné une chiquenaude sur le nez. Ce geste de mépris m'a profondément blessé.

« Alors, sur-le-champ, j'ai proposé de prouver que jamais je n'avais été frappé de la main d'un chevalier. En outre, j'ai ajouté qu'il avait, par ce geste odieux, discrédité son privilège et s'était lui-même disqualifié. Enfin, le lendemain, je me suis engagé à trouver un chevalier qui prouve, en présence de toute la cour, sa forfaiture. Voilà pourquoi je t'ai entraîné dans cette aventure : tu as démontré que ce chevalier n'était pas digne de l'honneur qu'il avait reçu. Maintenant, toi seul peux me donner l'être que je désire le plus au monde. Je formule cette demande sans orgueil, car si celle que j'aime appartient à un noble lignage, je suis également de grande famille, mon père étant parent du roi.

— Nain, dit le roi Amangon, je n'ai pas honte de toi, loin de là. » Puis, s'adressant à Méraugis : « Seigneur, dit-il, je t'en prie, accorde-lui cette jeune fille, l'être qui lui ressemble le plus au monde. Je ne sais s'ils sont nés en même temps, mais tous deux sont si bossus de naissance qu'ils se ressemblent parfaitement. » Méraugis répondit : « Je la lui accorde bien volontiers. Quant aux autres jeunes filles, roi Amangon, marie-les toi-même cette fois ; je te promets que, l'année prochaine, si je suis en vie, je reviendrai pour ce jour et séjournerai quelque temps parmi vous, si je suis toujours titulaire de mon privilège. Avec ton assentiment, je marierai les jeunes filles selon leur rang et selon leurs inclinations. Pour l'instant, je vais repartir, car je dois accomplir une quête et ne puis m'attarder.

— Puisqu'il en est ainsi, dit le roi, je t'accorde volontiers ton congé. Mais, je t'en prie, fais-nous connaître ton nom et le pays d'où tu viens. — On me nomme Méraugis de Portleguez, et je suis de la maison du roi Arthur. — Eh bien, Méraugis, reprit le roi, sache que tu seras toujours le bienvenu à ma cour. Que Dieu te garde et te guide dans la quête que tu as entreprise. — Je te remercie, roi Amangon, dit Méraugis, et je te promets d'être présent l'année prochaine en ce même jour. »

Il allait prendre congé quand le nain l'emmena à l'écart des autres. « Seigneur chevalier, dit-il, je voudrais te prouver ma reconnaissance pour ta loyauté et ta bravoure. Tu cherches l'*Esplumoir Merlin* ? Je vais t'indiquer le chemin par lequel tu pourras y parvenir. Tu vas suivre la rivière jusqu'aux montagnes que tu vois là-bas. Quand tu y seras, tu franchiras un col et t'engageras dans une profonde vallée que tu descendras jusqu'à un endroit beaucoup plus large et bien arrosé de multiples ruisseaux. C'est de ce côté que tu trouveras ce que tu cherches. — Nain, répondit Méraugis, que Dieu te protège et t'accorde le bonheur que tu mérites. »

Et, après avoir salué le roi Amangon, Méraugis remonta sur son cheval et piqua des deux, toujours suivi par la belle Lidoine qui sentait croître de jour en jour l'admiration et l'amour qu'elle portait à son ami [1].

1. D'après certains épisodes de *Méraugis de Portleguez*, récit en vers de Raoul de Houdenc, datant du début du XIIIe siècle. Texte publié en 1897 à Halle (Allemagne) par Mathias Friedwagner. Traduction intégrale par Mireille Demaules dans *La Légende arthurienne*, Paris, 1989.

CHAPITRE VII

L'Ile aux Sept Colonnes

Méraugis et Lidoine avaient tant et si bien chevauché que la tombée de la nuit les trouva à gravir les pentes de la montagne. Tout à coup, non loin d'un bosquet d'arbres, ils virent un cavalier qui allait au pas. Lidoine le reconnut et dit à Méraugis : « C'est Lakis. » À le regarder plus attentivement, Méraugis s'aperçut bientôt que le malheureux n'y voyait plus que d'un œil. Il en fut rempli de tristesse, car seul l'Outredouté avait ainsi pu le défigurer. Il se porta à la rencontre de Lakis et le salua. « Que t'est-il arrivé ? dit-il. Qui t'a fait cela ? » Lakis répondit d'un air affligé : « Toi-même, seigneur. J'ai tout lieu de me plaindre de toi, car c'est par ta faute que j'ai subi ce préjudice. Ne m'as-tu pas, malgré moi, envoyé à la tente ? Je prévoyais trop n'en pas revenir indemne ! Et maintenant, me voici dans cet état ! Mieux valait mourir ou devenir fou. »

Conscient que Lakis le rendait à juste titre responsable de son malheur, Méraugis ne sut que répondre. Au fond de lui-même, il se maudissait de son obstination. « Lakis, finit-il par dire, je reconnais mes torts. Je suis le coupable, et cela me navre. Mais puisque la honte me revient, écoute : certes, je ne peux te rendre ton œil, ni même te donner le mien, mais si tu sais où se trouve l'Outredouté, conduis-moi à lui. Sur ma foi, je lui ferai payer cher, très cher, la blessure qu'il t'a infligée. Ou il me tuera, ou je lui couperai la main qui t'a privé d'un œil et te la livrerai.

— Ah ! soupira Lakis, que ne puis-je vivre assez longtemps pour vous voir tous deux dans un champ clos vous affronter à l'épée d'acier, pour assister au moment où l'un de vous périrait la tête tranchée ! Je ne saurais connaître de plus grande joie. Car je te hais comme je le hais. Hélas, cette heure bénie n'est pas venue... Depuis trois jours maintenant que je me suis séparé de l'Outredouté, j'ignore où il s'en est allé comme ce qu'il est devenu. Apparemment, la route qu'il a suivie ne l'a pas mené jusqu'ici. Ah ! puissent cent diables être à ses trousses ! Quant à moi, je ne suis pas en état de poursuivre ; je préfère retourner chez moi pour m'y reposer, pour l'heure je me sens trop mal. — Jamais je n'ai été si triste qu'aujourd'hui pour toi, dit Méraugis. Mais, je te le jure, et tu dois me croire sur parole, je ne reviendrai de ma vie dans mon pays si je ne te venge de l'Outredouté. Il aura la main tranchée. »

Lakis les quitta, plein de deuil et d'affliction. Tout en pleurant et compatissant à la douleur qu'il manifestait, Lidoine suivit Méraugis sans prononcer une parole. Ils passèrent le col et débouchèrent dans une vallée profonde. Chaque fois qu'ils rencontraient un forestier, Méraugis s'enquérait de l'*Esplumoir Merlin*, mais aucun de ceux qu'il interrogea ne fut en mesure de lui fournir une information précise. Un matin, cependant, comme ils se trouvaient dans une vallée arrosée de nombreux ruisseaux, leur apparut une forteresse d'aspect redoutable. Bâtie sur un piton rocheux, à mi-pente de la montagne, celle-ci, très haute, paraissait taillée d'un seul bloc ; et elle devait conserver en toute saison sa belle mine verdoyante, car ses murailles étaient tapissées d'un lierre abondant et uni. À son sommet, de forme arrondie,

Méraugis aperçut un groupe de douze jeunes filles qui, assises dans un petit verger, à l'ombre d'un laurier, les regardaient venir.

Méraugis galopa jusqu'au pied de la muraille, espérant y trouver un lieu propice à l'escalade, mais il eut beau faire le tour, aucun accès ne s'y révéla. La forteresse ne comportait ni porte ni fenêtre ni escalier. Au bout de trois tentatives aussi vaines, Méraugis héla les jeunes filles : « Belles ! comment puis-je arriver jusqu'à vous ? — Cher seigneur, répondirent-elles, cela ne se peut, mais dis-nous ce que tu veux. — Je souhaiterais quelques mots d'entretien. — Dis-nous ce que tu cherches. — Je ne me suis jamais, dit Méraugis, avisé de clamer d'aussi loin, en public, l'objet de ma quête. Permettez-moi donc de monter jusqu'à vous ? » Mais les jeunes filles, au lieu de répondre, retournèrent s'asseoir et reprirent la conversation qu'elles avaient interrompue un instant. Méraugis dut les appeler trois ou quatre fois avant que l'une d'elles daignât se pencher au rebord du mur. « Si tu veux parler avec nous, fais-le d'où tu es, dit-elle, car personne ne monte jamais jusqu'ici. »

Comprenant qu'il n'obtiendrait rien de plus, Méraugis lui cria alors : « Que sais-tu de Gauvain, fils du roi Loth d'Orcanie, neveu du roi Arthur ? Aurais-tu de ses nouvelles et saurais-tu où il se trouve ? — Par Dieu tout-puissant ! répondit-elle. Quel importun tu fais, chevalier ! Va-t'en, et si tu veux m'en croire, prends le chemin qui monte à droite. Au-delà de ce bois, au pied de la montagne, t'apparaîtront bientôt une chapelle et une croix : tu reconnaîtras celle-ci sans peine, car il n'en est pas de plus belle. Une fois parvenu là, c'est elle qui te conseillera. »

Méraugis ne décolérait pas d'être ainsi traité. « Belle réponse à ma demande ! vociféra-t-il. Au moins dis-moi si tu connais le chemin le plus court pour parvenir à l'*Esplumoir Merlin*. Car c'est là que je dois obtenir des nouvelles de Gauvain, à ce qu'il me semble. » La jeune fille le toisa avec indifférence, puis elle dit d'un ton méprisant : « Regarde-moi. Voici l'*Esplumoir Merlin*. J'y suis, si tu veux le savoir. Désormais, tu pourras seulement gaspiller ton temps, car nous ne te dirons plus un mot sur Gauvain que tu prétends chercher, non, plus un, ni pour t'approuver ni pour te blâmer. Assez là-dessus ! »

D'humeur de moins en moins badine, Méraugis releva la tête et s'écria : « Jeune fille, tu te ris de moi ! Le nain m'a dit, voilà bien longtemps déjà, que c'est à l'*Esplumoir Merlin* que je devais, un jour, savoir des nouvelles de Gauvain. Et, parvenu là, j'y gaspillerais mon temps ? Je n'y pourrais accéder ? Par saint Devy, m'est avis que, s'il m'était possible de te rejoindre, j'en apprendrais davantage. » La jeune fille lui répondit avec arrogance : « Quel bonheur qu'on ait bâti cette forteresse aussi haute ! Tous tes efforts seront vains, tu n'y monteras point ! Du reste, tu commences à nous fatiguer avec tes hurlements. Nous ne te dirons rien de plus. » Et, disparaissant, elle retourna prendre sa place parmi ses compagnes.

Bouillant de colère, Méraugis entraîna Lidoine et reprit sa route vers la chapelle et la croix dont avait parlé la jeune fille. Il finit par les découvrir, au flanc de la montagne. Mais les lieux étaient déserts, et l'on ne voyait personne aux alentours. Il mit pied à terre sous un grand arbre auquel il attacha son cheval puis, entrant dans la chapelle, chercha partout, mais sans y découvrir âme qui vive. Il sortit donc et dit à Lidoine : « Maintenant, j'en suis sûr, cette jeune fille m'a pris pour un sot en m'envoyant ici. Que pourrais-je faire ? Je vois bien la croix, j'ai bien visité la chapelle, mais personne n'est là pour me renseigner. »

Tandis que, tourmenté par le désespoir, il marchait d'un pas saccadé, Lidoine regardait la croix. En haut, sur l'un des bras de celle-ci, elle aperçut une inscription en lettres d'or, la déchiffra et, bouleversée, dit à Méraugis : « Seigneur, sur le bras de cette croix se trouvent inscrits des conseils magiques ! » Méraugis, qui savait parfaitement lire, lut à son tour et, sans plus réfléchir, prononça les mots à haute voix. Alors, une voix venue d'on ne savait où se fit entendre : « Chevalier, toi qui cherches un conseil à propos de ta quête, il t'appartient de choisir. Voici trois voies. La première a pour nom la Route sans Merci. Si tu l'empruntes, sache-le, n'espère aucune pitié de ceux que tu rencontreras. Si tu t'attends à quelque compassion, sache-le, ton attente est vaine. Tu n'en reviendras pas vivant. — Et comment s'appelle la seconde voie ? », demanda Méraugis.

La voix qui semblait ne venir de nulle part répondit : « C'est le Chemin de l'Injustice. — Et pourquoi donc s'appelle-t-il ainsi ? demanda Méraugis. — La réponse n'est pas difficile, reprit la voix. Sur ce chemin, on se comporte partout de manière injuste. Quiconque s'engage dans cette voie ne rencontrera jamais d'homme prêt à lui rendre justice. Quant à la troisième voie, celle qui tourne à droite, elle ne porte pas de nom. — Pourquoi ? — Sans doute parce qu'il revient à ceux qui la suivent de lui en donner un. Je n'en sais pas davantage sur ce sujet. Tout ce que je peux te dire, c'est qu'aucun de ceux qui s'y sont engagés n'en est revenu. Personne ne saurait dire où ils sont allés ni ce qu'ils sont devenus. À toi de choisir, maintenant. Tu peux prendre celle des trois voies qui te convient le mieux.

— Hé bien, déclara Méraugis, fort embarrassé, me voici bien avancé ! Je ne sais pas davantage quel parti prendre. Rien ne pouvait m'étonner autant que ce que je viens d'entendre. Que faire ? Et pourtant, si je veux accomplir ma mission, force m'est de choisir l'une des trois voies. » Alors, se tournant vers Lidoine, il lui demanda : « Douce amie, qu'allons-nous faire ? — Je ne sais, répondit-elle. — Vraiment ? N'as-tu pas d'opinion ? — Où tu iras, j'irai. »

Après avoir réfléchi quelques instants, il se décida brusquement : « Je vais emprunter le chemin qui n'a pas de nom, c'est résolu. Il ne me plairait guère de courir les deux autres, celui de l'Injustice ou celui Sans Pitié. Cette répugnance me détermine, car je doute que de leur côté l'on puisse trouver le bien. Certes, le troisième ne me garantit pas davantage un bon voyage, mais la raison commande de m'y risquer. — Eh bien ! s'écria Lidoine, allons. En route ! » Et, sans plus tarder, ils s'engagèrent sur la voie qui n'avait pas de nom et chevauchèrent longtemps au sein d'une forêt très sombre et très touffue.

Une fois qu'ils en furent sortis, ils abordèrent une grande plaine, que dominait la montagne et que bordait la mer. Et là, au loin, ils aperçurent une cité dont les toits brillaient au soleil. Ils y allèrent au pas, tout étonnés de la beauté de cette cité inconnue. Solidement campée sur le rivage, elle était protégée de la mer par de hautes murailles que battaient incessamment les vagues. Entre les murailles et la côte s'étalait un port où mouillaient de nombreux navires. Et, un peu à l'écart au large, se dressait une île surmontée d'une forteresse singulière, car elle était entourée de sept colonnes en pierre qui jaillissaient très haut vers le ciel.

Aux abords de la ville, Méraugis et Lidoine rencontrèrent des jeunes filles d'une éblouissante beauté, que précédait un nain portant pour elles un furet et quatre filets. Le chevalier salua les jeunes filles. « Tu as dépassé les bornes, répondirent-elles. Maintenant, tu ne saurais plus reculer. » Et, en s'éloignant, elles ajoutèrent : « Quel malheur pour toi ! » Elles avaient prononcé ces paroles assez distinctement pour qu'il ne s'y pût méprendre.

Désireux toutefois d'en savoir davantage, Méraugis devança Lidoine et galopa vers les portes de la ville. En route, il croisa un adolescent, le salua, mais celui-ci, sans répondre à son salut, s'arrêta un instant et dit : « Tu as dépassé les bornes. Maintenant, tu ne saurais plus reculer. Quel malheur pour toi ! » Puis, sans plus lui prêter d'attention, il reprit son chemin. Méraugis arrêta son cheval et se mit à réfléchir. Lidoine venait de le rejoindre, et elle lui dit : « Ces gens ne me rassurent guère. — Pourquoi ? lui demanda-t-il. — Je ne sais, répondit-elle, mais je dois t'avouer que je n'ai jamais eu si peur qu'en ce moment. » Il essaya de la rassurer : « Belle, pourquoi t'inquiéter ? dit-il. À moins que par malheur je ne périsse, tes craintes sont vaines. Tu es en sécurité. — Certes, répondit-elle, je suis paisible quand tu te trouves près de moi. Mais, dès que tu t'éloignes, je sens des menaces peser sur moi. »

Tout en devisant de la sorte, ils poursuivirent leur chemin, et, peu à peu, s'approchèrent de la cité. À ce moment-là, les gens qui se trouvaient sur la muraille, chevaliers ou guetteurs, les aperçurent. Et, aussitôt, ils sonnèrent du cor, comme à l'approche d'une armée ennemie. Un incendie même n'aurait pas causé de plus grand vacarme et de plus grand tumulte à l'intérieur des murailles. « Je me demande, dit Méraugis, ce que peut signifier cette sonnerie. — Moi aussi, dit Lidoine, mais je ne m'attends à rien de bon. — Advienne que pourra, reprit Méraugis. Ils peuvent toujours corner, je ne m'en soucie nullement. »

Cependant, par la porte principale déferlait une foule de gens de toutes conditions qui semblaient vouloir les aborder. En tête, venaient nombre de femmes et de jeunes filles qui chantaient en rondes. Les suivaient des chevaliers montés sur des destriers fringants et robustes. « Ils veulent nous accueillir, je crois, dit Méraugis. — Je n'en suis pas convaincue », répondit Lidoine d'une voix rauque d'inquiétude.

Quand le cortège fut arrivé à leur hauteur, les femmes et les jeunes filles les entourèrent, poursuivant danses et chansons ; les chevaliers se démontèrent, et un homme d'allure imposante harangua Méraugis en disant que, comme sénéchal de la ville, il lui souhaitait la bienvenue au nom de tous les habitants. À sa suite, chacun s'avança et vint le saluer de la manière la plus courtoise qui fût. Méraugis leur rendit leur salut et se joignit à eux.

Or, ils prirent non le chemin de la ville, mais celui du rivage. La foule qui entourait Méraugis le dévisageait avec une vive curiosité. Les uns discutaient, d'autres s'entretenaient à voix basse, d'autres encore le regardaient comme s'il était un personnage issu d'un autre monde. Tout impatienté qu'il était déjà de servir ainsi de mire, Méraugis finit, de-ci de-là, par surprendre des bribes de conversation, notamment ces mots, qui couraient sur toutes les bouches : « Ce chevalier n'est pas moins grand que lui. »

Une fois parvenus au bord de la mer, les cavaliers mirent pied à terre, non loin d'une embarcation d'aspect très solide qui était amarrée à un gros rocher. « Cher seigneur, dit alors le sénéchal, prends place dans ce bateau. Tu traverseras la mer jusqu'à l'île que tu vois là-bas. — Certainement pas ! répondit Méraugis. — Et pourquoi donc ? demanda l'autre. — Parce que je n'en ai nulle envie, dit Méraugis. — Pourtant, reprit le sénéchal, il le faudra bien. La coutume exige que tout chevalier qui arrive ici se rende par la mer dans cette île. — Je déteste cette coutume et, avec l'aide de Dieu, je saurai bien l'abolir ! s'écria Méraugis. — Pas avant de t'être rendu dans l'île, insista le sénéchal. — Je n'irai pas ! répéta Méraugis. — Oserais-tu désobéir ? dit le sénéchal — Je me soucie bien d'obéir ! », s'écria Méraugis, excédé.

Tirant son épée du fourreau, il la brandit fièrement devant l'assistance. « Tu oserais résister ! s'exclama le sénéchal. — Oui, dit Méraugis. Je vous avertis tous : il y aura des membres tranchés si un seul de vous bouge ! — Allons, calme-toi, dit le sénéchal. Je vais t'expliquer la coutume. Vois-tu cette forteresse ronde au milieu de l'île, là-bas, et qui est entourée de sept colonnes ? Dans la tour habite un fier chevalier, et avec lui une femme, la plus belle qu'on puisse voir en ce royaume. Ces deux-là n'ont pour tout service que deux suivantes et un valet, voilà tout. Tels sont les seuls habitants de l'île. Si tu parviens à vaincre le chevalier qui t'attend déjà sur le rivage, sois sûr que la dame et la forteresse t'appartiendront. Si, en revanche, le chevalier l'emporte, tu seras entièrement nôtre, et soumis à notre bon plaisir. Sache enfin ceci : les femmes et les jeunes filles qui nous entourent sont venues jusqu'ici pour nous faire cortège et célébrer le combat qu'elles attendent avec joie. »

Méraugis réfléchit. L'idée d'en découdre avec un chevalier inconnu n'était pas, loin de là, pour lui déplaire. « Dans ces conditions, dit-il, j'accepte votre coutume et m'en réjouis. » Et il se mit à chanter, à l'unisson des femmes et des jeunes filles. Puis il regarda en direction de l'île aux sept colonnes et vit que le chevalier de la tour était sorti, richement équipé, et qu'il se promenait tranquillement le long du rivage. « Amenez l'embarcation, dit Méraugis, je suis impatient de me mesurer avec ce chevalier inconnu ! »

Les matelots les firent embarquer, lui et son cheval. Puis ils dressèrent le mât et firent voile vers l'île où l'on aborda bientôt. Méraugis débarqua et remonta à cheval tandis que le bateau repartait. Voyant le chevalier qui l'épiait, il lança sa monture au galop et se précipita sur lui, la lance baissée. L'autre l'attendait de pied ferme, sans bouger. Tous deux se frappèrent de leurs lances taillées avec tant de force qu'elles traversèrent les boucliers et les réduisirent en miettes. Ils se combattirent alors à coups d'épée, mais aucun ne parvenait à prendre le dessus. Après être allé de l'avant, forçant son adversaire à reculer, Méraugis, quelques instants plus tard, était à son tour obligé de faire retraite.

De l'autre côté, Lidoine, perdue dans la cohue des citadins, ne se réjouissait guère. La peur lui serrait le cœur et l'étreignait si fort qu'elle pensait mourir. Éperdue au bruit que faisaient les armes en s'entrechoquant, elle priait Dieu d'épargner celui qu'elle aimait avec tant de ferveur. Autour d'elle, les gens regardaient de tous leurs yeux, se demandant qui sortirait vainqueur de cette joute interminable. Car le temps passait, et les deux adversaires semblaient d'égale valeur, tant par l'endurance que par la prouesse. Quand l'un d'eux manifestait un rien de lassitude, l'autre le laissait courtoisement se reposer. Puis le combat reprenait, plus âpre et plus ardent au fur et à mesure que s'écoulaient les heures.

La bataille se prolongea ainsi jusque vers midi. Après quoi, le chevalier reprit ses esprits, se rua contre Méraugis et l'assaillit avec une vigueur décuplée. Bondissant à sa rencontre, Méraugis se défendit du mieux qu'il put, mais son adversaire le serrait de près. Assurément, le chevalier l'attaquait plus durement que jamais, il lui assénait des coups plus violents. Tout étourdi, Méraugis reculait. « C'est étrange, s'étonnait-il, je ne suis désormais plus maître de la partie. La chance tourne contre moi. Car je me disais, et je persiste à le penser, que ce chevalier était tout à l'heure recru de fatigue et que le combat l'avait affaibli. Mais voici qu'en un instant, la force lui est revenue, plus neuve que jamais. »

Le chevalier, de son côté, s'empressait de multiplier les assauts, ce qui lui restait de bouclier plaqué sur l'avant-bras. Rempli de crainte face à lui, Méraugis avait encore reculé. « Chevalier ! cria-t-il, dis-moi ton nom ! — Pourquoi te le cacherais-je ? répondit l'autre. Je m'appelle Gauvain. C'est le nom que me donnent les Bretons. Je suis le fils du roi Loth d'Orcanie et le neveu du roi Arthur ! — Comment ? s'ébahit Méraugis. Tu serais vraiment Gauvain, mon ami ? — Ma foi, je le suis, sans mentir. Et toi, qui es-tu ? Dis-le-moi, je te prie. — Je suis Méraugis de Portleguez, ton ami. Je viens de ta propre terre. J'ai quitté la cour d'Arthur à seule fin de me mettre à ta recherche, et ce depuis déjà longtemps, mais, grâce à Dieu, je t'ai retrouvé, quel bonheur ! Car, au dire d'aucuns, Gauvain était perdu à jamais. Le roi et ses compagnons de la Table Ronde avaient perdu l'espoir de te revoir jamais.

— À juste titre, dit Gauvain. Tu peux être sûr que le roi, mon oncle, ne me reverra de sa vie. — Comment peux-tu parler ainsi, insensé ? s'écria Méraugis. Écoute : je me reconnais vaincu par toi et me constitue prisonnier. Allons-nous-en. Retraversons les flots. Voici d'ailleurs la barque qui revient nous prendre. — Cher Méraugis, c'est impossible. — Et pourquoi donc, cher seigneur ? — Le plus fort de nous deux doit nécessairement tuer l'autre. C'est ainsi : aucun chevalier n'est jamais sorti vivant de cette île, et jamais tu n'en partiras. — Mais pourquoi ?

— Je vais t'expliquer, dit Gauvain. Vois-tu, comme moi, la femme qui se penche à la fenêtre de la tour ? C'est une noble dame, et telle que je n'en pourrais décrire de plus belle. Elle a nom Orgueluse de Lorrois, tout ce pays lui appartient. Mais, jadis, un chevalier très audacieux vint auprès d'elle et la pria d'amour. Elle le lui accorda sans réserve, mais il la trompa honteusement. Et, depuis lors, elle est devenue jalouse et possessive. Elle a fait bâtir cette demeure afin d'y enfermer son nouvel ami. — Comment se peut-il ? dit Méraugis. — C'est ainsi, dit Gauvain. Elle vint ici avec un chevalier dont elle s'était éprise, mais, un jour, celui-ci, lassé sans doute, voulut s'en aller. Or, il lui fut impossible de quitter l'île. La dame de ces lieux a ordonné à ses gens dans le pays de ne laisser personne sortir de l'île sous aucun prétexte, à moins qu'elle ne l'exigeât elle-même. En outre, elle avait décidé qu'aucun chevalier ne pourrait passer sur ses terres sans venir ici disputer le prix de la victoire contre son champion. Ainsi, bon gré mal gré, de nombreux chevaliers qui prenaient plaisir à trancher des têtes vinrent ici tomber sous les coups de l'ami de ma dame. Aussi farouche qu'audacieux et vaillant au combat, il mena cette vie pendant sept ans, et c'est en son honneur qu'elle fit bâtir les sept colonnes que tu vois là-bas percer les nues. Mais tout a une fin, et l'amour de la dame s'affaiblit au point qu'elle ne sut plus que faire pour se débarrasser de son amant.

« C'est alors qu'elle jeta son dévolu sur moi. À force de paroles artificieuses, elle m'a amené jusqu'ici et m'a fait affronter son champion. Non seulement je lui résistai fort bien, mais je fus même assez heureux pour le vaincre et pour le tuer. Hélas, je remportai aussi cette victoire pour mon malheur, car la coutume m'oblige à demeurer ici jusqu'à ce qu'un autre triomphe de moi. Et alors il prendra ma place, et ainsi de suite aussi longtemps qu'il plaira à ma dame d'avoir des amants. Que tu l'emportes ou que je te tue ne changera rien. Tel est l'usage : le vainqueur se retrouve toujours otage jusqu'à l'arrivée d'un chevalier plus fort que lui. Tu dois donc te battre contre moi, je ne vois pas d'autre solution. Mais si tu remportes la victoire et que ma force soit inférieure à la tienne, tu deviendras le maître de la tour et le possesseur de la dame.

— Je n'en ai nul désir ! répliqua Méraugis. Mon amie m'attend de l'autre côté, et je l'aime plus que tout au monde. Je n'ai que faire de ce château ni de cette île. Mais, puisque personne n'ose approcher d'ici, qui te procure donc à boire et à manger ? — Je n'ai pas à m'en préoccuper. Ici, tout regorge de boissons et de victuailles. — Comment cela ? — Chaque matin, avant le repas de midi, ma dame sort de la tour et, d'en bas, elle fait signe au pilote de la barque qui vient aussitôt aborder. Alors elle demande qu'on lui apporte ce dont nous avons besoin, et la barque revient peu après, chargée de tout ce qu'elle a commandé. Mais si moi j'allais vers le port, la barque une fois arrivée, celle-ci reprendrait le large immédiatement, toutes voiles dehors, car son pilote a reçu des ordres, et il ne peut se permettre de désobéir.

— Mais pourquoi donc ? » demanda Méraugis. Gauvain reprit alors : « Ma dame pense que si je montais à bord, j'en profiterais pour m'échapper et ne jamais revenir. Elle me retient prisonnier, tant par ses charmes que par cette île, et elle me surveille ou me fait surveiller de si près que, je le sais bien, jamais je ne pourrai m'éloigner d'ici. Mon chagrin en est si violent que, lorsque j'y songe, je souhaite une seule chose : que la foudre vienne me frapper. N'ai-je pas raison ? — Certes, répondit Méraugis, à ta place, je ne penserais pas autrement. »

Gauvain s'était assis sur un rocher. Il avait l'air très las. « Je vois bien que tu es venu ici pour me chercher, et cependant je vais être dans l'obligation de te tuer. Mon Dieu, que faire ? La vie ne m'est que dégoût, et je désire si ardemment la mort que, si je pouvais te sauver, je me tuerais sans hésiter avec mon épée. Mais cela ne changerait rien à ton sort, puisque tu serais obligé à ton tour de demeurer dans l'île et d'y combattre tous les chevaliers assez malchanceux pour traverser ce maudit pays. Tu serais le plus malheureux des hommes, et ce jusqu'à ton dernier souffle. J'en suis si contristé que je ne sais même plus que dire. — Eh bien, ne dis plus rien. Je crois connaître un moyen pour nous tirer d'affaire, toi et moi. — Je serais bien curieux de savoir lequel. Autant l'avouer, je suis prêt à suivre n'importe quel conseil, fût-ce celui de me jeter à l'eau, si l'on me disait que c'est pour mon bien. — Il ne s'agit pas de cela, dit Méraugis, mais de bien autre chose. — Je t'écoute, répondit Gauvain, et me voici tout à coup plein d'espoir.

— Voici ce que nous ferons, dit Méraugis. Nous allons nous battre jusqu'à la tombée du jour et nous finirons le combat au bord de la mer, dans ce vallon. La dame de la tour et tous les gens de la cité nous verront parfaitement. Alors, je ne me défendrai plus et je m'allongerai tandis que tu me frapperas et feindras de me laisser pour mort. Pour mieux abuser les gens, tu saisiras mon heaume, tu me l'ôteras et le jetteras à la mer sous les yeux de tous. Grâce à cette ruse, on croira que tu viens de me trancher la tête. Sur ce, tu regagneras la tour et, moi, je continuerai à faire le mort jusqu'à la nuit noire. Alors, à la faveur des ténèbres, je te rejoindrai et nous trouverons ensemble un stratagème pour nous échapper. — Ma foi, dit Gauvain, ton plan me paraît excellent, et je m'y rallie sans réserve. »

Ils reprirent donc le combat et agirent en tout point comme ils en étaient convenus. On les observait de partout et, bientôt, les spectateurs déclarèrent Méraugis vaincu. Mais Lidoine, de désespoir, se frappa la poitrine, et sa douleur lui fit maudire la terre qui la portait encore. Pour un peu, elle se serait jetée dans la mer, et il fallut recourir à la force pour l'en empêcher. C'est alors qu'un chevalier que personne ne connaissait, la jucha sur son cheval, sous prétexte de l'emmener chez lui et de l'y soigner. Puis, chargé de son précieux fardeau, il piqua des deux et s'enfonça dans la nuit.

Cependant, quand l'obscurité fut complète, Méraugis se releva et, silencieusement, se dirigea vers la tour. Là, par une fenêtre, il aperçut la dame, qui était fort belle, en compagnie de ses deux suivantes et de son valet. Gauvain se chauffait près de la cheminée où flambait un bon feu de bois. Méraugis se glissa vers la porte, l'ouvrit lentement et, d'un bond léger, se retrouva au milieu de la salle devant la table. À sa vue, la dame éprouva une frayeur telle qu'elle sursauta comme à la vue du diable, et se leva brusquement. Mais Méraugis lui dit : « Pas un geste, ou bien tu es morte ! » Elle semblait aussi terrorisée qu'abasourdie. Méraugis l'obligea, ainsi que son valet et ses deux suivantes, à pénétrer dans une petite chambre obscure où il les enferma soigneusement à clef, non sans avoir d'abord pris soin de les menacer des pires maux s'ils faisaient du bruit où s'ils appelaient au secours les gens de la ville. Bien que la dame se fût contentée de parler à voix basse avec ses suivantes, Méraugis se promettait de faire bonne garde, car il redoutait quelque manigance.

Sur ce, il ôta ses armes et, en compagnie de Gauvain, s'attabla. Ils mangèrent de bon appétit, burent à loisir, et Gauvain, fort joyeux de la tournure qu'avaient prise les événements, assura Méraugis de sa reconnaissance. Enfin, il entrevoyait le terme de la honteuse captivité que lui avaient value la rouerie d'Orgueluse ainsi que les charmes qu'elle avait déployés pour le séduire et le réduire en esclavage. Après s'être bien restaurés, tous deux allèrent se coucher et dormirent d'une traite jusqu'au matin.

Ils se levèrent très tôt. « À présent, dit Méraugis, qu'allons-nous faire pour nous sortir de cette île ? — Eh bien, dit Gauvain, cela ne sera pas facile. La barque n'aborde ici que lorsque le pilote a vu la dame lui faire signe depuis le rivage. — Dans ce cas, dit Méraugis, nous allons l'obliger ! Tu l'accompagneras sur la grève, toi, ton épée bien en main, tandis que moi, je resterai caché derrière un rocher. — Tu as raison, dit Gauvain. Ne perdons pas de temps. »

Ils dégainèrent et pénétrèrent dans la chambre où ils avaient enfermé leurs prisonniers. Mais ils n'y trouvèrent que le valet et les deux suivantes qui, semblant terrorisées, étaient blotties l'une contre l'autre. À l'autre extrémité de la pièce, cependant, sous une lucarne munie de barreaux de fer, gisaient des vêtements de femme. À part cela, point trace d'Orgueluse. « Où est ma dame ? » s'écria Gauvain. L'une des suivantes lui répondit en tremblant : « Nous l'ignorons. — Comment ? s'étonna Méraugis. Vous ne pouvez l'ignorer, puisque vous étiez avec elle ! — Hélas ! reprit la suivante, je vois bien que notre dernière heure est venue. Si nous parlons, ma dame nous tuera, nul doute, et si nous nous taisons, vous allez nous percer de vos épées. — Que le Ciel me confonde nous ne pensons ni l'un ni l'autre à vous faire du mal ! s'écria Gauvain. Parle donc sans crainte, jeune fille, et je te garantis que, moi vivant, ma dame ne touchera pas un seul de vos cheveux ! »

La suivante se mit à pleurer d'abondance, puis elle dit : « Seigneur, je vois bien qu'il nous faut dire la vérité. La voici : ma dame s'est agitée toute la nuit, en proie à une grande colère, puis, au petit matin, elle a poussé un grand cri et nous avons vu ses vètements tomber sur le carreau. Elle avait disparu, mais un oiseau noir voletait à travers la pièce. Il a fini par se poser sur le rebord de la lucarne, s'est glissé entre deux barreaux puis s'est envolé. — Méraugis ! dit Gauvain, le temps presse ! Cette femme est une redoutable magicienne, puisqu'elle possède le don de métamorphose. En ce moment même, elle doit être en train de nous tramer un piège dont nous ne pourrons jamais sortir. — Je sais ce qu'il faut faire », lui répondit Méraugis.

Sans plus d'explications, il se dépouilla de ses chausses et de son pourpoint. Puis, saisissant les vêtements laissés par Orgueluse, il les enfila prestement, s'habillant exactement comme une femme. Il serra les lacets à la taille et se pomponna du mieux qu'il put. Ainsi paré comme une coquette de la cour, il descendit les escaliers de la forteresse, son épée dissimulée sous son manteau, et s'en alla, ainsi accoutré, vers le point du rivage où la barque devait aborder. Il avait fière allure, et ce déguisement lui allait fort bien, car il était beau et bien fait de sa personne.

De l'autre côté de la mer, les gens de la cité l'aperçurent qui se promenait dans l'île et leur faisait de la main le signe habituel. Sans soupçonner son stratagème, ils le prirent effectivement pour la dame, embarquèrent et, toutes voiles dehors, mirent le cap sur l'île. Bientôt, le pilote aborda, en compagnie de trois matelots. Méraugis, qui avait eu le temps de mûrir son plan, sauta dans le bateau de tout son élan. Sous le choc, les planches auraient pu se disloquer et céder mais, par bonheur, il n'en fut rien, et le bateau se contenta de tanguer. Toutefois, en voyant ce qui se passait, les mariniers, comprenant leur erreur, se mirent à trembler, tant ils redoutaient d'être pris au piège. Ils l'étaient bel et bien en effet : Méraugis tira son épée du fourreau et la brandit. « Votre dame est arrivée ! s'écria-t-il. — Où est-elle ? demanda le pilote. — Ici, dans ma main ! » Il s'avança vers eux : « Sur mon âme ! cria-t-il, cette épée, c'est la dame qui vous commande et qui vous damnera si besoin est. Je vous promets une prompte mort sans confession si vous ne faites exactement ce que je vous dirai. Mais je vous jure, si vous le faites, de vous en récompenser généreusement. Tout ce que vous pourrez exiger, je m'engage à vous le donner. »

Les mariniers ne perdirent pas de temps à réfléchir. L'épée de Méraugis les menaçait toujours, et ils n'avaient nulle envie de mourir sans confession. « Seigneur, dirent-ils, nous ferons tout ce que tu voudras, nous n'opposerons nul obstacle à tes désirs. — À la bonne heure, dit Méraugis. Eh bien ! pour commencer, quittez donc ce rivage et emmenez-moi de l'autre côté de l'île, afin que la tour nous dérobe aux gens de la cité. » Ils n'hésitèrent pas, et bientôt le bateau aborda à l'endroit souhaité. Ils attendirent que Gauvain sortît de la tour et les rejoignît. Ainsi réunis, les deux chevaliers ne se sentirent plus de joie. Ils ordonnèrent ensuite au pilote de les débarquer, le plus près et le plus tôt possible, dans une autre contrée, ou bien il lui en cuirait. Tremblant pour sa vie, l'homme fit appareiller et promit de toucher terre dès qu'il le pourrait.

Ils naviguèrent ainsi le long des côtes en eau peu profonde, car ils préféraient éviter la haute mer, et accostèrent après avoir repassé le détroit et laissé le pays derrière eux. Mais ils pénétrèrent si brutalement dans le port que le bateau éperonna un rocher, s'y fracassa et se brisa en deux. Mais qu'importait ? Ils étaient tous sains et saufs et ne furent pas longs à sauter à terre.

Le pays où ils venaient d'aborder appartenait au comte Gladwyn, un bon chevalier qui s'était souvent rendu à la cour du roi Arthur. À l'annonce du naufrage, ce seigneur s'empressa de descendre au port. Là, il vit les chevaliers et, les reconnaissant sur-le-champ tous deux, courut à leur rencontre et les salua en leur donnant l'accolade. Comme c'était un homme courtois et de grand mérite, il les invita chez lui et mit tout ce qu'il possédait à leur disposition. Tout en les conduisant jusqu'à sa demeure, il se fit raconter les aventures que ses compagnons venaient de vivre. « Je savais, dit Gladwyn, qu'un chevalier avait dû aller combattre, hier, dans l'île aux sept colonnes. On m'avait aussi rapporté sa mort, mais je vois qu'il n'en est rien, grâce à Dieu ! »

À ce moment, Méraugis s'arrêta et laissa éclater son chagrin. « Qu'y a-t-il ? lui demanda le comte. — Je pleure mon amie, Lidoine de Lindesore. Elle m'accompagnait hier, lorsqu'on m'a contraint d'embarquer vers l'île. J'ai dû l'abandonner sur le rivage. Dieu tout-puissant ! si elle me croit mort, que va-t-il donc lui arriver ? — J'ai reçu aussi des nouvelles à ce sujet, dit Gladwyn. — Donne-les-moi, je t'en prie, dit Méraugis. — Voici : on m'a rapporté qu'elle s'était évanouie quand les gens de la cité ont répandu le bruit de ta défaite et de ta mort. Là-dessus est survenu un chevalier qui s'est offert de l'emmener dans son manoir afin de la réconforter. Il l'a prise sur son cheval, et il est parti aussitôt au triple galop. — Cette histoire ne me dit rien qui vaille ! s'écria Méraugis. Sais-tu le nom de ce chevalier ? — À ce qu'on prétend, il s'agissait de Gorvain Cadruz. » En entendant ce nom, Méraugis se mit à pleurer et à gémir. « Hélas ! dit-il, j'ai perdu mon amie pour toujours ! »

Il faisait peine à voir et se frappait la poitrine. Gauvain le soutenait, et les autres s'efforçaient de le consoler. Mais il fallut presque le porter, tant il était accablé de douleur. Le comte Gladwyn reçut ses hôtes du mieux qu'il put, cette nuit-là, et combla le moindre de leurs désirs. Mais, tout entier à son deuil, Méraugis demeurait au comble de l'affliction. Le soir, il poussa des plaintes si déchirantes que Gauvain, bouillant de colère, crut devoir intervenir : « Méraugis ! s'écria-t-il, tu passes la mesure et nous importunes avec ton chagrin tapageur ! »

Si ces mots le forcèrent à taire sa douleur, Méraugis n'en pensait pas moins et, en vérité, sa compagnie ne fut pas des plus agréables. Aussitôt après le repas, les chevaliers allèrent donc se coucher. Méraugis, qui n'avait pas fermé l'œil de la nuit, se leva de bon matin avec tous les autres. Leur toilette achevée, ils se rendirent à l'église pour y entendre la messe. Alors, toujours tourmenté par le sort de Lidoine, Méraugis décida de se lancer immédiatement à la poursuite de Gorvain Cadruz, et il s'en ouvrit à Gauvain.

« Seigneur, dit-il, daigne m'accorder quelque attention, voici ce que j'ai résolu. Je vais partir, car je ne connaîtrai joie ni repos que je n'aie retrouvé mon amie. Je suis prêt à combattre Gorvain qui méprise les jugements de la cour d'Arthur et qui, contre tout droit m'a dérobé Lidoine. — C'est qu'il te croit mort, répondit Gauvain. Il n'a pas cru te l'enlever. — Mais c'est à moi que Lidoine a été accordée, non à lui. Il n'a aucun droit sur elle. » Gauvain se trouva fort embarrassé. « Cela est vrai, convint-il, et je le sais trop, Méraugis. Je suis responsable de ton malheur, car en venant me délivrer de cette prison infamante, tu as perdu celle que tu aimes. Que faire ? Je te dois la vie et, sois-en sûr, mon aide et mon soutien te sont acquis. Certes, je me suis engagé à défendre mon honneur et l'honneur de mon lignage. Je dois aussi continuer ma quête de la Lance qui saigne. Mais je suis ton obligé, Méraugis. Tu vas partir à la recherche de Lidoine, soit, mais pas seul, car je t'accompagne. Je te seconderai de mon mieux avant de reprendre ma propre aventure. — Ami, dit Méraugis, je reconnais bien là la vaillance du fils du roi Loth. Que Dieu te bénisse ! »

Tout étant dit, ils allèrent prendre congé du comte Gladwyn et recommandèrent à sa bienveillance les quatre mariniers qui les avaient amenés à bon port. Alors, après avoir de grand cœur exaucé leur vœu, le comte ajouta : « Ils auraient d'ailleurs bien tort de partir, car je les comblerai de bienfaits. » De fait, il les retint auprès de lui en les dotant chacun d'un fief. Ensuite, à l'intention des deux chevaliers qu'il chérissait extrêmement, il fit amener deux chevaux de prix et les leur offrit. Méraugis et Gauvain acceptèrent avec de vifs remerciements, puis revêtirent leurs armes. Une fois qu'ils furent en selle et prêts à partir, on se salua mutuellement en se recommandant à Dieu. Enfin, équipés comme ils le souhaitaient, les deux chevaliers se mirent en route.

Méraugis demeurait inconsolable, quelques bonnes paroles que lui prodiguât Gauvain, tout en chevauchant. Ils allaient cependant depuis longtemps, quand un chevalier sortit d'un bois et passa non loin d'eux. Plongé dans ses pensées, Méraugis ne le remarqua même pas, mais l'autre, qui avait l'air fier et arrogant, passa son chemin sans les saluer. « Je me demande qui est cet homme, dit soudain Gauvain, tirant Méraugis de sa rêverie. — Quel homme ? — Le chevalier qui vient de passer près de nous, sans nous saluer ni même paraître nous voir. » Méraugis regarda dans la direction qu'indiquait Gauvain et, bien qu'une grande distance les séparât déjà, il reconnut la longue silhouette de l'Outredouté.

« Par Dieu tout-puissant ! s'écria-t-il. Voici mon pire ennemi, que j'ai juré d'abattre, pour mon honneur et pour celui de Lakis de Lampagrès ! — Il ne t'a pas reconnu, dit Gauvain. Il semblait aussi préoccupé que toi. — Gauvain, dit Méraugis, il faut que je te quitte pour aller combattre ce monstre. J'ai promis à Lakis de Lampagrès de lui rapporter la main droite qui lui a crevé un œil. — C'est ton affaire, dit Gauvain. Et si tu le permets, je t'attendrai au manoir de Lampagrès, puisque tu dois t'y rendre. — Volontiers. Nous nous retrouverons là. » Et les deux hommes se séparèrent.

Méraugis atteignit un endroit où la neige, très épaisse, retardait sa marche mais lui permettait de suivre à la trace l'Outredouté. Ce qu'il fit jusqu'à son arrivée devant une forteresse dont les murs d'enceinte et le château étaient taillés dans le marbre. Aussitôt, il se dirigea vers la grande porte et, par un interstice, risqua un œil : au centre de l'enceinte se dressait un pin, le plus vert qui fût, autour duquel des jeunes filles dansaient en chantant. Entraîné dans leur ronde, s'ébattait un seul chevalier. Son bouclier pendu au cou, son épée au côté, il chantait lui aussi en dansant. Méraugis, à cette vue, frémit de joie, car il venait de reconnaître l'Outredouté. « Je vais venger Lakis sur-le-champ », se dit-il. Alors, poussant la porte, il se précipita de tout son élan sur le chevalier en criant : « Sors de la ronde, chevalier ! Cesse de chanter ! Je te défie, tu vas bientôt mourir ! » Mais, subitement, ses pensées changèrent du tout au tout : alors qu'un instant auparavant, il n'avait qu'une envie, pourfendre son ennemi, maintenant, seuls le tentaient les danses et les chants. Il en oublia le reste du monde, et même son amie.

Or, l'Outredouté, cessant brusquement de folâtrer, se retira de la ronde, monta à cheval, et il se dirigeait vers la sortie quand il aperçut son ennemi et, grâce à ses armes, l'identifia parfaitement. « Qu'est cela ? dit-il, voilà une belle diablerie ! Je vois l'homme qui a jeté mon bouclier à terre, je le retrouve enfin, et je n'ose aller le chercher là où il se trouve ? Que faire ? Si je le rejoins, je me remettrai à chanter et danser. J'ai pourtant bien autre chose en tête ! » Alors, d'une voix forte, il interpella Méraugis en lui déclarant que jamais lui-même ne viderait les lieux sans son adversaire. Mais il eut beau tempêter, Méraugis demeura sourd à ses menaces et à ses cris, tant l'obsédait le plaisir des danses et des chants. Et cela dura si longtemps que l'Outredouté, qui pourtant ne craignait personne, finit par se retirer, car la faim le tenaillait. Quant à Méraugis, qui toujours chantait et frappait du pied au milieu des jeunes filles, il semblait s'amuser fort.

Or il advint qu'un chevalier passa devant la forteresse. En entendant les joyeux éclats de la fête, il céda à son tour à la curiosité, et le spectacle l'attira invinciblement dans la place. Mais aussitôt qu'emporté par la ronde il se mit lui-même à chanter et danser, aussitôt Méraugis se retira, sans comprendre ce qu'il était venu faire en ces lieux. Car tel était l'enchantement que la ronde ne comportait jamais qu'un seul chevalier ; celui qui s'y laissait prendre libérait celui qui l'avait précédé.

Passablement abasourdi, Méraugis se remit sur les traces de l'Outredouté, maudissant son retard et galopant comme un fou. C'est ainsi qu'il rattrapa son ennemi sur une grande lande. L'Outredouté le reconnut, se mit en garde et, sans plus attendre, ils se précipitèrent l'un sur l'autre, chacun bien décidé à tuer son adversaire au plus tôt, tant la haine qui les animait était violente. Ils échangèrent des coups vigoureux, se blessèrent mutuellement, se rompirent lances et boucliers, et ce durant de longues heures, mais en vain : aucun ne semblait devoir l'emporter. Cependant, comme le combat s'éternisait, Méraugis pensa très fort à son amie : il devait vaincre l'Outredouté s'il voulait ensuite délivrer Lidoine. Ce projet ranima son courage et lui donna une force nouvelle. Brandissant son épée, il l'abattit sur le heaume de son adversaire et le rompit. Mais, dans son élan furieux, la lame s'enfonça dans le crâne de l'Outredouté qui s'effondra, mort. « Assurément, dit Méraugis, il fallait que ce monstre disparût, lui qui a commis tant de crimes et qui s'est toujours dressé contre la justice ! » Sur cette brève oraison funèbre, il lui trancha la main droite et l'emporta fièrement sur l'encolure de son cheval.

Il était si exténué toutefois par le dur combat qu'il avait mené qu'il dut s'arrêter maintes fois pour se reposer et reprendre souffle. Aussi ne fut-ce qu'à la nuit tombante qu'il se présenta au manoir de Lampagrès. Gauvain s'y trouvait depuis déjà longtemps et tenait compagnie à Lakis. Apercevant Méraugis sur le pré, tous deux se portèrent au-devant de lui. Dès qu'ils se furent salués, Méraugis sauta à terre et offrit à Lakis la main de l'Outredouté. « Lakis, dit-il, j'ai tenu parole, te voilà vengé. » Lakis saisit la main responsable de sa cruelle mutilation et, après quelques instants de silence, prononça ces mots : « Méraugis, je haïssais en toi le responsable de mon malheur. Certes, tu n'as pu me rendre mon œil, du moins m'as-tu rendu mon honneur, que Dieu te bénisse ! Désormais, je serai ton homme lige et te servirai fidèlement chaque fois que tu auras besoin de moi. » Alors, ils se donnèrent l'accolade avant de gagner le manoir où Lakis avait fait préparer le souper.

« A-t-on des nouvelles de Lidoine et de Gorvain Cadruz ? demanda Méraugis avec anxiété. — Oui, dit Gauvain. Gorvain Cadruz l'a emmenée dans sa forteresse. Il fait partout crier ta mort et se déclare le protecteur de ton amie. — Je lui ferai payer cher son imposture ! s'écria Méraugis. — Nous en reparlerons demain, dit Gauvain. Pour l'instant, tu dois te reposer, car tu sembles avoir eu une rude journée ! » Méraugis se rendit aux raisons de Gauvain et, comme Lakis leur avait fait préparer de bonnes chambres, ils y dormirent d'une seule traite jusqu'au matin.

« Selon toi, demanda Gauvain quand ils se furent levés, que devons-nous faire ? — À mon avis, rien d'autre que d'aller trouver Gorvain Cadruz et lui réclamer Lidoine au nom de la justice rendue par le roi Arthur et la reine Guenièvre, répondit Méraugis. S'il refuse de s'y conformer, je suis prêt à l'affronter où et quand il voudra. — Tu as raison, dit Gauvain. Dès que nous serons prêts, nous partirons pour la forteresse de Gorvain. Je veux être le témoin de cette affaire afin d'en rendre compte au roi et à la reine. Je ne saurais tolérer qu'on discute un jugement rendu par la cour. »

Après s'être équipés, ils enfourchèrent leurs chevaux. Mais, au moment de prendre congé de leur hôte, ils le virent, tout armé et monté sur son destrier, venir vers eux. « Je vous accompagne, dit-il, dans l'espoir qu'un homme privé d'un œil puisse être encore utile à quelque chose. » Ils quittèrent le manoir de Lampagrès et s'enfoncèrent dans la forêt. Tous trois connaissaient le chemin qui menait à la forteresse de Gorvain Cadruz. Aussi ne mirent-ils guère de temps pour l'atteindre.

Sans hésiter, Méraugis pénétra dans la cour, suivi de Gauvain et de Lakis. Alerté par le bruit de leur entrée, Gorvain apparut à une fenêtre et demanda qui était là. Méraugis lui cria : « Ne me reconnais-tu donc pas ? » Gorvain regarda attentivement le nouveau venu et le reconnut. « Méraugis ! s'écria-t-il. Tu n'es donc pas mort comme tout le monde le croyait ? — Tout le monde ? dit Méraugis. Certainement pas. Il est des gens qui savent que je suis bien vivant et bien décidé à te demander des comptes ! — Que prétends-tu donc ? demanda Gorvain. — Que tu me rendes sur-le-champ Lidoine ! cria Méraugis avec colère. — Et pourquoi le ferais-je ? répondit calmement Gorvain. Elle se trouve chez moi parce que je l'ai recueillie au plus fort de sa nécessité. Elle te croyait mort et se trouvait sans protection. Je me suis occupé d'elle et l'ai réconfortée du mieux que j'ai pu. Il me semble qu'elle m'en doit de la reconnaissance. — Et le jugement d'Arthur et de Guenièvre, qu'en fais-tu ? — Me faut-il le répéter ? Je le répète : la justice va de travers à la cour d'Arthur ! » répliqua Gorvain.

Alertée par le brouhaha de la dispute, apparut alors à une autre fenêtre une jeune fille qui regarda dans la cour. C'était la belle Lidoine, et elle éprouva un tel saisissement en apercevant Méraugis que, poussant un grand cri, elle tomba évanouie. Mais Méraugis avait eu le temps de la reconnaître, et cette vision redoubla sa colère contre Gorvain. Il se dressa sur ses étriers et hurla : « Gorvain ! je te défie ! Ou tu me restitues celle qui est en toute justice mon amie, ou bien nous nous battrons immédiatement. Nous verrons dès lors de quel côté se trouve le droit ! — Fort bien, répliqua Gorvain. J'attendais cet instant depuis bien longtemps, Méraugis, et je te ferai payer très cher ta suffisance et ton orgueil. Tu croyais peut-être que je renoncerais et te laisserais le champ libre ? Sache-le, je ne supporterais pas qu'un même lit vous accueille, Lidoine et toi. J'aimerais mieux mourir que de te la céder ! — Eh bien, battons-nous, puisque tu le veux ! dit Méraugis. — Laisse-moi seulement le temps de m'équiper, répondit Gorvain, et je te rejoins dans la cour. » Sur ce, il quitta la fenêtre et demanda ses armes et son cheval.

Gauvain prit Méraugis à part. « Cher seigneur, dit-il, je suis ton obligé, mais je te prie de m'accorder un don.

— Mon ami, répondit Méraugis, il n'est rien que je puisse te refuser si ta requête n'est pas contraire à mon honneur. — Bien au contraire, dit Gauvain. M'accordes-tu ce don ? — De grand cœur. — Tu ne te dédiras pas ? — Jamais, j'en fais le serment. Quel est ce don ? — Tu m'as accordé, répondit Gauvain, de combattre Gorvain à ta place. »

De confusion, Méraugis s'empourpra. « C'est impossible ! » s'écria-t-il. Gauvain lui répliqua : « Tu as juré, tu ne peux t'en dédire. Je combattrai à ta place, Méraugis, parce qu'il est malséant que Gorvain et toi, qui étiez autrefois compagnons et amis intimes, vous vous battiez pour l'amour d'une jeune fille, si belle soit-elle. Tu as mieux à faire, et lui aussi. En revanche, mon devoir m'impose, à moi, de te suppléer, puisque tu m'as sauvé d'un péril autrement plus grand. Je serai ton champion, Méraugis, et je soutiendrai ton droit. — À condition que Gorvain l'accepte ! dit Méraugis. — Sois sans crainte, il acceptera. »

Gorvain apparut alors, armé de pied en cap et monté sur un fougueux destrier. Gauvain s'approcha de lui : « Gorvain, dit-il, j'ai une requête à te faire. Je me propose de te combattre, en tant que champion de Méraugis. Si je suis vaincu, Méraugis t'abandonnera Lidoine. Mais si tu es vaincu, tu devras clamer publiquement que Lidoine est l'amie de Méraugis. » Gorvain ne fut pas peu surpris de cette requête. « Eh bien, soit, finit-il par dire. À la vérité, tu me flattes, et je ne suis pas fâché de me mesurer avec le neveu du roi Arthur, toi qu'on nomme partout la fleur de la chevalerie. J'accepte. »

Ils prirent du recul et se lancèrent l'un contre l'autre, ferraillant sans cesse et rompant lances et boucliers. Ils vidèrent tous deux les étriers et se trouvèrent à pied, face à face, leurs épées brandies et flamboyantes dans la lumière du soleil. Si Gauvain se montrait plus habile assaillant que son adversaire, celui-ci résistait merveilleusement aux coups que Gauvain lui portait. À l'écart, aux côtés de Lakis, Méraugis suivait avec angoisse le combat qui allait décider de son sort. Quant à Lidoine, elle était revenue à elle et, du haut de la fenêtre, tout en se félicitant que Méraugis ne combattît pas, elle faisait d'ardentes prières pour la victoire de Gauvain. Et tous les chevaliers qui se trouvaient dans la forteresse, tous les écuyers et les serviteurs s'étaient rassemblés sur la muraille pour assister au duel acharné que se livraient les deux hommes.

À un certain moment, Gorvain glissa sur le pavé, et Gauvain en profita pour lui asséner un coup qui acheva de le déséquilibrer. Il tomba de tout son long tandis que Gauvain, bondissant sur lui et lui bloquant la poitrine de son genou, lui mit la pointe de son épée sur la gorge. « Rends-toi ! cria-t-il. — Je me rends ! dit Gorvain, je reconnais ma défaite. Fais-moi grâce, je te prie ! — Ta grâce, tu l'auras, mais à deux conditions. D'abord, tu devras déclarer que tu reconnais le jugement du roi et de la reine : Lidoine est accordée à Méraugis, et personne ne peut aller contre. Ensuite, tu devras te réconcilier avec Méraugis et jurer de n'entreprendre aucune action contre lui. — Je le jure ! s'écria vivement Gorvain. Je reconnais la justice du roi et je serai le fidèle compagnon de Méraugis ! — À la bonne heure ! » dit Gauvain. Et il remit son épée au fourreau tandis que Gorvain se relevait péniblement.

Méraugis accourut féliciter et remercier Gauvain. La belle Lidoine elle-même descendit dans la cour et vint les rejoindre en comblant Gauvain de bénédictions. Alors, sous le regard implacable du neveu d'Arthur, Gorvain et Méraugis s'approchèrent l'un de l'autre, se jurèrent amitié et fidélité avant de se donner l'accolade. Et, dans la forteresse, tous se réjouirent de cet heureux dénouement. Mais quand Gorvain Cadruz pria instamment Gauvain de séjourner quelque temps dans sa demeure, celui-ci dit : « Je te remercie, chevalier, mais je me suis déjà trop attardé. Il faut que j'aille à la cour saluer mon oncle qui doit désespérer de me revoir jamais. Après quoi, je repartirai poursuivre ma quête. »

Et, sur ce, ayant pris congé, il enfourcha Gringalet et partit au grand galop vers la cour du roi Arthur [1].

1. D'après certains épisodes de *Méraugis de Portleguez.* Le récit original est très long, rempli d'épisodes divers et de rebondissements inattendus qui en font un ensemble complexe dont le fil conducteur n'est pas toujours facile à saisir. Il a donc fallu resserrer la narration, supprimer des personnages qui risquaient de nuire à la compréhension du récit, et mettre davantage en relief le rôle essentiel de Gauvain.

CHAPITRE VIII

Les routes de Carduel

Gauvain s'en allait par les routes et par les chemins qui conduisaient à Carduel où, il le savait, son oncle, le roi Arthur, tenait sa cour. Il lui tardait d'arriver pour rassurer le roi, le saluer, ainsi que la reine et les compagnons de la Table Ronde, et pour raconter les aventures auxquelles il avait participé. Mais le soleil, qui n'arrête jamais sa course, était déjà si bas sur l'horizon que Gauvain croyait le voir s'enfoncer dans la terre. Aussi, quand il se vit surpris par la nuit dans les bois, ne manqua-t-il pas d'être fort contrarié. Il n'apercevait ni maison, ni abri et, faute de ne pouvoir plus diriger son cheval, il s'arrêta à un carrefour où se dressait un gros chêne dont le tronc semblait creux. Sans éprouver aucune peur, il mit pied à terre et, une fois retiré le mors pour que Gringalet pût paître l'herbe, il entreprit de s'installer dans la cavité de l'arbre, qui était assez profonde pour qu'il pût s'y recroqueviller. Au fond, il plaça une pierre plate en guise d'oreiller, et, quoiqu'il n'eût pas de couverture pour se protéger de la froidure nocturne, il était si harassé qu'il dormit jusqu'au lever du jour sans bouger ni pied ni main.

Or, comme il se levait et s'ébrouait pour achever de se réveiller, survint un chevalier de noble prestance qui, portant un bouclier rouge orné en son centre d'un léopard, chevauchait allégrement. La première impression de Gauvain se confirma, au fur et à mesure que l'autre approchait dans ce bel équipage. « Que Dieu te garde ! » lui dit-il. À quoi l'inconnu répondit : « Dieu te garde aussi, seigneur chevalier. » Puis, comme Gauvain le pressait de questions sur ses intentions, il expliqua qu'il n'entendait s'arrêter qu'il n'eût atteint la cour d'Arthur, et, non sans insolence, ajouta : « Maintenant, que cela te suffise ! Ne t'avise pas de me demander mon nom, je ne te le dirais pas.

— Eh bien, je me tairai, dit Gauvain, puisque tu le trouves bon. Mais, s'il te plaît, cheminons ensemble. Je vais aussi de ce côté. On nous trouvera plus fière allure, et nous devrons moins nous méfier. » À ces mots, l'autre, d'un air arrogant, rétorqua : « Sache, chevalier, que je n'ai jamais éprouvé la moindre peur, fût-ce lorsque m'attaquait toute une troupe d'hommes en armes. Il est bien insensé, celui qui prétend être mon compagnon de route, à moins qu'il ne le propose pour me défier ! Je n'aspire d'ailleurs qu'à cela, tel est mon unique soin, et je n'ai cure d'assistance. Mais toi-même, appartiens-tu à la maison de quelque comte ou de quelque roi ? » Gauvain s'avoua vassal du roi Arthur. « Eh bien, dit le chevalier, nomme-moi les compagnons d'Arthur et dis-moi, sans faute lequel est le plus estimé à la cour, grâce à sa valeur et à ses exploits.

— Je serais fort en peine de te répondre ! s'exclama Gauvain, car on voue à tous les chevaliers d'Arthur une si grande admiration que je ne saurais auquel accorder la palme. Peut-être au fils du roi Uryen, qui s'est rendu partout célèbre pour ses faits d'armes et sa vaillance.
— Tu ne m'as pas nommé celui auquel je m'attendais en te posant cette question. Je ne ferai donc pas un pas de plus, car je pensais à un chevalier qui est mon cousin germain et, en outre, l'un des compagnons de la Table Ronde. Puisqu'en tous lieux ses armes n'ont apparem-

ment pas triomphé, quel besoin aurais-je de le rencontrer ? J'y renonce. » Sur ces mots, il arrêta son cheval. Mais Gauvain lui répondit avec l'habileté qui le caractérisait : « Seigneur chevalier, ne te fâche pas que je ne l'aie nommé d'emblée. Au nom du Dieu éternel, ils sont si nombreux et si célèbres, parmi ceux de la Table Ronde, que j'hésite à te désigner le meilleur. Ne renonce pas pour si peu à rejoindre ton cousin. »

Le chevalier se remit donc en route, suivi de Gauvain qu'il interpella de nouveau : « Si tu veux me plaire, nomme-moi quelque autre pour celui que l'on apprécie le plus à la cour. — J'y songeais, répondit Gauvain. Lancelot du Lac est fort estimé car, été comme hiver, il court après les exploits guerriers. — Par le Dieu qui nous donne une âme, je perds mon temps et, si je poursuis mon chemin, je continuerai de le perdre ! » Tout irrité, il s'arrêta de nouveau. Gauvain lui proposa alors le nom de Kaï, le sénéchal, qui était le frère de lait du roi, et dont chacun saluait la bravoure, quitte à déplorer son étourderie. « En vérité, s'écria le chevalier, il n'y a plus de preux à la cour du roi Arthur ! Je crains de ne plus trouver jamais le sommeil par la faute de ce poltron ! Il a perdu toute mon affection ! Maudite soit l'heure de sa naissance et celle où on l'a cru brave ! Sa vie me fait honte, et je suis bien affligé. » Il voulut alors faire faire demi-tour à son cheval qui se cabra sous les éperons.

« Chevalier, que Dieu te protège, dit-il à Gauvain. Je ne t'accompagnerai pas plus avant. Et plaise à Dieu que jamais plus cruel chagrin ne m'advienne que celui de ne jamais voir l'homme que je cherchais. » Mais Gauvain, au lieu de s'irriter ou de se décontenancer, fit preuve d'une merveilleuse patience et, à force de paroles aimables, sut convaincre le chevalier de poursuivre avec lui. Il voulait en effet le présenter au roi, afin que celui-ci jugeât de sa démesure. Soudain, ils aperçurent devant eux une troupe de cinq cavaliers qui se mirent en ligne pour les attaquer lorsqu'ils traverseraient la lande.

« Voilà une autre musique ! s'écria Gauvain. M'est avis que ces individus, avec leurs boucliers aux bras, viennent au galop se mesurer à nous ! — Peu m'importent leur insolence et leur audace, dit son compagnon. Je me charge d'envoyer à terre les quatre premiers et si tu as le dessous avec le cinquième, j'en viendrai à bout et te vengerai. » Là-dessus, sans plus discuter, ils empoignèrent leurs lances et s'élancèrent à bride abattue.

L'homme qui prétendait aux quatre devança Gauvain et s'y prit si bien qu'en un seul élan il en abattit deux. Gauvain, qui s'était retenu d'intervenir, afin de l'apprécier à sa vraie valeur, s'élança à son tour sur les autres de toute la vitesse de son cheval. À l'un, il asséna un coup mortel qui le renversa de sa selle. Puis il replaça sa lance au creux de son aisselle et au suivant fit adroitement vider de même les arçons. Mais, avant que le chevalier au léopard eût pu rentrer dans la mêlée, le cinquième adversaire détala vers la forêt pour s'y mettre à couvert et sauver sa vie. « Jamais, se disait cependant Gauvain, je n'ai vu de chevalier dont, n'était son penchant à l'arrogance et à l'orgueil, j'aie eu plus grande envie de devenir l'ami. »

Sans plus attendre, en homme avisé, il alla prendre le plus beau des chevaux qu'avaient laissés leurs adversaires, et il le ramena par la bride. « Seigneur, dit l'autre, qui s'était déjà remis en route, par Dieu tout-puissant, que feras-tu de ce roncin ? Il va nous retarder. Je renonce à ta compagnie si tu le fais avancer d'un pas ! » Gauvain abandonna le frein du roncin, et le chevalier, reprenant place à ses côtés, se remit à lui demander le nom du héros le plus réputé à la cour du roi Arthur. Et Gauvain, qui n'avait ni orgueil ni présomption ni outrecuidance, lui répondit que Sagremor et Girflet s'étaient illustrés par bien des exploits.

« Je suis complètement fou de continuer avec toi ! s'écria le chevalier au léopard. Que Dieu m'aide ! Je n'irai pas plus avant. C'est en vain que je t'ai accompagné depuis deux lieues et demie ! » Gauvain rétorqua sans hésiter : « Le brave qui trouve ce qu'il cherche, celui qui gagne valeur et gloire sur sa route, celui-là seul ne se trompe pas ! Mais je ne vois pas d'inconvénient à nous séparer. Puisque tu le juges bon, nous allons le faire. Mais, auparavant, j'aimerais savoir ton nom. — Tu es bien mal avisé, répliqua le chevalier. Dès notre rencontre, je t'avais averti. Je te le répète, sans forfanterie : si tu me demandes encore une fois qui je suis, tu ne t'attireras que honte et malheur. Chevaucher avec toi m'est parfaitement désagréable. Tu n'as ni valeur ni conversation. »

Sur ce, il s'éloigna à travers la lande, sans se presser, mais dans une direction qui n'était pas celle qu'ils avaient prévue. Gauvain se détourna aussi et le suivit à deux portées d'arc, bien décidé à talonner l'impudent aussi longtemps qu'il lui refuserait son nom et ne lui expliquerait pas le motif de son comportement. Dût cela retarder de plusieurs jours son arrivée à Carduel, il n'en démordrait pas.

Il arriva ainsi à proximité d'un beau pavillon déployé dans une clairière, et auprès duquel se trouvaient six jeunes filles dignes d'attention, car elles étaient fort belles. Elles étaient les suivantes d'une dame qui faisait souvent tendre ce pavillon dans la forêt et y séjournait volontiers, à l'écart de la ville et de la cour. Chaque jour, elle faisait chasser à courre ou à l'arc, et elle envoyait chercher dans ses châteaux les vivres et les boissons dont elle avait besoin, ainsi que les beaux vêtements qu'elle désirait porter.

La dame qui menait une existence si agréable avait nom Ydoine. Quand elle séjournait dans la forêt, aucun chevalier ne pouvait passer par là sans y venir acquitter un gage obligatoire, celui de s'adresser à l'une des suivantes et de s'entretenir avec elle. Et s'il ne le voulait ou n'avait pas le temps de s'arrêter, il devait du moins donner un baiser à leur dame avant de poursuivre sa route. Mais, avant l'arrivée de Gauvain, le chevalier au léopard, n'ayant que faire de badiner et ne se souciant pas de mettre pied à terre, avait dépassé la dame et ses suivantes sans même paraître les remarquer. Or elles n'avaient pas manqué de le voir. Aussi leur dame, fort contrariée, lui réclama-t-elle son dû en lui reprochant vivement sa discourtoisie. « Comment ? se récria le chevalier. Par Dieu tout-puissant, tu oses me demander un baiser ! Je ne saurais l'accorder qu'à une femme qui ne soit ni une coureuse ni une putain ! » Et il piqua des deux sans attendre de réponse ni prêter la moindre attention aux cris de colère que poussait la dame.

Injuriée dans sa dignité de femme et au comble de la fureur, celle-ci pleurait toutes les larmes de son corps quand survint Gauvain. En entendant ce concert de cris et de lamentations, il aborda la tente et demanda ce qui se passait. « C'est l'arrogance d'un chevalier qui cause notre chagrin, dit l'une des jeunes filles. Il vient de nous quitter. Il monte un fort beau destrier et porte un bouclier rouge orné d'un léopard. Il a osé bafouer la coutume. — Quelle coutume ? » demanda Gauvain. Alors, la dame prit la parole : « J'ai seulement réclamé mon dû, dit-elle, car mon droit stipule que je reçoive un baiser de tout chevalier qui passe ici sans s'arrêter. Cet impudent, que Dieu le confonde ! m'a refusé ce baiser avec tant de mépris que j'en suis encore toute retournée. Pourtant, je n'ai ni venin ni mauvaise haleine ! En vérité, seul un cœur bouffi d'orgueil peut inspirer pareils termes et telle attitude. Serait-il fils de roi, je n'aurais de joie qu'il ne se soit acquitté vis-à-vis de moi ! »

Gauvain, avec beaucoup de douceur, lui répondit : « Dame, loin de te donner tort, je serai trop heureux de te faire rendre justice par les armes. Je ne sais chevalier au monde aussi vaniteux ni aussi injurieux que lui. Aujourd'hui même, j'ai cru devenir fou de colère par sa faute, et si j'ai pu prendre sur moi d'en rien montrer, je suis convaincu qu'il sera ravi de m'affronter, car chacune de mes paroles l'a irrité. Quant à toi, à te voir si sage et si distinguée, je ne doute pas que tu ne sois d'un grand réconfort pour qui sait apprécier la beauté et se montrer courtois à l'endroit des dames. Sois sans crainte, je te promets qu'avant ce soir tu verras lequel de nous deux est le plus fort, et que tu obtiendras satisfaction. — Cher seigneur, répondit la dame, sois béni. On voit assez que tu n'aspires qu'à aider ceux ou celles qui, dans l'affliction, cherchent désespérément du secours. » Gauvain éperonna Gringalet. La dame lui cria : « Quand tu auras dépassé le vallon, tu verras ce malotru devant toi, sur le chemin de droite ! »

Aiguillonné par son désir de rejoindre le chevalier, Gauvain força l'allure jusqu'au moment où il l'aperçut et, l'ayant rattrapé, le défia. L'autre, non sans lui lancer de fiers regards qui manifestaient son dédain, glissa son bras dans les courroies de son bouclier et fit faire demitour à son cheval. De son côté, Gauvain se préparait comme il le fallait. Puis, de toute la vitesse de leurs montures, ils s'élancèrent l'un contre l'autre, lances baissées. Les fers se brisèrent sur leurs boucliers, mais le choc ne les fit pas ciller pour autant. Toutefois, tous deux furent projetés à terre. Le chevalier tira alors son épée d'acier contre Gauvain et, dans son acharnement à l'atteindre, il se découvrait souvent. Gauvain, au contraire, se retranchait derrière son bouclier que l'autre voulait mettre en pièces. Malgré les dégâts, Gauvain résista longuement, donnant moins de coups qu'il n'en recevait. Mais quand son adversaire songea à s'écarter pour se reposer de ses assauts, Gauvain bondit sur lui, le frappa, le malmena et le harcela tant et si bien que force lui fut, à la longue, de s'avouer vaincu.

Cependant, regardant Gauvain droit dans les yeux avec une arrogance intacte, il dit : « Quant à savoir mon nom, tu n'y dois pas compter. Ce que j'ai refusé par amitié, la force ne me l'arrachera pas. — C'est insensé ! s'écria Gauvain. Tu es fou ou possédé du diable ! Écoute-moi bien : si tu t'étais soucié de savoir mon nom, je te l'aurais dit sur-le-champ. Mais tu ne me l'as pas demandé, aussi n'avais-je aucune raison de te le révéler. — Certes, admit le vaincu, je crois que tu as raison. Maintenant, je te le demande : quel est ton nom ? — Je suis Gauvain, fils du roi Loth d'Orcanie, neveu du roi Arthur.

— Seigneur ! s'écria le chevalier au léopard, nous n'avions vraiment aucune raison de nous battre, car c'est ton nom que j'espérais entendre prononcer quand je te demandais quel était le plus valeureux des compagnons de la Table Ronde ! Gauvain, je suis ton cousin Hunbaut, et c'est toi que je venais rejoindre à la cour. » Gauvain lâcha son épée, et ils se donnèrent l'accolade, tout joyeux, et se félicitant du fond du cœur de s'être retrouvés grâce à cette épreuve. « Assurément, conclut Gauvain, je sais que tu es plein de bravoure, mais sache-le, la prouesse se déprécie quand l'orgueil s'y mêle ! — Je retiendrai la leçon, dit Hunbaut. J'essaierai désormais de mettre davantage de mesure dans mes paroles et mes actes. »

Gauvain lui expliqua alors en quoi et comment il avait méconnu la coutume de la dame du pavillon, et tous deux convinrent qu'il fallait réparer ce tort. Ils rebroussèrent chemin. La dame, à l'entrée du pavillon, attendait le retour de Gauvain qu'elle savait toujours empressé à servir les dames et les jeunes filles et qui, pour mériter leur amour, avait déjà tant affronté de dangers. Quand elle le vit arriver avec Hunbaut, elle dit : « Certes, Gauvain a bien su rabattre l'orgueil de cet insolent chevalier ! »

Les jeunes filles qui l'entouraient manifestèrent aussi leur joie. « Dame, dirent-elles en chœur, son remède, c'est une épée bien tranchante et rudement brandie. Il n'est, sous le ciel et sur la terre, aucun chevalier comparable à Gauvain. Il en vaut bien cent à lui seul. » Gauvain mit pied à terre et, en tenant son cousin par la main, le conduisit devant elles. « Dames, dit-il, je vous présente ce chevalier, afin qu'il s'acquitte de la façon que vous jugerez bonne. — Grâces te soient rendues ! répondit la dame. L'amende sera légère puisqu'il vient en suppliant. » Et, sans plus de façons, elle les pria de loger chez elle pour la nuit.

Il va sans dire que les deux chevaliers passèrent dans le pavillon des heures pleines d'agrément. Mais, au matin, ils s'équipèrent et, après avoir pris congé de la dame Ydoine et de ses suivantes, ils reprirent leur route vers Carduel. Ils chevauchèrent toute la journée sans s'attarder ni s'arrêter, sauf pour abreuver leurs chevaux. Et, pour tuer le temps, les deux cousins bavardaient et plaisantaient. Tout orgueil semblait à présent disparu du cœur d'Hunbaut. Dans son bonheur d'avoir trouvé celui qu'il cherchait, il voulait, à force de grâce et de soins, effacer de l'esprit de Gauvain l'image détestable qu'il lui avait donnée de lui-même lors de leur rencontre.

« Cher cousin, dit-il, comme le soir commençait à tomber, nous prendrons gîte cette nuit dans le logis d'un hôte qui ne plaît pas à tout le monde. Grande est sa fortune en or et en argent, et il est le seigneur d'un vaste domaine. Mais si, par malheur, l'on enfreint les ordres qu'il a donnés, sa colère peut être impitoyable. Dans certains cas, c'est au gibet qu'elle condamne, et sans recours. Sa forteresse est si puissante et si solidement bâtie qu'il n'y craint ni comte ni roi. Son orgueil et son outrecuidance sont tels qu'il ne répugne même pas à faire exécuter un homme libre, ni à l'emprisonner sous un prétexte quelconque. Prends donc garde à ne pas oublier mes avertissements.

« Prends soin également de te restaurer de ton mieux, car lorsqu'il reçoit des chevaliers ou des rois, il les honore et les comble de bienfaits. Or, une fois que nous aurons quitté son domaine, il nous faudra jeûner, je crois, car nous ne pourrons rien trouver en fait de vivres, fût-ce en payant : nous ne traverserons plus que forêts profondes et landes stériles. Je le sais pour les avoir déjà fréquentées. Mais surtout, cher Gauvain, veille, ce soir, à ne pas mécontenter notre hôte : il ne faut pas qu'il puisse nous reprocher la moindre faute. Avant de prendre place lui-même à table, il te fera asseoir à la place d'honneur, auprès de sa fille, qui est la plus belle créature du monde, et vous partagerez la même écuelle [1]. Or, sache-le, elle acceptera volontiers ta présence à ses côtés, car ton arrivée la réjouira plus et mieux que celle de tout autre chevalier. Elle a entendu dire tant de bien de toi qu'elle prétend que ton seul nom lui arrache le cœur du corps. Un jour, j'ai reçu ses confidences : elle voudrait bien t'interroger sur les aventures que tu as vécues, et aussi se retrouver seule dans sa chambre avec toi, à l'insu de tous, car l'idée que son père puisse l'apprendre la terrifie. Aussi, je t'en prie, quelques caresses qu'elle te fasse, ne t'en soucie pas.

« J'ai fréquenté le père plus de trente semaines et je sais trop comment il se conduit, je le connais parfaitement. Maintenant, tiens-toi pour prévenu et n'en doute pas : tu courrais grand risque si tu manifestais le moindre intérêt pour la jeune fille, à moins que nul n'en sache rien. Elle est intelligente et rusée, susceptible même de fine prudence, mais l'amour rend sots bien des gens. Sois sûr d'une chose : elle est folle de toi. Voilà, je t'ai tout dit de ses dispositions, de l'air qu'elle prendra et de l'hospitalité que nous recevrons. — Je te remercie, dit Gauvain, de tout ce que tu viens de m'apprendre. Mais je ne pense pas commettre la moindre faute. Et si le seigneur me fait pendre, je n'en demanderai de comptes à personne. »

La conversation s'interrompit là, tandis qu'ils forçaient l'allure de leurs rapides coursiers. De sorte que,

1. Coutume très ancienne que l'on retrouve dans la célèbre formule populaire « partager le pain et le sel », ou encore dans le mot même de « compagnon », littéralement, « celui avec qui l'on partage le pain ». « Manger à la même écuelle » est un rite de fraternité ou de compagnonnage par lequel on institue une relation privilégiée entre deux individus.

sans rencontrer d'obstacle ni subir de contretemps, ils parvinrent bientôt à l'étape dont avait parlé Hunbaut. C'était une vaste forteresse entourée par un large cours d'eau. Elle paraissait imprenable tant étaient puissantes ses murailles et nombreux ses jardins intérieurs. Aucune armée venue l'assiéger n'aurait pu se flatter d'en réduire ou d'en affamer les habitants. D'un côté, un port opulent s'ouvrait à un intense trafic fluvial ; de l'autre, abrités du vent par une colline, des vergers superbes dénotaient l'abondance et la richesse.

Après avoir franchi le pont, Gauvain et Hunbaut longèrent la grand-rue et le marché. Mais n'étant assurément pas hommes à discuter du prix des denrées, ils allèrent droit jusqu'au pied de la tour principale, où une belle compagnie de plus de vingt chevaliers vint à leur rencontre. À leur tête, marchaient le sénéchal et le connétable. Quant au seigneur, il jouait au trictrac dans la grande salle et ils l'abordèrent main dans la main. Hunbaut dit alors : « Seigneur, je t'amène un hôte de marque : Gauvain, neveu du roi Arthur. » Aussitôt, le seigneur s'arrêta de jouer et se précipitant, dit à Gauvain : « Dieu te protège et garde le roi Arthur ! Sois le bienvenu chez moi, puisque le ciel a fait de toi le meilleur chevalier du monde ! »

Puis, le prenant par la main, il le fit désarmer sans attendre. De nombreux serviteurs s'empressèrent autour des deux hommes et les revêtirent de robes de soie écarlates des plus seyantes. Gauvain prit alors place à gauche du seigneur, qui l'interrogea longuement sur lui-même et sur ses aventures. Et Gauvain, sans mentir ni se perdre en détails superflus, lui raconta comment, de fil en aiguille, les accusations de Guinganbrésil l'avaient amené à se lancer dans la quête de la Lance qui saigne. Avec autant de courtoisie que de réserve, le seigneur se garda d'insister et l'entreprit sur d'autres sujets, tandis que l'on apprêtait le repas et dressait la table.

Le moment venu, deux chevaliers montèrent l'escalier pour aller chercher, dans sa chambre à l'étage, la jeune fille dont ni la beauté ni les qualités n'avaient de pareilles au monde, et elle ne tarda pas à se présenter. Elle n'avait pas de voile sur ses cheveux blonds. Son corps était gracieux, élégant et distingué. Toute l'assistance la contemplait avec admiration. Quant à Gauvain, il fut fasciné, ébloui par cette beauté qui n'était ni pâle ni fade, mais à la fois blanche et vermeille, et dont le regard suave évoquait quelque paradis perdu. Pour qu'on pût mieux la voir, son père, qui était très fier d'elle, la fit asseoir à la place d'honneur. Puis il prit par le doigt celui qu'il considérait comme le meilleur chevalier du monde et l'installa auprès de sa fille, bien en vue, de sorte que, tout en l'honorant, il serait à même de le surveiller fort étroitement.

Cependant, Gauvain se sentait fort à l'aise auprès de celle dont l'étourdissait la beauté. Conscient que plus d'un regard pouvait le surprendre s'il lui parlait d'une manière un peu trop intime, il se savait du moins à l'abri des oreilles indiscrètes. Nul n'était assez près pour l'entendre, le cas échéant, risquer des demandes scabreuses ou inconvenantes. Le seigneur, lui, manifestait sa joie et sa bonne humeur, apparemment sans arrière-pensée, en partageant son écuelle avec Hunbaut qu'il connaissait de longue date. Alors, en homme d'expérience Gauvain s'adressa à la jeune fille avec beaucoup de courtoisie, évitant tout propos qui pourrait la choquer, lui déplaire ou l'irriter, car il préférait ne point brusquer les choses. Toutefois, plus le temps passait, plus il sentait son désir pour elle s'exacerber. Aussi entreprit-il enfin d'en parler, d'abord à mots couverts, puis avec moins d'ambages. Et c'est ainsi qu'en l'abreuvant de belles phrases qu'elle seule pouvait entendre, il lui demanda son amour ainsi que ses faveurs. Elle ne s'en offusqua guère, car ces prières la comblaient d'aise, et elle s'ingénia à le lui dire : « Gauvain, souffla-t-elle, je ne t'avais jamais vu, mais les récits qu'on m'a faits de toi m'ont convaincue de ta valeur et de ta générosité. Sois sans crainte, nous trouverons bien le moyen de nous isoler avant que la nuit ne s'achève. » Et tous deux, sans que personne s'en aperçût dans l'assistance, échangèrent promesses et garanties.

Ils reprirent dès lors une conversation semblait-il des plus anodine, mais leurs regards trahissaient l'exaltation qui les troublait. Hunbaut, qui voyait très bien le manège, aurait voulu se trouver ailleurs, tant il redoutait les conséquences de cette rencontre. De temps à autre, il essayait d'attirer l'attention de Gauvain, afin de lui remémorer ses avertissements, mais, peine perdue, Gauvain ne se souvenait plus de rien, sa voisine pas davantage d'ailleurs. Ils avaient si bien tout oublié qu'ils ne pouvaient détacher leur pensée de leur unique préoccupation : se rejoindre sans plus tarder, et dans le plus grand secret.

Le moment vint où les serviteurs retirèrent les nappes et présentèrent l'eau, les bassins d'argent, les serviettes. Chacun d'eux s'appliquait à son office avec des manières irréprochables. Après que l'on eut servi le vin, lequel était clair et parfumé, dans de riches coupes d'or et d'argent, les chevaliers se dispersèrent un moment pour se délasser. Et quand l'heure du coucher fut venue, la fille du seigneur prit congé pour regagner ses appartements. Or, le seigneur la retint, comme elle se retirait, en la prenant par sa blanche main : « Ma fille, dit-il, quel manque d'éducation ! Peux-tu prendre si rapidement congé de l'homme le plus sage et le plus distingué du monde ? Je veux parler de ton voisin, le neveu du roi Arthur, avec qui tu as partagé ton écuelle. Il me paraîtrait séant qu'avant de t'en aller coucher tu lui donnes un baiser. »

La jeune fille ne se fit pas prier, et Gauvain, sans penser à mal, vint lui donner quatre baisers qui ne furent pas refusés. Il ne croyait guère son heure venue. Cependant, le seigneur, furieux, s'écria : « Par tous les saints du Paradis, est-il plus puissant que moi, cet homme qui ne tient nul compte de ce que j'ai dit ? Voilà trois baisers de trop, bien comptés, qu'il vient de donner à ma fille ! Il faut croire que mes paroles ont bien peu de poids ! Mais il va savoir quel est mon pouvoir : qu'on lui crève sur-le-champ les yeux et qu'on le jette au fond d'un cachot ! Trop grave est l'outrage, je ne pourrai jamais l'oublier. Gauvain mérite cent fois son sort, et si le roi Arthur veut venir ici le venger et me mettre à mal, eh bien, qu'il essaie ! Je fais peu de cas de sa puissance, et je saurai lui résister ! »

On allait donc saisir et entraîner Gauvain quand tous les chevaliers présents protestèrent auprès de leur seigneur. « Malheur à toi s'il arrive malheur à ce chevalier ! Tu as déjà commis bien des excès, mais celui-ci dépasse tous les autres. Hunbaut n'est pas venu ici pour monnayer les yeux du neveu du roi ! On le tiendrait pour insensé s'il payait ainsi son écot ! Nous avons tous vu Gauvain donner quatre baisers à ta fille, mais il l'a fait sans malice, et seulement parce que tu avais prié celle-ci de ne pas prendre congé sans recevoir un hommage de lui. Nous réclamons justice, et si tu ne veux pas l'accorder, nous préférons partir. »

Face à leur révolte, le seigneur rentra sa colère. Il se dit qu'après tout, ses chevaliers avaient raison et qu'il se montrait trop sévère envers le neveu du roi. Revenant à plus de modération, il se contenta de reprocher à Gauvain d'avoir abusé de sa permission pour extorquer trois baisers de plus à sa fille. « Oui, dit Gauvain, je l'avoue, seigneur, mais je pensais de la sorte mieux rendre hommage à la beauté de ta fille. — Fort bien, dit le père, n'en parlons plus. Mais, la prochaine fois, sois assez sage pour ne pas outrepasser mes ordres. »

Comme l'affaire était réglée, les serviteurs coururent dresser les lits, et chacun se dirigea vers sa chambre. Gauvain maugréait comme un beau diable, en son for intérieur, tant la violence et le manque de courtoisie de son hôte l'avaient choqué. Mais il n'en laissa rien paraître. Il prit congé et gagna la chambre qu'on lui avait assignée, tandis que, pour sa part, Hunbaut faisait de même.

Cependant, la jeune fille se désolait. Elle avait donné son amour sans partage au neveu du roi, et elle entendait être payée de retour. Elle se garda pourtant d'en rien manifester et, au mépris de témoins éventuels, elle vint, durant la nuit, rejoindre subrepticement Gauvain dans son lit. Certes, il n'y eut guère de servantes ni de dames pour l'accompagner ! Gauvain seul la sentit se glisser entre les draps. « Si je ne t'aimais tant et depuis toujours, dit-elle en se serrant contre lui, je ne me conduirais pas de la sorte. Je me mets là un bien lourd fardeau sur la tête. »

Or, il l'enlaça, et elle ne pensa plus à se plaindre. Ils restèrent ensemble toute la nuit. Au lever du jour, n'osant rester davantage, elle prit congé de Gauvain, entremêlant sanglots et doux baisers. Ni l'un ni l'autre ne pouvait prendre l'initiative de se séparer. Enfin, au prix d'un grand effort sur elle-même, la jeune fille parvint à s'arracher des bras de Gauvain et, dans le plus grand secret, regagna bien vite sa chambre, le cœur empli d'une joie profonde parce quelle avait obtenu ce qu'elle désirait le plus au monde.

Gauvain et Hunbaut, eux, se levèrent quand le soleil était déjà haut. Peu soucieux de demeurer plus longtemps dans la forteresse, car ils avaient, l'un et l'autre, autre chose à faire, ils eurent tôt fait de s'équiper et de s'éclipser sans revoir leur hôte dont ils avaient, la veille, pris congé afin de ne pas le déranger le matin. Ils reprirent donc leur chevauchée, et s'ils ne durent ni traverser de marécages, ni éprouver d'encombre, du moins affrontèrent-ils des forêts désertes et des landes sauvages battues par les vents.

Chemin faisant, Hunbaut agonit Gauvain de sarcasmes : « Certes, disait-il, j'aurais mieux fait d'aller tout seul sur les routes de Carduel plutôt que de rester avec toi. Quand les chiens sont lancés, il est impossible de les arrêter ! Je t'avais pourtant averti de la cruauté de notre hôte, ainsi que de sa mauvaise foi. Mais, loin de m'écouter, tu t'es

complu dans l'imprudence. Tu peux t'estimer heureux de t'en être tiré à si bon compte ! Décidément, ta réputation n'est pas fausse, et quand on prétend que tu ne manques jamais de secourir une dame ou une jeune fille en détresse, on sait pertinemment en quoi consistent tes exploits !
— Tais-toi, beau cousin, répliqua Gauvain, ou c'est moi qui te quitte ! »

Ils entraient alors dans une forêt d'aspect plus accueillant. Mais, dans une clairière, ils aperçurent une jeune fille qui aurait été plaisante et très belle, n'eût été son défaut de joie, car, assise sur un tronc d'arbre, elle pleurait, se meurtrissait de ses deux poings ou se tirait tant les cheveux qu'elle semblait devoir les arracher tous. Quoique Gauvain et Hunbaut n'eussent nulle intention de s'arrêter, ils voulurent néanmoins s'informer des raisons de sa douleur. Aussi la prièrent-ils de leur dire sans tarder pourquoi elle se trouvait dans cette clairière, seule et en larmes.

La jeune fille leur répondit : « On emmène mon père et mon frère qui sont prisonniers, et j'ai tout lieu d'être affligée. Car, avant de se rendre, ils se sont fièrement battus, et mon cœur ne peut décider lequel des deux je dois suivre. Je ne voudrais faire que ce qui est juste. Donnez-moi donc votre avis avant de repartir. Ce sont sept redoutables brigands qui les ont capturés. Quatre d'entre eux emmènent mon frère par ce chemin qui va à droite, et les trois autres mon père par celui de gauche. Voilà pourquoi je me désespère : je ne sais qui suivre puisqu'ils n'ont pas pris la même direction. »

Gauvain regarda Hunbaut, et Hunbaut regarda Gauvain. « Beau cousin, dit ce dernier, je te laisse le choix du chemin. — Tu as tort de t'en remettre à moi, dit Hunbaut. La souffrance et la peine, c'est la jeune fille qui les supporte, et pour ceux qu'elle aime. Puisque nous sommes tous deux chevaliers, qu'elle dispose à sa guise de nos personnes. Je piaffe déjà de secourir l'un des prisonniers, et j'y courrai au grand galop. — Tu dis juste, répondit Gauvain, je n'y avais pas pensé. »

Avec des regards de reconnaissance, la malheureuse jeune fille sut amplement les récompenser, et elle leur distribua l'ouvrage comme elle l'entendait. À Gauvain elle confia le sort de son frère, à Hunbaut celui de son père. Alors, après s'être mutuellement recommandés à Dieu, ils se séparèrent et s'engagèrent dans la forêt profonde [1].

1. D'après certains épisodes de *Hunbaut*, récit français anonyme en vers du deuxième quart du XIIIe siècle. Texte publié en 1914 à Dresde par Sturzinger et Breuer. Trad. intégrale par Marie-Luce Chênerie dans *La Légende arthurienne*, Paris, 1989.

CHAPITRE IX

Sur l'autre Rive du Fleuve

À Carduel, le roi Arthur s'inquiétait de plus en plus de ne recevoir aucune nouvelle de son neveu Gauvain. Il en devenait triste et pensif, et lui qui, jadis, se plaisait à deviser avec ses compagnons, il les évitait presque et passait de longues heures solitaires à méditer dans le pré, devant la forteresse. L'arrivée même de Lancelot, que tout le monde salua avec joie et empressement, n'atténua guère la langueur du roi. Quant à la reine Guenièvre, pourtant si heureuse de savoir proche celui qu'elle aimait d'un amour passionné, elle ne se désolait pas moins. Reverrait-elle jamais le fils du roi Loth d'Orcanie, qui s'était illustré par tant d'exploits et en secourant tant de dames dans la détresse ? Les jours passaient, cependant, sans que personne pût dire où se trouvait Gauvain.

Or, un matin qu'Arthur tenait conseil avec quelques-uns de ses compagnons, parmi lesquels se remarquaient Sagremor le Desréé, Yder, fils de Nudd, Caradoc Brichbras, fils du roi Cadoc, Yvain, fils d'Uryen, Girflet, fils de Dôn, et Kaï, le sénéchal, Lancelot prit la parole et dit : « Roi, ne rien entreprendre devient inconvenant. Jusqu'à présent, aucun des messagers que tu as envoyés chercher des nouvelles de ton neveu n'a réussi. De ceux de la Table Ronde qui se sont lancés en quête de lui, aucun ne l'a jamais rencontré, aucun n'a croisé personne qui pût lui procurer la moindre information sur son sort. Pourquoi ne pas partir nous-mêmes ensemble à sa recherche ? Il me semble que nous serions plus forts et que nous aurions plus de chance si, à plusieurs, nous entreprenions la même quête. »

Le roi Arthur soupira et dit : « Lancelot, mon ami, je crois que tu as raison. — Certes, opina Girflet, je ne sais où aller pour le retrouver, mais il nous faut le chercher en tous lieux, dût cela nous épuiser tous. — Par ma foi, ajouta Sagremor, je brûle aussi de me mettre en route. Parcourons le monde entier jusqu'à ce que nous découvrions la vérité. » Et, l'un après l'autre, chacun approuva le conseil de Lancelot. Alors Arthur dit : « Puisqu'il en est ainsi, je vous accompagnerai. Quoi qu'il advienne, je ne me laisserai pas rebuter par le désespoir, et rien, non, rien ne m'empêchera de savoir ce qui est arrivé à mon neveu. »

C'est alors que Kaï intervint : « L'insouciance et les excès de ton neveu nous plongent dans l'embarras, dit-il avec mauvaise humeur. Je déplore quant à moi son entêtement dans l'orgueil et la démesure. C'est pour nous faire languir qu'il ne donne pas de nouvelles, et je suis persuadé qu'il se prélasse dans quelque manoir, y faisant bonne chère en galante compagnie ! » Seule l'aigreur lui dictait ces paroles ironiques, car toute occasion lui semblait trop belle de railler ses compagnons. Il était vaillant aux armes, capable de grands exploits, audacieux jusqu'à la témérité, mais son esprit acerbe lui valait à la cour d'innombrables inimitiés. « Il suffit, Kaï ! répliqua vertement le roi. Garde tes sarcasmes pour un autre jour, et prépare-toi à nous escorter. Je souhaite en effet que nous prenions la route au plus tôt. » Là-dessus, il ordonna à ses serviteurs de seller les chevaux et d'apprêter les armes.

Les dix qui désiraient accompagner Arthur apportèrent tant de zèle à leurs préparatifs que, dès la fin de la matinée, sitôt pris congé de la reine, ils quittèrent Carduel par le grand chemin ferré qui se dirigeait vers le sud. Et, chaque fois qu'ils croisaient un forestier, un paysan ou un chevalier, ils s'informaient de Gauvain. Lorsqu'ils s'arrêtaient dans les ermitages afin de s'y reposer, ils mettaient à profit ces brèves haltes pour poser de nouveau les questions nécessaires. Malheureusement, ce jour-là, nul ne fut en mesure de leur fournir le moindre éclaircissement.

Comme le soir tombait, vers l'heure de vêpres, le roi Arthur avoua son étonnement : comment se pouvait-il que, après avoir parcouru tant de landes et tant de forêts, nulle aventure notoire ne fût survenue ? Ils se trouvaient alors près d'une forteresse dont le seigneur, un puissant comte, avait prêté hommage au roi. Aussi celui-ci y vint-il loger avec autant de joie que de satisfaction, car son vassal l'avait mise sans réserve à sa disposition et, loin de rechigner, se multiplia pour mieux honorer et recevoir ses hôtes. Néanmoins, dès que le jour parut, aucune prière ne put convaincre le roi de prolonger son séjour. Aussi, après avoir entendu la messe, s'éloigna-t-il avec ses dix compagnons.

Tout en chevauchant, ils plaisantaient et échangeaient d'aimables propos pour se distraire et se détendre. Ils atteignirent de la sorte les bords d'un grand fleuve et s'inquiétèrent de trouver quelqu'un qui les fît passer sur l'autre rive. Ils suivirent le chemin qui longeait les flots, très profonds et si larges que le projectile lancé par une fronde n'en aurait même franchi le quart. « Ce passage nous est interdit à ce qu'il me semble », dit le roi.

D'un même geste, ils firent alors obliquer leurs montures à gauche vers le pied d'une colline qu'ils longèrent une bonne lieue en montant graduellement. Or, une fois parvenus à mi-pente, ils aperçurent au loin, mouillée près de la rive, une embarcation. « Voilà ce qu'il nous faut ! » s'écria joyeusement le roi. Ils s'ébranlèrent de ce côté, mais Arthur, en homme avisé, pria Kaï de prendre les devants et d'aller aux nouvelles. Le sénéchal s'élança au galop et ne tarda guère à atteindre l'endroit où la barque était amarrée. Deux mariniers étaient en train d'y embarquer un chevalier et son destrier.

« Au nom du roi Arthur, attendez-nous ! » leur cria-t-il, mais ils ne parurent seulement pas l'entendre. Ils venaient de larguer les amarres et, à grands coups de perche, ils s'éloignèrent de la berge. Kaï y demeura seul et, bouillant de colère, accablait d'imprécations les mariniers. Cependant, en examinant plus attentivement le chevalier qui se trouvait à bord, il crut reconnaître Gauvain et se mit à crier très fort : « Gauvain ! Gauvain ! reviens vers nous ! Le roi est ici, qui veut traverser pour aller à ta recherche ! Attends-nous ! » Mais il n'obtint aucune réponse. La barque glissait sur l'eau et, bientôt, elle aborda en face. Kaï vit alors le chevalier mettre pied à terre, enfourcher sa monture et disparaître derrière un bosquet. Il en fut tout étonné. Pourquoi Gauvain n'avait-il pas répondu à son appel ? Entre-temps, la barque avait entrepris de revenir vers lui. Une fois qu'elle eut accosté, il se précipita vers les nautoniers. « Qui était le chevalier ? demanda-t-il. — Nous l'ignorons, répondirent-ils. Il nous a demandé de le conduire au-delà du fleuve, et nous l'avons fait. — Mais pourquoi ne pas m'avoir attendu ? » L'un des hommes répondit simplement : « Telle est la coutume. »

Sur ces entrefaites, le roi Arthur survint avec ses compagnons. Kaï eut tôt fait de les mettre au courant : il avait vu et hélé Gauvain, mais celui-ci n'avait pas daigné répondre. Arthur dit : « Je suis bien soulagé d'apprendre qu'il est en vie, mais que peut bien signifier son étrange comportement ? Eh bien ! nous allons traverser, nous aussi, puis nous le suivrons à la trace. » Sur ce, il dit aux mariniers : « Faites-nous passer et nous vous récompenserons tous les deux. »

L'un des hommes répondit : « Il est une coutume que doivent respecter tous ceux qui désirent utiliser cette embarcation. — Quelle coutume ? demanda le roi. — Voici, reprit l'autre marinier. Cette barque devient si lourde quand ses passagers sont en nombre pair qu'elle chavire et coule sans recours, sitôt parvenue au milieu du fleuve. J'en sais quelque chose, mon père et mon grand-père se sont noyés ! Au surplus, nous avons vu tant de gens engloutis que nous en sommes obsédés. Aussi faisons-nous très attention. Si elle emmenait douze, dix, huit ou seulement deux passagers, cette barque serait bientôt vide. Et aucun n'en réchapperait. Enfin, ne vous méprenez pas sur mes paroles, la barque est toujours à la disposition de ceux qui veulent traverser, mais ils ne doivent être à aucun prix ni six, ni douze, ni seize, ni vingt.

— Vit-on jamais pareil prodige ! s'écria le sénéchal. Et s'il s'agit d'un groupe de treize ou dix-neuf ? — Dans ce cas, nous n'avons nul sujet de crainte : si les passagers sont en nombre impair, la barque ne chavire pas. — Par Dieu tout-puissant ! dit le roi, nous avons été bien inspirés : nous sommes onze, sans compter vous deux, nous serons donc tous en sécurité, puisque cela fait treize. »

Sans plus tarder, les nautoniers les embarquèrent donc, et la traversée se fit sans encombre jusqu'à l'autre rive. Bientôt, ils débarquèrent dans une grande prairie que bornait un bosquet. Fort joyeusement, Arthur et ses compagnons remontèrent à cheval et par monts et par vaux chevauchèrent jusqu'à ce que, devant eux, s'ouvrît un chemin qu'ils suivirent des heures durant. La journée était bien avancée et il fallait leur songer à se loger quand ils se retrouvèrent devant une forteresse bien abritée sur le flanc d'une colline.

Arthur dépêcha Kaï et Sagremor y demander l'hospitalité. Les deux chevaliers éperonnèrent leurs montures et eurent tôt fait de passer la porte, sous les yeux attentifs d'un chevalier qui se reposait en jouant au trictrac à l'ombre d'un sycomore. On l'aurait pris pour un bailli ou un connétable, car il avait un certain âge et un air de courtoisie et de bienveillance. À leur approche, il se leva donc, les salua, vint à leur rencontre et les invita à mettre pied à terre pour deviser. Kaï lui répondit : « Seigneur, nous venons de la part du roi Arthur. Il te demande si tu peux le loger cette nuit. — Grâces lui en soient rendues ! répondit le chevalier. Il sera le bienvenu chez moi, lui et ses compagnons. C'est un honneur pour moi que de le recevoir, car je ne sache pas de plus grand roi au monde. Je ne suis pas le maître de ce domaine, mais le sénéchal de ma dame, la plus courtoise héritière de l'univers. Telle qu'elle est, aussi riche, puissante, belle, distinguée qu'élégante, elle mériterait fort d'être aimée par un chevalier de la Table Ronde, il serait le bailli ou le connétable de ce pays et le gouvernerait sagement. »

Kaï lui répondit : « Assurément, si elle noue relation avec lui, notre roi saura tôt la pourvoir d'un beau et noble chevalier, je puis te l'affirmer. — Eh bien, reprit l'autre, si le roi la marie, elle ne sera plus sans appui, et les habitants de cette terre s'en réjouiront. Car moi, je me fais vieux et, je le sais, je ne pourrai plus très longtemps la protéger comme je l'ai fait jusqu'ici. Mais allons tous les trois avertir ma dame qui se trouve là-haut dans sa chambre. »

Ils se dirigèrent ensemble vers la salle dallée de la tour. Dès qu'elle les aperçut, la dame, se levant, vint les accueillir. Six jeunes filles et dix chevaliers l'entouraient, qui étaient en train d'écouter les belles aventures d'un roman qu'elle faisait lire. Kaï la distingua cependant sans peine, car elle surpassait toutes ses compagnes par sa beauté et sa prestance. Aussi pensa-t-il que bien heureux serait le chevalier qu'elle recevrait pour époux. « Dame, dit-il après l'avoir saluée, que Dieu te garde, toi et ta compagnie. Je viens t'annoncer que le roi Arthur demande à être logé ici ce soir avec dix de ses compagnons. — Seigneur, qu'il soit grandement remercié de cette requête, car elle me flatte et m'honore », répondit la dame. Puis elle ajouta : « Est-ce que Gauvain, le neveu du roi, se trouve du nombre ? — Hélas, non ! répondit Kaï, nous sommes précisément à sa recherche. » Et la dame parut fort affectée par l'absence de Gauvain.

Néanmoins, jamais empereur ni roi ne reçurent si bel accueil que celui qu'elle réserva ce soir-là au roi Arthur et à ses dix compagnons. Rien ne les contraria, tout les combla. Ils eurent pour sièges des joncs fraîchement coupés [1] recouverts de belle soie verte. Le logis était parfumé d'un subtil mélange d'encens, de musc et de menthe. Avec son goût exquis, la noble dame en avait confié le soin à un connaisseur des plus experts en la matière. En haut du perron, elle vint au-devant du roi sans sa guimpe, les cheveux flottants, et comme elle n'avait pas la langue nouée, mais au contraire très déliée pour prononcer de belles paroles, elle le salua courtoisement, lui et ses compagnons. À chacun, pour qu'il fût convenablement servi, elle donna quatre jeunes gens de noble naissance qui, pour mériter leurs armes, vivaient auprès d'elle. Et ceux-ci s'appliquèrent avec tant de zèle à leur service que le roi admira leur émulation.

La dame se montra gaie et enjouée, quoique, au fond d'elle-même, elle ne pût s'empêcher d'éprouver une grande mélancolie. Car elle portait un lourd secret. Dans sa chambre se dressait une statue stupéfiante de ressemblance avec son modèle. L'artiste chargé de l'exécuter avait si délicatement ciselé le bois que, fût-il distrait ou peu physionomiste, quiconque connaissait Gauvain se fût écrié :

1. Dans tous les récits arthuriens se remarque un mélange de civilisations qui témoigne de l'ancienneté des modèles utilisés par les auteurs des XIIe et XIIIe siècles. En l'occurrence, la description évoque les coutumes celtiques : on étalait de la paille et des joncs autour du foyer central, et les guerriers s'asseyaient à terre pour partager les aliments bouillis dans le chaudron. La transposition médiévale affecte aux joncs le rôle de « rembourrage » destiné à rendre les sièges plus moelleux.

« C'est là Gauvain ! Ce sont les traits mêmes de son visage ! » Or, la dame passait des heures à contempler cette statue ; car elle aimait Gauvain plus que tout au monde, encore qu'elle n'eût jamais eu l'occasion de le rencontrer [1]. Dans son chagrin de n'avoir jamais vu celui qu'elle aimait, elle suppliait Dieu de le lui montrer un jour et de lui permettre de révéler les sentiments qu'elle éprouvait. Ces pensées l'avaient tenue éveillée tant de nuits qu'elle s'était sentie dépérir. C'est pourquoi elle avait fait exécuter cette statue par un habile artisan : à la regarder sans cesse, elle y puisait quelque réconfort. Mais peu de gens savaient son secret, car elle n'admettait personne dans sa chambre.

Aussi fut-elle déçue que Gauvain ne figurât point parmi les compagnons du roi. Cependant, elle ne manqua pas de veiller à tout, afin que la réception fût digne de son rang. Elle fit conduire les chevaux à l'écurie, puis donna l'ordre de désarmer ses hôtes et de leur apporter de riches vêtements. Ensuite, elle les emmena elle-même dans la grande salle d'où ils s'égaillèrent en attendant l'heure du repas.

La curiosité poussa le sénéchal Kaï et Girflet, fils de Dôn, à s'éloigner les premiers pour visiter les lieux. Ce faisant, ils entrevirent la belle chambre de la dame, aux murs ornés de riches peintures et qui les saisirent d'admiration. Car le chambellan avait, par étourderie, laissé la porte grande ouverte et l'on pouvait voir, au milieu de la chambre, un lit recouvert d'un édredon de soie, le plus somptueux qui fût. Or, de la place où il se trouvait, Kaï

1. Comme dans l'épisode précédent des « Routes de Carduel », Gauvain est aimé, à cause de sa réputation de bravoure et de courtoisie, d'une femme qui ne l'a jamais vu. Ce thème de l'*amour de loin*, tout cher qu'il est aux troubadours occitans, notamment à Jauffré Rudel, prend sa source, comme en témoignent maints récits irlandais, dans une tradition celtique des plus anciennes. Les romans arthuriens, tout comme les contes celtiques, attribuent toujours à la femme et à elle seule cet amour quasi mystique.

crut voir Gauvain près du lit. « Girflet ! dit-il, prends ma place et regarde ce que je vois ! — Dieu me protège ! s'écria Girflet. C'est Gauvain que je vois là ! » Kaï laissa libre cours à son humeur : « Voilà encore une belle affaire, dit-il en ricanant. Nous nous échinons en quête d'un chevalier que tout le monde admire pour ses prouesses ! Belles prouesses, en vérité ! Je l'avais bien dit qu'il était inutile de se lancer dans cette expédition ! Gauvain ne court aucun danger, il est bien à l'abri et se gausse de nous. Quelle sottise, quelle lâcheté de le jucher si haut dans notre estime ! Toute sa gloire consiste à trousser ses putains et, inutile de le nier, son ardeur est inépuisable pour cet office ! »

Fort ennuyé, Girflet, lui, ne savait trop que penser. « Il n'aura guère gagné à être venu ici, murmura-t-il. — Mais si, mais si ! reprit Kaï, de plus en plus sarcastique. Car il affrontera la dame toute nue, et tous deux n'auront qu'à se rendre coup pour coup. Maudites soient mes vertèbres si je ne parle de cela bientôt ! Je ferai en sorte que l'hôtesse du roi sera servie d'un plat qu'elle n'attend pas ! Cette fois, la mesure est comble : Gauvain a passé les bornes, il nous prend pour des imbéciles ! » Sur ce, Yder, le fils de Nudd, les rejoignit, et ils lui dirent ce qu'ils avaient vu. Yder regarda à son tour. « Dieu tout-puissant ! s'écria-t-il. C'est Gauvain ! » À ce moment, un serviteur qui sortait de la chambre ferma brusquement la porte.

Les trois hommes allèrent rejoindre leurs compagnons et leur rapportèrent l'affaire. « Je vous assure, affirma Girflet, on dirait tout à fait Gauvain, c'est prodigieux. » Mais certains refusaient de croire que Gauvain se moquait ainsi du roi et d'eux-mêmes. Ils protestèrent énergiquement. « Ce n'est pas lui, ce n'est pas possible ! Ce n'est qu'une ressemblance ! — Par Dieu, mon créateur, dit Yvain, fils du roi Uryen, je suis certain que ce n'est pas lui. Vous vous êtes trompés, et Kaï se laisse aller à ses railleries habituelles ! Ne nous a-t-il pas dit lui-même avoir vu Gauvain, ce matin, partir au galop dans la direction du bosquet, là où nous avons traversé le fleuve ? Si notre ami se trouvait ici, nous aurions vu son cheval, Gringalet, dans les écuries. Or, j'y suis allé, et je peux affirmer que Gringalet ne s'y trouve pas. — Je ne crois pas que ce soit Gauvain, dit Lancelot à son tour. Yvain a raison : si Gringalet n'est pas dans les écuries, il est impossible que Gauvain soit entre ces murs ! De toute façon, cessez de vous quereller là-dessus. Vos propos me déplaisent trop. » Et, tournant le dos aux autres, Lancelot s'en revint dans la grande salle.

Cependant, Kaï n'en démordait pas. Il était rouge de colère, et la rage l'aveuglait. « Eh bien ! cria-t-il, maudit soit qui s'en soucie ! Laissons donc ce sujet puisque, paraît-il, j'ai des visions. Mais cela ne m'empêchera nullement de dire ce que j'ai vu au roi et à notre hôtesse. Peu m'importe que l'on y trouve à redire, je dénoncerai l'imposture. Et si la dame ose le nier, si elle s'offusque de mes assertions, je saurai bien la convaincre de turpitude ! — Que Dieu m'aide ! dit Yvain, me voici, je l'avoue, au comble de la perplexité. — Quant à moi, je confirme les propos de Kaï, ajouta Girflet. Tous ceux qui le contredisent afin de disculper Gauvain se trompent, et je puis aussi témoigner de ce que j'ai vu de mes propres yeux. — Si le roi n'intervient pas, dit à son tour Yder, je dévoilerai toute la vérité, que ce soit folie ou raison. — Mais non, mais non ! reprit Kaï en ricanant, tu ne le feras pas : cela contrarierait Lancelot et Yvain ! » Lancelot, qui les avait rejoints, prit un visage sévère. « Vous feriez mieux de parler d'autre chose, dit-il. Vos discussions me fatiguent et ne me concernent pas. » Et la querelle s'arrêta là.

Une fois à table, le roi et ses chevaliers furent si bien servis qu'ils n'eurent aucun sujet de se plaindre ni aucune répugnance à s'attarder. Ils virent en effet se succéder plus de six services plantureux. La dame du château leur faisait grande fête, et elle leur tint fort bonne compagnie. Après qu'ils eurent bien mangé et dégusté un vin fort agréable, ils se levèrent et, au même moment, survint dans la cour un cavalier qui réclamait le roi Arthur. « Faites-le monter ici », dit la dame.

L'homme se hâta de grimper l'escalier. Il portait encore, à son cou, son bouclier rouge que décorait un léopard. Après avoir salué l'assistance et, tout particulièrement la dame, il s'adressa à Arthur. « Roi, dit-il, je suis Hunbaut, le fils de la sœur du roi Loth, et donc le cousin de ton neveu Gauvain. — Dans ce cas, répondit le roi, tu es de ma parenté. Qu'as-tu donc à nous dire ? — Roi, je viens te donner des nouvelles de Gauvain. » En entendant prononcer ce nom, la dame se sentit toute bouleversée, et peu s'en fallut qu'elle ne tombât évanouie. Elle réussit cependant à se maîtriser. « Parle, dit le roi. Dis-nous ce que tu sais. » Alors, devant la dame, le roi et les chevaliers qui l'écoutaient avec attention, Hunbaut raconta sa rencontre avec Gauvain et, sans omettre de mentionner sa propre arrogance, les aventures qu'ils avaient vécues ensemble.

« Nous nous apprêtions à rejoindre ta cour à Carduel, continua Hunbaut, et nous étions décidés à ne pas nous arrêter, quand notre chevauchée nous mena dans une clairière où nous découvrîmes une jeune fille au comble du désespoir. Elle se désolait pour son frère et son père qu'avaient emmenés captifs sept cavaliers qui les avaient croisés et assaillis. Quatre d'entre eux s'étaient emparés du frère, les autres du père. Ils avaient ensuite pris des directions différentes. En nous apercevant, la jeune fille nous appela à grands cris et, une fois qu'elle nous eut conté son histoire, nous décidâmes de poursuivre, chacun de notre côté, les ravisseurs. Ainsi fûmes-nous séparés. Quant à moi, je n'eus guère de peine à tuer les trois brigands et à libérer leur otage que je ramenai sur-le-champ à sa fille. Mais Gauvain n'était pas encore de retour. J'attendis une journée entière avant de voir arriver le frère de la jeune fille. Celui-ci nous expliqua de quelle manière il avait été délivré : Gauvain avait tué deux des bandits et mis les deux autres en fuite. Mais la rencontre avait eu lieu près d'une cité qu'on nomme Escavalon, et Gauvain, après le combat, avait dit au jeune homme qu'une affaire urgente l'appelait dans cette cité. Aussi me fit-il transmettre un message d'après lequel je le retrouverais à la cour d'Escavalon.

« Je me hâtai de prendre congé du père et de ses deux enfants et après qu'ils m'eurent indiqué le chemin qui menait à Escavalon, je galopai de toute la vitesse de mon cheval. J'y parvins à la nuit tombante et je demandai tout de suite si l'on avait vu un chevalier du nom de Gauvain. On me répondit qu'il était en effet dans la ville, qu'il logeait chez un vavasseur de sa connaissance, mais que, le lendemain matin, il devait combattre le frère du roi, un certain Guinganbrésil. Je me rendis droit au logis de Gauvain qui, tout heureux de me voir, m'expliqua ce qui l'avait amené là. Pour laver l'honneur de son nom et celui de son lignage, il devait combattre Guinganbrésil qui l'accusait d'avoir tué son père par félonie. Un délai d'un an lui avait été imparti pour le combat, à moins qu'il ne rapportât une mystérieuse Lance qui saignait. Il n'avait pas trouvé la Lance et, l'échéance approchant, avait préféré se rendre tout de suite à Escavalon pour confondre son accusateur. Il se déclara bien aise de mon arrivée car si, par malheur, il était vaincu, je devrais avertir sur-le-champ son frère Agravain, pour que celui-ci le vengeât.

« Je lui dis qu'en tant que cousin et membre de sa famille, je pouvais tout aussi bien remplir cette mission, mais il m'interdit d'y songer. À son frère puîné revenait la tâche de défendre l'honneur du lignage. Il me raconta également les aventures qu'il avait vécues durant sa quête de la Lance qui saigne, et sa longue captivité à cause des sortilèges d'une magicienne. Enfin, comme il m'avait procuré un lit dans la maison de son hôte, nous allâmes nous coucher, lui très confiant dans sa victoire du lendemain, moi d'autant plus angoissé qu'il m'avait fait promettre de ne pas chercher à intervenir.

« Le lendemain, il se leva très tôt et alla entendre la messe. Puis il se prépara pour le combat. Celui-ci devait avoir lieu sur le pré, devant les portes de la ville. Une foule immense s'y était déjà rassemblée, mais silencieuse et très recueillie. On sentait bien que l'affaire était trop grave pour se terminer autrement que par la mort de l'un des champions.

« Que te dire de plus, roi Arthur ? Tu connais ton neveu et sa valeur. Son adversaire eut beau multiplier les coups et lui résister avec un acharnement remarquable, Gauvain eut quand même le dessus. Mais, contrairement à ce que chacun redoutait, il fit grâce au vaincu. "Je t'épargne, lui dit-il, afin que tu ailles témoigner partout que Gauvain n'a jamais commis de trahison, qu'il n'a jamais tué d'homme sans défense. Tu diras également à tous ceux que tu rencontreras que Gauvain t'a fait grâce parce qu'il a consacré sa vie à combattre le tort et l'injustice, et non les gens qui se méprennent sur leur droit." Guinganbrésil a juré devant toute l'assistance d'obéir en tout point aux ordres de Gauvain. Voilà, roi Arthur, la vérité sur ce qui s'est passé. »

Un grand murmure parcourut l'auditoire de chevaliers. La dame, quant à elle, sentait son cœur défaillir. Le triomphe de Gauvain la comblait d'aise, et son amour insensé pour lui ne faisait que croître. « Je te remercie, Hunbaut, dit enfin le roi Arthur. Je suis bien soulagé de savoir mon neveu vivant et justifié de l'opprobre qui pesait sur lui. Mais je m'étonne qu'après sa victoire il ne soit pas venu me voir en ta compagnie.

— Je n'ai pas terminé, roi Arthur. Après le combat, comme le roi d'Escavalon le pressait d'accepter d'être son hôte, Gauvain refusa, disant qu'il n'avait plus rien à faire là. Il se reposa pendant quelques heures puis, une fois armé, prit son cheval par la bride et, avant de me quitter, me dit ceci : “Hunbaut, va trouver le roi Arthur pour moi. Salue-le de ma part, ainsi que tous mes compagnons de la Table Ronde, exprime-leur ma profonde affection pour eux. Mais dis-leur qu'à mon grand regret je ne peux venir les rejoindre. On m'a trop parlé de la Lance qui saigne. Je devais la découvrir et ne l'ai point trouvée. Je pars la chercher à travers le monde. J'y consacrerai le temps qu'il faudra, mais j'en aurai le cœur net. Je ne reviendrai pas à la cour que je n'aie, sur ce point, pleine satisfaction.” Voilà, fidèlement rapportées, les paroles de ton neveu, roi Arthur. Après cela, il me recommanda à Dieu et s'en fut au galop de son cheval. »

— Hélas ! dit le roi, m'est avis que nous ne sommes pas près de le revoir parmi nous. » À ce moment, Kaï prit la parole : « En vérité, les beaux discours de Gauvain concernant cette Lance mystérieuse lui servent de prétexte pour nous tromper. Gauvain se moque de toi, roi Arthur. Veux-tu savoir où il se trouve ? Rien de plus facile : il se cache dans cette forteresse, non loin de nous, et il doit bien rire des inquiétudes qu'il nous a causées ! » Le discours de Kaï jeta un froid dans l'assistance. « Comment ? répliqua Arthur. Je n'ai jamais entendu semblables sornettes ! Kaï, modère tes paroles, je te prie ! Il ne se peut que Gauvain, s'il était ici, se soit abstenu de me venir voir, sachant que je loge dans ces murs ! — Et pourtant, cela est, insista Kaï. Je l'ai vu de mes propres yeux, comme l'ont vu Yder et Girflet ! — Est-ce vrai ? demanda le roi. — Oui, répondirent-ils, nous l'avons, tout comme Kaï, vu dans la chambre de la dame. »

Le roi se tourna vers son hôtesse. Celle-ci sentait le sol se dérober sous elle. Les chevaliers la voyaient pâlir et trembler. Pourtant, elle demeurait fort belle, en sa robe blanche qui moulait son corps gracieux. « Dame, dit Arthur, ne prends pas en mauvaise part tout cela, je t'en prie, mais réponds-nous avec franchise : mon neveu Gauvain est-il vraiment chez toi ? » La dame hésita un instant, puis elle dit : « Roi Arthur, par le Dieu qui fit le ciel et la terre, je peux te jurer que ton neveu Gauvain n'est pas ici, je le déplore assez amèrement d'ailleurs. Ce que tes chevaliers ont vu, près de mon lit, dans ma chambre, est une statue qui reproduit fidèlement ses traits, conformément à mes désirs. J'avoue, et je n'hésite pas à le proclamer, que j'aime Gauvain. Je l'aime d'un amour intense, et ce sans l'avoir jamais rencontré. La statue reproduit son visage et sa stature si exactement que ceux qui l'ont vue l'ont prise pour lui. Si, par bonheur, il venait à loger chez moi, je pourrais de la sorte immédiatement le reconnaître et lui avouer mon amour, dans l'espoir qu'il me paie de retour. »

Le roi Arthur et les chevaliers furent très émus de cette déclaration. « Dame, dit doucement le roi, je t'en prie, montre-nous cette statue. Non que je ne te croie, mais je serais curieux de voir cette merveille. » Alors, sans hésiter, la dame ordonna d'ouvrir la porte de sa chambre, et elle les y introduisit elle-même ; et quand ils furent tous entrés, Yvain dit : « Kaï, tu as été trompé par la ressemblance. À l'évidence, ce n'est pas Gauvain, mais une statue magnifique et telle qu'on n'en voit guère. » Tous examinèrent celle-ci sous tous les angles, de tous les côtés, et s'extasièrent devant son extraordinaire perfection. Puis ils revinrent vers la grande salle, et les serviteurs eurent vite fait de préparer les lits. Le roi et ses compagnons, ainsi que Hunbaut, allèrent se coucher, et ils s'endormirent paisiblement, tout heureux d'avoir enfin eu des nouvelles de Gauvain et fort satisfaits de l'heureuse conclusion de l'affaire.

Le lendemain, au point du jour, le roi se leva et se prépara. « Dame, dit-il à sa belle hôtesse, nous ne pouvons rester davantage. À présent que nous avons obtenu des nouvelles de Gauvain, nous devons revenir à Carduel. Mais, je t'en prie, ne t'offusque pas, j'aimerais connaître ton nom. — Roi Arthur, je te le dirai volontiers : je suis la Dame de l'Étroite Forêt. Et quand tu reverras ton neveu Gauvain, tu lui diras que je l'attends. » Arthur le lui promit. Sur ce, il prit congé et, avec tous ses compagnons, il reprit le chemin de Carduel [1].

1. D'après certains épisodes de *Hunbaut*, de Raoul de Houdenc.

CHAPITRE X

La Demoiselle chauve

Depuis son retour à Carduel où, en compagnie de la reine et d'un petit nombre de chevaliers, il séjournait, le roi Arthur se montrait joyeux et actif, car il n'avait plus d'inquiétude quant au sort de son neveu Gauvain. De là, il envoya par tout le pays des messagers annoncer à ses barons qu'il tiendrait sa cour à Kamaaloth, dans le sud du royaume, lors de la Saint-Jean. S'il avait choisi cette fête de préférence à la Pentecôte, c'est que cette dernière était déjà trop proche pour que certains de ses fidèles compagnons eussent le temps de se présenter. La nouvelle se répandit de tous côtés, et les chevaliers de la Table Ronde, qui erraient dispersés par landes et forêts, l'apprirent bientôt et, tout heureux, convergèrent sans plus attendre vers Kamaaloth. De sorte qu'au jour fixé, si Lancelot du Lac et Gauvain manquaient, tous les autres avaient répondu à l'appel.

Le soleil égayait cette belle journée. Vaste et spacieuse, la salle dans laquelle se tenait l'assemblée avait toutes les qualités requises pour abriter une grande foule. On couvrit de nappes les tables déjà installées en grand nombre et, sitôt que le roi et la reine, s'étant lavé les mains, se furent assis à la place d'honneur, les chevaliers s'installèrent à leur tour. Ils y étaient bien cinq cents et même davantage. Ce jour-là, c'est Kaï, le sénéchal, et Yvain, fils du roi Uryen, qui assurèrent le service, assistés en cela par vingt chevaliers de leur choix, tandis que l'échanson Lucain se chargeait de remplir les coupes d'or du roi et de la reine. Étincelant au travers des vitraux, de gais rayons illuminaient la salle qui, jonchée de menthe sauvage, de fleurs et de joncs fraîchement cueillis, embaumait de toutes les senteurs d'été.

Alors que le premier plat avait été servi et qu'on attendait le second, voici que trois jeunes filles pénétrèrent dans la salle. La première montait une mule blanche comme neige et, fort belle de corps mais non de visage, arborait de magnifiques vêtements de soie, ainsi qu'une coiffe toute sertie de pierres précieuses éblouissantes qui lui enveloppait le crâne, chose aussi seyante que nécessaire, car la demoiselle était complètement chauve. Quant à son bras gauche, qu'elle portait suspendu à son cou par une étole dorée, elle l'appuyait sur un coussin où tintaient des clochettes d'or. Dans sa main, elle tenait une tête d'homme frappée d'un sceau d'argent et recouverte d'une couronne d'or. À la vue de son étrange équipage, le roi et tous ceux qui se trouvaient là ne manquèrent pas de s'ébahir.

Derrière elle, venait une autre jeune fille qui montait elle-même, mais à la manière d'un jeune homme, une mule qui, lié sur son dos, portait un coffre sur lequel se tenait un petit chien. Son cou s'ornait comme d'un sautoir d'un bouclier aux bandes d'argent et d'azur avec une croix vermeille, ornée en son centre d'une boucle d'or et de pierreries. La troisième, haut troussée comme un garçon, venait à pied, et elle brandissait un fouet dont elle excitait les montures de ses compagnes. Si celle qui la précédait était nettement plus belle que la première, elle-même la surpassait infiniment, tant elle était fine et gracieuse.

La jeune fille chauve s'avança vers le roi. « Seigneur, dit-elle, puisse le Sauveur du monde te prodiguer honneur et joie, ainsi qu'à ma dame la reine et à tous ceux qui se trouvent réunis ici. Ne me tiens pas pour impolie si je ne mets pas pied à terre, mais je ne puis ni ne dois le faire en présence de chevaliers avant que le Graal ne soit conquis. — Jeune fille, répondit Arthur, je ne saurais avoir de vœu plus cher que la conquête du Graal. Voilà longtemps que Merlin, mon sage conseiller, me l'a révélé, cette conquête se fera de mon vivant. Or le temps passe, et je guette en vain les signes qu'il m'a prédits. — Je le sais bien, dit la demoiselle chauve. Les temps approchent, mais le jour n'en est pas encore venu. Permets-moi cependant de formuler ma demande. — Je t'en prie, dis-moi ce que tu désires.

— Seigneur, commença-t-elle, le bouclier que porte cette jeune fille appartenait à Joseph, le bon serviteur qui descendit Jésus de la croix. Je t'en fais don, mais à une condition : que tu le conserves précieusement jusqu'à ce qu'un chevalier, qui sera revêtu des signes annoncés par Merlin, vienne le chercher. D'ici là, tu le feras suspendre au pilier qui se dresse au milieu de la salle, et tu ordonneras qu'on en prenne grand soin. Car personne d'autre que ce chevalier ne pourra le retirer de là et le pendre à son cou. Muni de ce bouclier, il pourra conquérir le Graal, et il en laissera, en échange, un autre qui sera vermeil et orné d'un cerf blanc. Quant au petit chien que porte cette jeune fille et qui demeurera également ici, il manifestera la plus grande joie lorsque surviendra le chevalier que tu attends.

— Demoiselle, répondit Arthur, je promets que l'on conservera soigneusement le bouclier et que l'on s'occupera fidèlement du chien. Je te rends grâces de les avoir apportés ici. — Seigneur, reprit la demoiselle chauve, je n'ai pas fini. Le meilleur roi qui soit ici-bas, le plus loyal et le plus juste, te salue et te recommande à Dieu. Il s'agit, seigneur, du Roi Pêcheur à qui il est arrivé un grand malheur, car il a été saisi d'une profonde langueur. — Je connais le Roi Pêcheur, dit Arthur. Il est venu plusieurs fois à ma cour. C'est un grand malheur qui le frappe, et je prie Dieu de le guérir au plus tôt. — Dieu ne saurait le guérir, seigneur. Connais-tu la cause de cette langueur? — Non, mais certes j'aimerais l'apprendre.

— Je vais te la dire. La faute en est à ceux qu'il accueille dans sa forteresse de Corbénic et auxquels apparaît le Graal. Aucun de ceux qui ont été témoins de cette merveille n'a posé la question qu'il fallait poser. Et c'est ainsi que tous les royaumes sont entrés en guerre. Plus jamais un chevalier n'en rencontre un autre sur son chemin sans l'attaquer aussitôt, et ce par pur désir de violence. Toi-même, roi Arthur, tu en as subi les funestes effets. Nombreux sont, parmi tes chevaliers, ceux qui se battent sans motif et qui négligent leurs devoirs envers toi comme envers le royaume dont tu as la charge. Toi-même, tu as connu la langueur quand tu te morfondais au sujet de ton neveu Gauvain qui passe son temps à batailler et à tuer ceux qu'il rencontre, en dépit des nobles buts qu'il s'était fixés. Prends garde, roi Arthur, que l'on ne te plaigne ou ne te méprise, car, en tant que souverain du royaume de Bretagne, tu es le miroir aussi bien de ce qui est bien que de ce qui est mal. Et, moi-même qui te parle, j'ai quelque grief contre ces chevaliers insouciants qui regardent sans voir et entendent sans écouter. »

Elle retira alors la coiffe magnifique qui recouvrait sa tête et montra au roi, à la reine et à tous les chevaliers présents son crâne absolument chauve. « Seigneur, dit-elle, j'avais autrefois une abondante chevelure ornée de riches rubans d'or. Mais chaque fois qu'un chevalier arrivait chez le Riche Roi Pêcheur et, par inadvertance ou méchanceté, ne posait pas la question tant espérée, une de mes mèches se détachait. Et voilà comment, maintenant, je n'ai plus rien, je suis devenue entièrement chauve. Et, je le sais, je ne recouvrerai ma chevelure que lorsqu'un chevalier, j'ignore qui il est, ira là-bas et posera enfin la question qu'il doit poser pour conquérir le Graal et terminer les aventures.

« Mais, seigneur, tu n'as pas encore mesuré l'étendue du malheur qui est résulté de tant d'inconscience. Il y a là, dehors, tiré par trois cerfs blancs, un char splendide. Envoie donc quelqu'un l'examiner : il verra que les cordes de l'attelage sont en soie, ses chevilles en or, et que d'ébène est le char lui-même. Il verra aussi que celui-ci est recouvert d'une étoffe de soie noire avec, sur toute sa longueur, une croix d'or ; que, sur cette étoffe, sont disposées cent cinquante têtes de rois, certaines frappées d'un sceau d'or, d'autres d'un sceau d'argent, d'autres enfin d'un sceau de plomb. Le Riche Roi Pêcheur veut que tu le saches, tous ces rois sont morts par la faute de ceux qui n'ont pas posé la question. Seigneur, la jeune fille qui porte le bouclier tient dans sa main la tête d'une reine, scellée de plomb et couronnée de cuivre. Sache donc que c'est par cette reine dont tu vois la tête que fut trahi le roi dont je porte le chef, ainsi que les trois groupes de chevaliers dont les têtes ornent le char. Seigneur, je t'en prie, envoie quelqu'un admirer la splendeur de ce char. »

Le roi chargea Kaï de ce soin. Alors le sénéchal sortit, qui revint très peu de temps après. « Roi, dit-il, je n'ai jamais vu de char plus magnifique que celui-ci. Il faut l'avouer, sa richesse est extraordinaire. Et il est bien tiré par trois cerfs blancs, les plus gras et les plus beaux qu'on ait jamais vus. Si tu m'en crois, tu choisirais celui de tête. C'est le plus gras, et nous pourrions en tirer de fameux rôtis ! — Kaï, dit le roi avec colère, tu tiens là de fort vilains propos. Ce que tu me proposes, je m'en garderais, fût-ce en échange d'un aussi beau royaume que le mien ! »

La demoiselle chauve reprit la parole : « Seigneur, qui a coutume de se mal conduire a bien de la peine à s'en empêcher ! Kaï peut dire tout ce qui lui plaît, je sais pertinemment que tu n'en tiendras aucun compte. Sans être un méchant homme, il profère des énormités dont il n'a pas conscience. Aussi ne lui conseillé-je pas de se rendre chez le Roi Pêcheur. Il y serait honni et universellement moqué. » Dans son coin, le sénéchal faisait grise mine. « Seigneur, reprit la demoiselle chauve, ordonne que l'on suspende le bouclier à ce pilier et que l'on confie le petit chien aux appartements de la reine. Ensuite, nous nous en irons, car j'ai délivré mon message, et nous avons assez tardé. »

Sur l'ordre du roi, Yvain prit le bouclier que la jeune fille avait détaché de son cou et le suspendit au pilier central. « Seul le chevalier qui conquerra le Graal pourra détacher ce bouclier », dit la demoiselle. L'une des suivantes de la reine prit quant à elle le petit chien et l'emporta dans les appartements de Guenièvre. « C'est seulement lorsque viendra le chevalier que nous attendons tous que ce chien manifestera sa joie », dit encore la demoiselle chauve. Elle demanda alors la permission de se retirer, et le roi la lui accorda de grand cœur. Elle salua l'assistance et sortit, suivie de ses compagnes.

Arthur demeura immobile, plongé dans sa rêverie. On l'entendit murmurer : « Merlin ! Merlin ! Quel malheur pour moi que tu ne sois pas ici, aujourd'hui ! Tu m'avais prévenu qu'il se passerait des événements étranges et que j'aurais du mal à les comprendre. Je crois bien que les aventures commencent, et moi je n'en sais guère à leur propos. Si tu étais là, présent parmi nous, comme lorsque tu chantais en t'accompagnant de ta harpe, tu nous dirais ce que signifie tout ce que nous avons vu et entendu. Hélas ! je me sens bien seul en ce royaume dont j'ai la charge ! Où que tu sois, Merlin, si tu m'entends, fais en sorte que vienne le chevalier que nous attendons afin que le Graal soit conquis et que la paix règne enfin sur cette terre. »

Ainsi soliloquait Arthur, tandis que partaient les trois jeunes filles. Avant de repasser à table, le roi et la reine allèrent s'accouder un instant aux fenêtres, et les chevaliers les imitèrent, afin d'admirer une dernière fois les trois jeunes filles, ainsi que le char tiré par les trois cerfs. Beaucoup disaient que la jeune fille qui allait à pied derrière les autres était à la fois la plus belle et la plus malheureuse. La demoiselle chauve allait en tête, sur sa mule blanche, et elle ne remit sa coiffure qu'au moment de pénétrer dans la forêt, alors que les chevaliers qui étaient aux fenêtres ne pouvaient plus la distinguer. Quand ses compagnes, à leur tour, eurent disparu parmi les arbres, le roi et ses chevaliers regagnèrent leurs places respectives à table. Ils étaient tous empreints de tristesse et ne cherchaient pas à le dissimuler. Mais bon nombre d'entre eux, frappés de n'avoir jamais vu de jeune fille chauve auparavant, déclaraient que cette nouveauté-là présageait d'étranges événements.

Pendant que la tristesse et l'appréhension accablaient la cour d'Arthur, les trois jeunes filles et le char attelé de trois cerfs, sitôt entrés dans la forêt, avaient adopté une vive allure. Elles venaient de faire à peu près sept lieues quand leur apparut un chevalier, débouchant du chemin même qu'elles voulaient prendre. L'homme montait un beau destrier fringant, mais son haubert était rouillé, son bouclier percé en plus de sept endroits, et il tenait à la main son heaume disloqué. En revanche, sa lance, des plus massives, semblait très solide. Dès qu'il fut parvenu à sa hauteur, il salua très courtoisement la demoiselle chauve. « Jeune fille, dit-il, que Dieu te garde, toi et ton escorte. — Que Dieu te donne joie et bonheur, seigneur », répondit-elle.

Le chevalier s'arrêta et regarda longuement l'équipage, notamment les trois cerfs qui tiraient le char. « Jeune fille, d'où viens-tu ? demanda-t-il. — De chez le roi Arthur, qui tient sa cour à Kamaaloth. T'y rends-tu, seigneur chevalier ? — Non, répondit-il. J'y suis allé bien des fois, et je suis heureux que le roi Arthur ait convoqué tous ses vassaux pour tenir cour plénière. — Alors, où vas-tu de ce pas ? » demanda encore la demoiselle chauve.

Le chevalier hésita un instant. « Je ne sais, dit-il. Je parcours le pays. — Mais dans quel but ? — Je suis à la recherche de quelque chose. — Est-il indiscret de te demander de quoi il s'agit ? — Non pas, répondit le chevalier, je ne vois pas pourquoi je le cacherais. Je suis à la recherche d'une Lance qui saigne. — L'as-tu déjà vue ? — Certes non, jeune fille, car si je l'avais vue, je ne la chercherais plus. — Seigneur, dit la demoiselle chauve, dis-moi ton nom et arrête-toi un instant à mes côtés. »

Le chevalier tira sur la bride, et son cheval s'immobilisa. Les jeunes filles l'entourèrent, tandis que les cerfs se reposaient. « Jeune fille, il est en effet normal que je te dise mon nom : je suis Gauvain, fils du roi Loth d'Orcanie et neveu du roi Arthur. — Quelle surprise ! s'exclama la demoiselle chauve. Tu es vraiment Gauvain. Mon cœur me le disait, mais je n'osais le croire. — Oui, certes, je suis Gauvain, je ne te mens pas. — Dieu soit béni ! dit-elle. De toute évidence, un chevalier de ta valeur doit se rendre chez le Riche Roi Pêcheur. Mais, eu égard à ta vaillance et à ta générosité, je te prierai de faire demi-tour et de m'accompagner jusqu'à ce que nous ayons dépassé une forteresse qui se trouve dans cette forêt. Elle présente quelque danger, mais tu n'es pas de ceux qui reculent devant une telle perspective. — Il est vrai, dit Gauvain, je n'ai jamais refusé mon aide à qui me la demande. »

Il suivit donc les jeunes filles et leur char à travers la forêt qui était épaisse, sombre et fort peu fréquentée. La demoiselle chauve lui conta, comme elle l'avait fait devant le roi Arthur, l'histoire des têtes que portait le char. Elle l'informa également du bouclier laissé à Kamaaloth, du petit chien et de tout ce qui concernait le chevalier à venir. Cependant, Gauvain s'étonna de les voir, elles qui montaient des mules, laisser leur compagne marcher à pied derrière le char.

« Amie, demanda-t-il soudain, pourquoi cette jeune fille qui marche avec tant de peine ne monte-t-elle pas dans le char ? — Seigneur, répondit la demoiselle chauve, il est impossible de l'y admettre. Elle est obligée d'aller à pied. Mais si tu es un aussi vaillant chevalier qu'on le dit, tu pourrais peut-être abréger sa pénitence. — Quelle pénitence ? dit Gauvain. Et comment pourrais-je, moi qui ignore tout de cette histoire, abréger sa pénitence ? — Je vais te l'expliquer. Cette jeune fille a commis autrefois une faute qu'elle doit expier. Il ne m'appartient pas de te révéler en quoi elle a péché. Mais sache que si nous sommes, toutes les trois, obligées de courir les routes, et que si moi-même j'ai perdu tous mes cheveux, c'est à cause des chevaliers qui, venus chez le Roi Pêcheur, n'ont pas posé la question qu'on attendait d'eux. Depuis lors, nous sommes vouées au malheur, et tous les royaumes sont plongés dans la désolation et la guerre, tandis que le Roi Pêcheur lui-même est tombé dans une langueur qui le fait cruellement souffrir. Peut-être es-tu le chevalier que nous attendons tous, celui qui posera enfin la question si longtemps attendue. »

Gauvain comprenait de moins en moins. « Quelle question ? demanda-t-il. — Je ne sais, dit-elle évasivement. Quand on en pose une, c'est toujours parce qu'un détail intrigue. Le problème est de poser celle qui s'impose au bon moment. — Et ce Riche Roi Pêcheur dont tu me parles, qui est-il ? — Certains de tes compagnons de la Table Ronde le connaissent fort bien. Le roi Arthur également, puisqu'il l'a reçu à sa cour. Je peux te dire que le Roi Pêcheur porte le nom de Pellès et qu'il a sa demeure dans la forteresse de Corbénic. — Où est donc Corbénic ? — Je te l'indiquerai quand il sera temps. Mais cela ne te servira guère. Au fait, qui t'a parlé de la Lance qui saigne, et que tu prétends rechercher ? — Le roi d'Escavalon et les gens dont il est le maître. Depuis qu'ils m'ont parlé de cette Lance, je me suis mis en tête de la rechercher et de savoir ce qu'elle signifie. — C'est déjà un bon début », approuva la demoiselle chauve. Mais là s'arrêta la conversation.

Ils cheminaient à vive allure, la malheureuse jeune fille à pied les suivant en courant, et ils quittèrent la haute futaie verte où chantaient des oiseaux de toutes les couleurs pour pénétrer dans un bois sombre et effroyable. Il semblait qu'en dehors des troncs et de quelques ramures qui subsistaient, jamais celui-ci n'avait vu de verdure. La terre en était sèche et calcinée comme si un incendie avait tout ravagé aux alentours. « Jeune fille, dit Gauvain, cet endroit est sinistre. En avons-nous encore pour longtemps ? — On l'appelle la Gaste Forêt, dit la demoiselle chauve, et elle s'étend sur dix lieues au moins. Mais, rassure-toi, point n'est besoin que nous la traversions de part en part. »

Ils poursuivirent leur chemin. De temps en temps, Gauvain regardait, avec une immense pitié, la jeune fille qui allait à pied. Quel crime avait-elle commis pour mériter un châtiment si cruel ? Il aurait aimé faire quelque chose pour elle, mais il savait au fond de lui que c'était interdit et que, de toute façon, l'intéressée refuserait toute aide. Ils arrivèrent enfin dans une large vallée dans le fond de laquelle se voyait une forteresse toute noire et ceinturée de murs hideux qui semblaient en ruine. Plus ils en approchaient, plus elle se révélait dans toute son horreur, avec ses bâtiments totalement dénués d'élégance et les ronces qui dévoraient ses pierres. La forêt qui la cernait ressemblait en tous points à celle qu'ils venaient de traverser, avec ses arbres tordus et sans feuilles, son sol noir, ses rochers tourmentés, affreux. Un torrent, qui dévalait de la montagne, déversait ses eaux sombres par une cascade lugubre et traversait la forteresse en y produisant un vacarme si effrayant qu'on croyait entendre les grondements d'un tonnerre perpétuel. L'entrée de la forteresse parut à Gauvain aussi laide que celle de l'enfer et, de l'intérieur, il entendit s'élever des pleurs et des lamentations : « Où est le Bon Chevalier ? disaient les voix. Quand viendra-t-il ? »

Gauvain, très mal à l'aise, ne put se retenir : « Jeune fille, demanda-t-il, quelle est donc cette horrible forteresse où l'on se désole en souhaitant la venue d'un Bon Chevalier ? — Seigneur, répondit-elle, c'est le château de l'Ermite Noir. Je te demande instamment de ne pas intervenir, quoi que ses habitants fassent pour t'attirer vers eux. Cela pourrait te coûter la vie car, contre eux, tu ne pourrais rien. »

Ils étaient à deux portées d'arc de la forteresse quand ils virent sortir par la grande porte des chevaliers revêtus d'armures noires et montés sur des chevaux noirs. Ils devaient être plus d'une centaine, et c'était un spectacle effrayant : ils se précipitèrent sur les jeunes filles et sur leur char, s'emparèrent des têtes que celui-ci portait, les piquèrent au bout de leurs lances et retournèrent à la forteresse en manifestant la plus vive satisfaction. Ayant assisté à ce pillage sans bouger d'un pouce, Gauvain en éprouva soudain grand-honte. « Gauvain, dit la demoiselle chauve, non sans une pointe d'ironie, tu vois bien que ta force ne serait d'aucun secours ici ! — C'est donc un repaire de voleurs ? — Les mots que tu emploies n'ont guère de sens ici. Quelle différence y a-t-il entre des gens qui volent des têtes mortes et des chevaliers qui coupent leur tête aux vivants ? Cela dit, Gauvain, ce dommage ne sera réparé et cet ouvrage vengé que lorsque viendra le Bon Chevalier. Et c'est lui qui punira les coupables et délivrera ceux qui pleurent dans la forteresse. — Mais qui est donc ce Bon Chevalier dont tu me parles sans cesse ? s'impatienta Gauvain. — Je l'ignore, répondit la demoiselle chauve. — Néanmoins, reprit Gauvain, j'aimerais bien le rencontrer. — Moi aussi, soupira la demoiselle. — Maintenant que tu m'as fait voir cet horrible spectacle, dit Gauvain, et que je n'ai rien pu faire pour empêcher quoi que ce soit, m'autorises-tu à m'en retourner ? — Non pas, seigneur Gauvain. Du moins pas avant d'avoir dépassé la forteresse. Alors, je t'indiquerai la direction que tu dois prendre. »

Ils se remirent en route. Mais à l'instant même où ils allaient dépasser la dernière muraille de la forteresse, un chevalier sortit de celle-ci par une porte dérobée. Monté sur un grand cheval, il était tout armé et brandissait une lance. À son cou pendait un bouclier vermeil sur lequel se déployait un aigle d'or. Il cria à l'adresse de Gauvain : « Seigneur chevalier ! je te prie de t'arrêter ! — Et pourquoi donc ? demanda Gauvain. Que désires-tu ? — Il te faut m'affronter et t'emparer de mon bouclier, ou bien je serai ton vainqueur, répondit l'autre. Regarde, c'est un bouclier splendide, et il mérite que tu lui consacres tous tes efforts, car il a appartenu au meilleur, au plus puissant et au plus avisé des chevaliers de son temps. — À qui appartenait-il donc ? — À Judas Macchabée, à l'homme qui, le premier, dressa un oiseau à en attraper d'autres [1]. — Tu as raison, dit Gauvain, il était un bon chevalier. »

L'autre reprit : « Ainsi, tu pourras être satisfait. Si tu parviens à conquérir ce bouclier, tu seras le meilleur chevalier du monde. Mais j'en doute fort, car ton propre bouclier est le plus misérable et le plus abîmé que j'aie jamais vu à un chevalier. C'est à peine si l'on en peut deviner la couleur. — Cela prouve, dit la demoiselle chauve, que le chevalier ni son bouclier ne sont demeurés inactifs. — Trêve de discussion ! De toute façon, il doit se battre contre moi. Je lui lance un défi. — Et je le relève », dit seulement Gauvain.

1. Au Moyen Âge, l'invention des techniques était toujours attribuée à des personnages de l'Antiquité classique, de la Bible ou des mythologies occidentales.

Il recula pour prendre son élan, son adversaire fit de même, et ils s'élancèrent l'un sur l'autre de toute la vitesse de leurs chevaux, les lances pointées hardiment. Le chevalier atteignit et transperça le bouclier délabré de Gauvain mais, du même coup, y brisa son arme. Gauvain, quant à lui, le frappa en pleine poitrine et le projeta au sol par-dessus la croupe de sa monture, la lance enfoncée d'une bonne paume dans l'épaule. Or, dès qu'il eut retiré son arme, son adversaire se remit debout et voulut remonter à cheval. Il allait déjà mettre le pied à l'étrier quand la demoiselle chauve s'écria : « Gauvain ! empêche-le de sauter en selle, car tu aurais bien du mal à le vaincre ! »

En entendant le nom de Gauvain, le chevalier sursauta et recula. « Comment ? s'exclama-t-il. Es-tu donc le vaillant Gauvain, le neveu du roi Arthur ? — C'est bien lui, répondit la jeune fille. — Seigneur, dit le chevalier, c'est toi que je cherchais ! — Et pourquoi me cherchais-tu ? Que me veux-tu ? — Seigneur, répondit l'autre, si tu es Gauvain, je me considère comme vaincu et je déplore de n'avoir pas su qui tu étais avant de t'attaquer. » Retirant alors le bouclier de son cou, il le lui tendit : « Seigneur, dit-il, prends ce bouclier qui a appartenu au meilleur des hommes de son temps, car je ne connais personne plus digne que toi de le porter. C'est avec ce bouclier qu'ont été vaincus tous les chevaliers qui sont maintenant enfermés dans la forteresse. »

Gauvain saisit le bouclier dont la magnificence l'émerveillait. « Seigneur, reprit alors le chevalier, donne-moi le tien en échange, car tu ne peux porter deux boucliers. — C'est juste », dit Gauvain. Il dénoua la courroie de son cou, et il allait remettre son bouclier au chevalier quand la jeune fille qui allait à pied s'écria : « Que fais-tu là, Gauvain ? Quelle imprudence ! S'il emporte ton bouclier dans la forteresse, tout le monde te croira vaincu, et ils sortiront tous pour venir te chercher et te jeter dans un cachot affreux. On n'apporte là-bas que les boucliers des chevaliers vaincus. » Gauvain recula de quelques pas, son bouclier brisé toujours à la main. « Si j'en crois cette jeune fille, dit-il, ce n'est pas pour mon bien que tu veux ce bouclier ! — Seigneur, j'implore ta pitié une fois encore, et je me tiens pour vaincu. Certes, j'aurais été très heureux d'emporter ce bouclier dans la forteresse, car jamais n'y serait entré bouclier d'un meilleur chevalier. Mais je suis quand même heureux de t'avoir rencontré, Gauvain. Et pourtant, tu m'as blessé. Cependant, je me réjouis, parce que tu m'as permis d'échapper à la plus pénible des épreuves auxquelles jamais chevalier se soit vu soumis. — De quoi parles-tu? s'étonna Gauvain.

— Je vais t'expliquer. Il advenait très fréquemment que des chevaliers passaient par ici, devant la forteresse, des braves autant que des couards, et j'étais obligé de les affronter tous. Toujours je leur proposais pour prix de la victoire, ainsi que je l'ai fait avec toi, mon bouclier. Or, parmi ceux qui sont venus, beaucoup se montrèrent des plus hardis. Ils se défendirent vaillamment et m'infligèrent de douloureuses blessures. Néanmoins, aucun d'eux ne me jeta à terre en me frappant aussi violemment que toi. Et, puisque tu emportes le bouclier et que j'ai été vaincu, aucun chevalier passant devant ces murailles n'aura plus jamais rien à craindre ni de moi ni de ceux qui habitent cette forteresse. — Sur ma tête, dit Gauvain, je me réjouis encore davantage de ma victoire ! — Seigneur, reprit le chevalier, permets-moi de prendre congé. Je ne pourrai cacher ma honte à ceux qui m'attendent. Elle va éclater aux yeux de tous. — Va, dit Gauvain, que Dieu te garde. »

Une fois l'homme rentré dans la forteresse, la demoiselle chauve pria Gauvain de lui remettre son vieux bouclier fracassé. « Volontiers », répondit Gauvain. La jeune fille qui allait à pied s'en empara donc et le déposa sur le char. À ce moment, on entendit un bruit épouvantable à l'intérieur de la forteresse, des cris et des hurlements dont retentirent toute la forêt et la vallée aux alentours. « Gauvain, dit la demoiselle chauve, c'est le chevalier que l'on couvre d'injures avant de l'enfermer dans une sombre prison. Nous pouvons repartir maintenant. » Ils se remirent en route tous ensemble et, quand ils eurent laissé une bonne lieue derrière eux, Gauvain dit : « Demoiselle, j'aimerais maintenant prendre congé, si toutefois tu me le permets. — Bien sûr, répondit-elle. Quitte-nous quand tu le voudras. Je te remercie de nous avoir accompagnées. Que Dieu te protège ! — Demoiselle, dit encore Gauvain, sache que tu pourras toujours compter sur mon aide, toi et tes compagnes, bien entendu. — Mille fois merci, Gauvain. Je vais t'indiquer ton chemin, comme je te l'ai promis. Va jusqu'à l'orée du bois. Là, tu trouveras une grande croix qui indique l'entrée d'un chemin. Tu suivras celui-ci. Il traverse une forêt infiniment plus belle que celle que tu as vue. »

Ils se saluèrent une dernière fois. Mais avant que Gauvain n'eût éperonné Gringalet, la jeune fille qui allait à pied lui dit : « Gauvain, Gauvain, tu es moins avisé que je ne le pensais ! » Tout étonné, il se retourna. « Pourquoi dis-tu cela, jeune fille ? — Parce que tu n'as pas demandé à la demoiselle chauve pour quelle raison elle porte son bras suspendu à son cou par cette écharpe d'or et posé sur ce magnifique coussin. Quand tu seras à la cour du Riche Roi Pêcheur, il se pourrait fort que tu ne te montres pas plus pertinent... »

Gauvain s'apprêtait à lui demander ce qu'elle voulait dire, quand la demoiselle chauve intervint : « Douce amie, dit-elle, ne blâme pas Gauvain pour cela. Le roi Arthur et tous les chevaliers qui étaient à la cour devraient l'être tout autant, puisque aucun ne m'a posé la moindre question à ce sujet. » Enfin, elle s'adressa à Gauvain : « Pars maintenant, ajouta-t-elle. Il ne servirait à rien de m'interroger davantage, car je ne répondrais pas. Tu ne sauras la vérité que de la bouche du chevalier le plus couard qui puisse exister. Il est mon vassal et me cherche sans savoir où me trouver. » Sur ce, elle se remit en route, abandonnant Gauvain à sa perplexité [1].

1. D'après la Branche II de *Perlesvaux*, récit français anonyme des environs de l'an 1200. Texte original édité par W.A. Nitze et T.A. Jenkins, *Le haut livre du Graal*, 2 vol., Chicago, 1932-1937. Traduction française partielle dans *La Légende arthurienne*, Paris, 1989, par Christiane Marchello-Nizia.

CHAPITRE XI

Le Château des Brouillards

À chevaucher au sein d'une forêt si dense et si verte et si riche en gibiers de toutes sortes, Gauvain se sentait fort aise. Et pourtant, le souvenir des sinistres régions qu'il avait parcourues en compagnie des jeunes filles au char, le tourmentait moins que les propos de celle qui marchait à pied. Qu'avait-elle voulu lui signifier ? Allait-il donc aussi s'attirer les reproches des gens qu'il rencontrerait ? Il s'en alla ainsi tout le long du jour, et le soir venu le surprit près de la demeure d'un ermite. Juste à côté se trouvait une chapelle devant laquelle, vive et claire, jaillissait une source qu'un arbre au large feuillage arrondi abritait des rayons du soleil. Assise à son pied, se voyait une jeune femme. Celle-ci tenait les rênes d'une mule qui, à l'arçon de sa selle, portait la tête coupée d'un homme.

Gauvain s'approcha et mit pied à terre. « Dame, dit-il, que Dieu te garde. — Seigneur, qu'il en fasse de même pour toi tous les jours de ta vie », répondit-elle. Et elle se leva pour l'accueillir. « Qu'attends-tu donc ici ? reprit-il. — Seigneur, j'attends l'ermite. Il est allé dans la forêt, et j'aimerais lui poser quelques questions à propos d'un chevalier. — Crois-tu qu'il pourra te répondre ? — On me l'a affirmé. »

L'ermite revint bientôt. Il salua la jeune femme et Gauvain, ouvrit la porte de sa demeure et y fit entrer les deux montures, leur ôta la bride et le mors, puis leur donna de l'herbe et de l'orge. Il s'apprêtait à les desseller quand Gauvain se précipita : « Seigneur, protesta-t-il, cette besogne ne t'incombe pas ! — Pourquoi donc ? répondit l'ermite. J'en suis tout à fait capable, car après avoir été écuyer, j'ai servi comme chevalier auprès du roi Uther durant de longues années, avant de venir dans cet ermitage, voilà plus de trente ans.

Gauvain le dévisagea avec stupeur : « Se peut-il ? dit-il, tu ne sembles pas avoir quarante ans ! — Je sais », dit simplement l'ermite. Gauvain dessella alors les deux bêtes en prenant plus grand soin de la mule de la jeune femme que de son propre Gringalet. Ensuite, l'ermite prit ses hôtes par la main et les conduisit dans la chapelle, qui était un édifice plein d'agrément, et il dit à Gauvain : « Seigneur, ne te désarme pas, cette forêt est dangereuse. Nul honnête homme ne doit s'y risquer désarmé. » Sur ces mots, il prit la lance et le bouclier de Gauvain et les apporta dans la chapelle. Cela fait, il offrit aux jeunes gens les aliments dont il disposait, ainsi que de l'eau en guise de boisson. Une fois rassasiée, la jeune femme lui dit : « Seigneur ermite, je voudrais que tu me parles d'un chevalier que je cherche. — Quel chevalier ? — Un chevalier de grand lignage dont j'ignore le nom. Je sais seulement qu'on l'appelle le Bon Chevalier. » L'ermite soupira longuement. « Je ne peux rien te dire à ce sujet, répondit-il. — Et toi, seigneur chevalier, demanda-t-elle en se tournant vers Gauvain, sais-tu quelque chose ? — Ma foi, répondit Gauvain, mis à part que tout le monde ici me parle du Bon Chevalier, j'en ignore tout. Cependant, j'aimerais fort le rencontrer. — Et la demoiselle chauve, la connais-tu ? — Oui, depuis peu. — Portait-elle toujours son bras gauche suspendu à son cou ? — Oui, mais si cela m'a fort intrigué, je ne l'ai pas interrogée là-dessus. — Elle le portera encore longtemps ainsi, dit la jeune femme. — Seigneur, dit tout à coup l'ermite, quel est ton nom ? — Je suis Gauvain, neveu du roi Arthur. »

À ces mots, la jeune femme se redressa, pleine de colère. « Tu appartiens au pire lignage qui soit ! s'écria-t-elle. — Et pourquoi donc ? — Je parle du lignage du roi Arthur, par la faute de qui le monde se trouve en pleine décadence. Le roi Arthur a connu des débuts brillants, mais il est maintenant un mauvais roi, et ses chevaliers ne valent pas mieux que lui. C'est à cause de l'un d'eux que j'ai pris en haine un homme dont j'ai réclamé la tête. Il m'a obéi et m'a apporté celle-ci : tu l'as vue sur ma mule. Et voilà pourquoi je suis condamnée à errer en quête du Bon Chevalier. — Dame, répondit Gauvain, je ne sais si tu as tort ou raison dans cette affaire, mais tu te trompes lorsque tu prétends qu'Arthur est un mauvais roi. Il est loin d'être en déchéance, et il est entouré de chevaliers dont il a droit de s'enorgueillir. — Je conçois que tu le défendes, puisqu'il est ton oncle. Mais moi, je te le répète, Arthur est un mauvais roi, parce qu'il laisse régner l'injustice autour de lui. Et bientôt le royaume s'écroulera par sa faute. »

L'ermite intervint : « Seigneur, dit-il à Gauvain, les propos de cette dame n'engagent qu'elle-même. Que Dieu protège le roi Arthur et lui accorde longue vie, à lui qui est le fils du roi Uther qui m'arma chevalier. À présent, je suis prêtre, et ce depuis ma visite à la cour du Riche Roi Pêcheur. — Seigneur, dit Gauvain, par où se rend-on à la demeure du Roi Pêcheur ? — Seigneur, répondit l'ermite, nul ne saurait t'en indiquer le chemin. » Gauvain fort désappointé, demanda encore : « Que sais-tu de la Lance qui saigne ? — Je ne te répondrai pas. »

La conversation s'arrêta là. L'ermite mena Gauvain se reposer dans la maison, tandis que la jeune femme restait dans la chapelle. Le lendemain, à l'aube, Gauvain, qui avait dormi tout équipé, se leva et trouva Gringalet, ainsi que la mule de la jeune femme, tout bridés et sellés. Il se dirigea vers la chapelle. L'ermite allait célébrer la messe, et la jeune femme, agenouillée devant l'autel, priait Dieu de l'aider dans son entreprise. Elle pleurait doucement, et des larmes inondaient son visage. Après avoir prié longtemps, elle se redressa, et Gauvain la salua. « Pourquoi te montrer si affligée ? demanda-t-il.

— Seigneur, répondit-elle, j'en ai quelque sujet. Je vais perdre mon héritage si je ne trouve le Bon Chevalier. Je dois maintenant me rendre à la forteresse de l'Ermite Noir et y apporter la tête qui est suspendue à l'arçon de ma selle : si je ne le fais, je ne pourrai jamais traverser la forêt sans risquer d'être déshonorée ou faite prisonnière. J'acquitterai ainsi mon droit de passage. Ensuite, je pourrai traverser la forêt à la recherche de la demoiselle chauve, car il me faut absolument la voir. — Je l'ai vue hier. Elle ne doit pas être bien loin, et tu la trouveras sûrement. — Rien de moins sûr, chevalier ; ici, les distances ne sont pas comme ailleurs, et je mettrai peut-être des années avant de la rencontrer. Mais qu'importe, puisque je ne puis rien faire d'autre avant que le Bon Chevalier ne vienne me secourir. »

L'ermite entreprit de célébrer la messe que ses deux hôtes entendirent à deux genoux. Puis Gauvain prit congé, la jeune femme également, et ils partirent chacun de son côté, non sans s'être mutuellement recommandés à Dieu.

Hanté par l'espoir de découvrir le chemin qui menait chez le Riche Roi Pêcheur et toujours anxieux de savoir ce qu'était la Lance qui saigne, Gauvain chevaucha à vive allure à travers une haute futaie jusque midi. Or il vit soudain, sous un arbre, en pleine forêt, un jeune homme qui se reposait à côté de son cheval de chasse. Il le salua, et l'autre, après lui avoir souhaité la bienvenue, s'enquit de sa destination. « Ami, je cherche la demeure du Riche Roi Pêcheur. — Nombre de chevaliers font de même, répondit le jeune homme, mais bien peu la trouvent. — Et toi, en sais-tu le chemin ? — Si je le savais, je serais déjà chez le Roi Pêcheur, dit le jeune homme avec une certaine amertume. — Eh bien, dit Gauvain, n'en parlons plus. Mais connais-tu au moins quelque endroit dans cette forêt où je pourrais passer la nuit prochaine ? — Seigneur, répondit le jeune homme, dans la direction où tu vas, je ne connais rien à moins de vingt lieues. Mais si tu veux l'atteindre, autant te dépêcher, car la journée est déjà bien avancée. » Gauvain salua le jeune homme et s'en fut au plus vite de sa monture.

Sur la fin du jour, il atteignit ainsi l'une des extrémités de la forêt. Le crépuscule empourprait déjà un ciel calme et serein. Quoiqu'il eût parcouru pour le moins vingt lieues depuis sa rencontre avec le jeune homme, Gauvain redoutait fort de ne trouver aucun refuge quand il déboucha dans une belle prairie au bout de laquelle se dressait un petit manoir. Il pressa l'allure jusqu'à la porte et, étonné de ne voir personne, appela d'une voix forte.

Alors apparut un nain, vêtu d'un habit du rouge le plus vif. « Que veux-tu, chevalier ? demanda-t-il. Mon maître est absent. Il est parti ce matin pour la chasse et ne rentrera que demain. Néanmoins, tu peux présenter ta requête à ma dame. » Il précéda Gauvain dans le manoir jusqu'à une chambre voûtée dont les murs étaient tapissés de tentures de couleur rouge. Là, était assise une jeune femme vêtue d'une longue robe blanche et au visage fort pâle. Gauvain la salua courtoisement et lui exposa sa demande. La dame lui répondit : « Mon époux n'est pas là, mais mon serviteur te préparera un lit et te donnera à manger. » Après avoir prononcé ces paroles, la jeune femme parut se plonger dans une profonde méditation.

Bien qu'il trouvât plutôt étrange cette attitude, Gauvain s'abstint de toute réflexion. Le nain l'emmena dans la salle et l'aida à se désarmer. « Comment se nomme ton maître ? demanda Gauvain. — Marchod Pryderus, répondit le nain. Il est le seigneur de la Basse Forêt. C'est un puissant chevalier qui n'aime pas qu'on vienne chasser sur ses terres. » Après quoi, comme le nain dressait la table et préparait le repas sans plus s'occuper de lui, Gauvain alla s'asseoir dans un coin.

Quand tout fut prêt, la dame vint prendre place, et Gauvain se mit en face d'elle. Ils mangèrent et burent en silence, et Gauvain se sentait mal à l'aise. « As-tu d'autres serviteurs ? demanda-t-il à la dame. — Non, répondit-elle, mais qu'en ferais-je ? » Et elle retomba dans son mutisme. Puis, le repas terminé, elle regagna sa chambre sans même prendre congé de Gauvain. Or, le nain mena celui-ci dans la même chambre où il avait dressé un second lit. « Tu dormiras là », dit-il, et il sortit, laissant Gauvain seul avec la dame. Mais les pensées de celui-ci ne s'adressaient guère à elle. Elle dormait déjà, semblait-il. Lui, sans plus attendre, se coucha donc tout habillé. Et il était tellement fourbu par sa chevauchée qu'il s'endormit presque aussitôt.

Le lendemain, dès le point du jour, le seigneur arriva. Il descendit de son cheval et tendit la bride au nain qui était venu l'accueillir. « Seigneur, dit le nain, un homme est venu hier soir. Ta femme l'a accueilli et lui a donné l'hospitalité. — Comment cela ? dit Marchod Pryderus. De quel homme s'agit-il ? — Je ne sais qui il est. C'est un chevalier, mais il n'a pas dit son nom. Tout ce que je peux dire, c'est qu'ils ont mené grands ébats cette nuit ! — Quoi ! s'écria le seigneur, tu veux dire qu'ils ont couché ensemble ? » Le nain se mit à ricaner : « Si tu ne me crois pas, va voir par toi-même : ils occupent la même chambre. »

Marchod Pryderus, rouge de colère, se précipita vers le manoir et ne tarda guère à pénétrer dans la chambre, l'épée à la main. « Debout, paillard ! cria-t-il. Tu vas payer de ta vie ton infamie ! »

Réveillé en sursaut, Gauvain bondit de sa couche, et son premier réflexe fut de prendre son épée. Mais il l'avait laissée dans la salle avec ses autres armes. Il se vit perdu et sans défense devant l'homme qui l'assaillait avec tant de violence. Il recula dans le fond de la pièce, heurta le lit de la dame et tomba de tout son long sur elle. Elle se mit à pousser des cris aigus. « Tu vas mourir ! cria Marchod, brandissant son épée. Je ne supporterai pas d'avoir été ainsi bafoué. Je te prends sur le fait, canaille puante ! » Et il donna un coup furieux en direction de Gauvain. Mais celui-ci, avec souplesse, se glissa de l'autre côté du lit, et la lame se plongea droit dans le corps de la dame.

Alors, s'apercevant de l'erreur tragique qu'il avait commise, Marchod Pryderus se mit à hurler comme un fou et se rua vers l'extérieur. D'un bond, il fut en selle et il s'élança au galop dans la forêt, laissant Gauvain seul avec le cadavre. D'abord atterré, ce dernier ne tarda pas à réagir. Il sortit de la chambre, prit ses armes et s'équipa, bondit dans l'écurie, sella et harnacha son cheval puis l'enfourcha, bien décidé à quitter au plus vite ces lieux maudits. Dans la cour, il vit le nain qui s'enfuyait. Alors, piquant des deux, il lança Gringalet au triple galop dans la forêt. Il était triste et désespéré au point de perdre l'esprit : il lui semblait n'avoir jamais vécu pire aventure, et il s'en voulait de n'avoir pas gardé ses armes pendant la nuit. Ainsi aurait-il pu se défendre contre le furieux qui l'avait attaqué, et celui-ci n'aurait pas malencontreusement tué la dame.

Comme il chevauchait, abîmé dans ces sombres pensées, il vit venir à sa rencontre sur le chemin un chevalier fort curieusement accoutré. Celui-ci montait son cheval à rebours, les rênes attachées sur sa poitrine, et il portait son bouclier sens dessus dessous, sa lance à l'envers, de même que son haubert. Quant à ses chausses, il les avait nouées autour de son cou. S'il avait bien entendu approcher Gauvain, que son apparition laissait pantois, il ne pouvait évidemment le voir encore. Aussi cria-t-il, comme à l'adresse des frondaisons : « Noble chevalier qui surviens, je t'en supplie au nom du Dieu tout-puissant, ne me fais aucun mal, car je suis le Chevalier Couard ! » Malgré sa tristesse et sa mélancolie, Gauvain éprouva une forte envie de rire. « Par ma foi, se dit-il en lui-même, je ne vois pas qui pourrait vouloir du mal à ce fou ! »

Il s'approcha de lui et l'examina avec attention. L'autre fit de même, mais avec une mine effarée. « Bienvenue à toi, seigneur, dit enfin le Chevalier Couard. — À toi aussi, répondit aimablement Gauvain. De qui es-tu le vassal, seigneur chevalier ? — De la demoiselle chauve, seigneur. — Ma foi, je ne t'en estime que mieux. — Je n'ai donc rien à craindre de toi ? — Non, répondit Gauvain, sois tout à fait rassuré, je ne te veux aucun mal ! »

Apercevant alors le bouclier que portait Gauvain, le Chevalier Couard sembla le reconnaître : « Seigneur, dit-il, avec ta permission, je vais descendre de cheval, puis, sitôt réarmé comme il sied, remonter en selle dans le bon sens. Car je sais maintenant que tu es Gauvain, neveu du roi Arthur : nul autre que toi ne pouvait conquérir ce bouclier. » Il descendit de son cheval et entreprit aussitôt de remettre en ordre son équipement. Il pria Gauvain de s'arrêter pour lui laisser le temps suffisant. Gauvain accepta bien volontiers et lui offrit son aide.

C'est alors qu'à toute allure surgit un chevalier qui avait traversé la forêt comme un ouragan. Il portait un bouclier mi-parti de blanc et de noir. « Gauvain ! s'écria-t-il, arrête-toi ! Je te lance un défi au nom de Marchod Pryderus qui, par ta faute, a tué sa propre femme ! — Seigneur chevalier ! dit Gauvain, je suis profondément malheureux de sa mort, car elle n'avait certes pas mérité ce sort. — À quoi riment ces regrets ? répliqua le chevalier aux deux couleurs, tu n'en es pas moins responsable de sa triste fin ! Si je l'emporte, ta culpabilité sera avérée. Dans le cas contraire, le blâme et la honte en retomberont sur mon seigneur, et c'est de toi qu'il tiendra son manoir et sa terre, à condition que tu me laisses retourner vivant.

— Ma foi, répondit Gauvain, je ne vois nulle raison de refuser ce combat. Dieu sait ma parfaite innocence. — Gauvain, intervint le Chevalier Couard, ne compte pas sur moi pour ce combat, car je ne pourrai t'apporter ni aide ni secours. — Je n'en ai que faire, rassure-toi. J'ai affronté bien d'autres périls. »

Les deux adversaires se précipitèrent l'un sur l'autre et brisèrent leurs lances contre les boucliers, mais Gauvain heurta le chevalier en le dépassant et l'abattit avec son cheval. Puis, tirant son épée, il revint sur lui. Le chevalier s'écria : « Ah, Gauvain ! veux-tu donc me tuer ? Je me rends à toi, car je n'ai aucune envie de mourir pour la folie d'un autre. J'implore ta pitié. » Gauvain accepta d'autant plus volontiers de l'épargner que seule l'obéissance à son seigneur l'avait obligé à se battre. « Je te fais grâce », dit-il. Alors le chevalier se leva, tendit les mains vers lui et, au nom de son suzerain, Marchod Pryderus, il lui fit l'hommage de sa demeure et de toute sa terre et se déclara son vassal. Puis, après avoir pris congé, il remonta sur son cheval et s'éloigna.

« Seigneur, dit le Chevalier Couard, Dieu me garde d'une hardiesse pareille à la tienne ! Si cet homme m'avait défié, je me serais enfui sur-le-champ, ou bien je serais tombé à ses pieds pour implorer sa pitié. — En somme, dit Gauvain, tu aimes la tranquillité plus que tout. — Et j'ai raison, dit le Chevalier Couard. La violence n'apporte que des malheurs. Je n'ai jamais été blessé. Tout au plus quelque branche épineuse m'a-t-elle égratigné dans la forêt. Tandis que toi, Gauvain, ton visage est tout couturé de cicatrices. Non, je ne t'envie certes pas, je te recommande seulement à Dieu. Je retourne auprès de la demoiselle chauve.

— Un instant ! Dis-moi d'abord pourquoi ta demoiselle chauve porte son bras suspendu à son cou par une écharpe d'or. — Je vais te le dire, seigneur. C'est de cette main-là qu'elle a servi un chevalier qui, lors de son séjour dans la demeure du Roi Pêcheur, n'a pas posé la question qu'on attendait de lui. Et comme cette même main a tenu la précieuse coupe dans laquelle coule le sang que verse la pointe de la Lance, la demoiselle chauve refuse de s'en servir pour quelque usage que ce soit avant son retour dans le lieu où est conservé le Graal. Voilà, je t'ai dit la vérité. À présent, je vais m'en aller. Prends ma lance : je te la donne, car, moi, je n'en ai que faire. »

Gauvain prit la lance avec joie, vu que la sienne était brisée. Et le Chevalier Couard s'éloigna dans la forêt.

Gauvain, toujours aussi pensif, reprit sa route. Saurait-il trouver le chemin qui menait chez le Roi Pêcheur ? Là seulement il apprendrait ce qu'il en était de la mystérieuse lance dont la pointe dégouttait de sang. Son devoir l'y obligeait, ainsi qu'à poursuivre sa quête jusqu'au bout. Mais où aller ? Chaque fois qu'il s'enquérait de la demeure du Roi Pêcheur, on lui répondait qu'il lui appartenait de la découvrir. Aurait-il la force de conquérir le Graal, cette coupe dont, avant sa disparition, avait longuement parlé Merlin ? Toutes les aventures qui lui arrivaient depuis quelque temps étaient trop incroyables pour être vraies. Rêvait-il, ou allait-il par des chemins qui ne menaient nulle part ?

Après une longue chevauchée qui lui fit traverser maintes plaines, il aperçut une magnifique forteresse. Un vieux chevalier venait d'en sortir, sans doute afin de se divertir, car il tenait un faucon sur son poing. Ils se saluèrent, et Gauvain lui demanda à qui appartenait la belle forteresse qu'on voyait là. L'autre répondit qu'y demeurait la Dame sans Égale, ainsi nommée pour n'avoir jamais daigné demander son nom à aucun chevalier. « Et nous qui sommes à son service, ajouta-t-il, nous n'osons le faire à sa place. Mais tranquillise-toi, tu recevras néanmoins le meilleur accueil, car ma dame est très courtoise. Et bien qu'elle soit la plus belle femme que l'on connaisse, elle n'a jamais été mariée et n'a jamais voulu aimer d'autre chevalier que l'on réputerait le meilleur du monde. Je vais t'accompagner. »

Ils pénétrèrent dans la cour et mirent pied à terre au bas du perron, devant la grande salle. Le chevalier prit Gauvain par la main et l'introduisit. Aussitôt entré, il le désarma et lui apporta un manteau de soie garni de fourrure qu'il le pria de revêtir. Puis il alla chercher la Dame sans Égale et la ramena vers Gauvain. Celui-ci se leva à son approche. « Dame, dit-il, que Dieu soit avec toi. — Bienvenue à toi », répondit-elle. Et, le prenant à son tour par la main, elle lui fit traverser ses appartements. « Seigneur, dit-elle, veux-tu voir ma chapelle ? — Oui, certes, si tu le désires. »

Elle l'y mena donc, et Gauvain examina soigneusement l'édifice : jamais, lui sembla-t-il, il n'avait vu de chapelle aussi belle et aussi richement décorée. Il y aperçut quatre tombeaux, les plus beaux du monde, et qui étaient fermés. Dans le mur droit de la nef étaient creusées trois niches qu'entouraient des ornements d'or et de pierres précieuses. Et devant le mur opposé brûlaient d'innombrables chandelles placées devant des croix et qui répandaient un parfum délicieux.

« Seigneur, dit la Dame, vois-tu ces tombeaux ? — Oui, mais je les crois vides. — Tu dis vrai. Trois d'entre eux sont destinés aux trois meilleurs chevaliers du monde, dit-elle, le quatrième m'est réservé. L'un de ces chevaliers se nomme Gauvain : il est le neveu du roi Arthur. L'autre se nomme Lancelot du Lac : il est le fils du roi Ban de Bénoïc. Quant au troisième, que l'on appelle Perceval, je l'aime encore plus que les précédents. Dans les trois niches que j'ai fait creuser dans le mur, tu peux voir des reliques. Je les y ai placées par amour pour eux. À présent, regarde ce que je ferais de leur tête s'ils se trouvaient en ma présence. »

Elle tendit la main vers le mur du côté des niches, et en retira une cheville d'or qui s'y trouvait fichée : aussitôt, une lame d'acier, plus tranchante qu'un rasoir, tomba brutalement, fermant simultanément les trois ouvertures. « Voici, dit-elle, de quelle façon je leur trancherai la tête quand ils voudront vénérer les reliques placées dans les niches. Ensuite, je ferai déposer leurs corps dans les tombeaux et j'ordonnerai de les ensevelir avec toute la pompe et tous les honneurs qui leur sont dus. Le bonheur dont je ne puis jouir avec eux de leur vivant, leur mort me le procurera. Et quand Dieu aura décidé que je meure, on me couchera dans le quatrième tombeau : ainsi l'éternité me verra-t-elle en leur compagnie. »

Le discours de la Dame sans Égale plongea Gauvain dans une indicible perplexité. En vérité, il aurait bien voulu que la nuit fût déjà terminée. Cependant, ils quittaient la chapelle, et la Dame fit traiter Gauvain avec les plus grands égards. Il y avait, dans le château, un grand nombre de chevaliers qui la servaient tout en assurant la protection des lieux. Sans le connaître, ils témoignèrent à Gauvain la plus grande considération, mais aucun ne lui demanda son nom, puisque telle était la coutume instaurée par la Dame. Cependant, celle-ci savait qu'un jour ou l'autre les trois chevaliers qu'elle aimait plus que tout au monde passeraient devant sa forteresse. Aussi avait-elle donné ordre à quatre de ses fidèles chevaliers de surveiller constamment les alentours et de les lui amener sans faute si l'un ou l'autre s'aventurait par là. Et comme elle leur avait promis de les récompenser, tous quatre faisaient bonne garde.

Après une excellente nuit chez la Dame sans Égale, Gauvain alla de bon matin entendre la messe dans la chapelle avant de partir. Puis, s'étant équipé, il prit congé de son hôtesse et des chevaliers, et il sortit de la forteresse en homme qui n'a nul désir d'y revenir jamais. Il se dirigea vers la forêt et y pénétra mais, au bout d'une bonne lieue, il croisa deux chevaliers dans un vallon. Dès qu'ils l'aperçurent, ils sautèrent à cheval tout armés et vinrent à sa rencontre, bouclier et lance au poing. « Seigneur chevalier ! s'écrièrent-ils, arrête-toi et dis-nous ton nom, sans mentir !

— Très volontiers, répondit-il. Je ne le cache jamais quand on me le demande. Sachez donc que je suis Gauvain, neveu du roi Arthur. » Les deux chevaliers se réjouirent d'entendre ce nom, et ils dirent : « Seigneur Gauvain, sois le bienvenu. C'est toi que nous attendions depuis si longtemps. Viens, nous te mènerons auprès de la Dame sans Égale. Nul plus qu'elle ne désire te rencontrer. Elle te réservera le plus chaleureux des accueils en son domaine qui est très riche et très beau. — Seigneurs, repartit Gauvain, vous me faites beaucoup d'honneur, mais il m'est impossible de me rendre auprès de la Dame sans Égale. J'ai à faire ailleurs. — Seigneur, tu dois absolument nous accompagner. Notre dame t'attend et nous a donné l'ordre de t'amener de force si tu refusais de venir de bon gré. — Je vous le répète, je n'irai pas avec vous chez la Dame sans Égale ! », s'écria Gauvain avec colère.

Alors les chevaliers se précipitèrent et, saisissant la bride de Gringalet, tentèrent de l'entraîner. Mais Gauvain se rebiffa, tira son épée et frappa l'un des chevaliers avec une telle rage qu'il lui trancha un bras. L'autre lâcha la bride et s'enfuit à toute allure, suivi par son compagnon blessé. À l'entrée de la forteresse, ils rencontrèrent la Dame sans Égale. « Qui vous a mis dans cet état ? demanda-t-elle. — Dame, c'est Gauvain, le neveu du roi Arthur ! — Comment ! s'écria la Dame. Où l'avez-vous rencontré ? — Dans la forêt, dame, répondit l'un des chevaliers. Il allait vers nous à vive allure, venant de par ici. Nous lui avons demandé son nom, et il nous l'a dit. Mais lorsque nous l'avons invité à nous suivre jusqu'à toi, il a refusé obstinément. Nous avons voulu le forcer, et il nous a attaqués avec une telle violence que mon compagnon a perdu son bras. »

La Dame sans Égale fit sonner du cor. Aussitôt, tous les chevaliers s'équipèrent et sautèrent sur leurs chevaux. Elle leur ordonna de poursuivre Gauvain, promettant à celui qui le ramènerait belle terre et force richesses. Ils étaient là une quinzaine et s'apprêtaient à s'élancer quand survinrent les deux autres chevaliers de garde dans la forêt. Tous deux, blessés, affichaient une mine piteuse. La Dame leur ayant demandé qui les avait si bien défaits, ils répondirent que c'était Gauvain, lorsqu'ils avaient voulu l'emmener de force.

« Est-il loin ? demanda la Dame. — Oui, répondirent-ils, pour le moins à quatre lieues d'ici. » Alors, l'un des quinze chevaliers qui se disposaient à partir prit la parole : « Il serait tout à fait déraisonnable de le poursuivre. Nous n'obtiendrions qu'un surcroît de honte. D'ailleurs, Dame, c'est toi-même qui l'as laissé échapper car, j'en suis convaincu, Gauvain était ce chevalier qui a passé la nuit ici. Ne portait-il pas un bouclier rouge orné d'un aigle d'or ? — Si, répondirent les chevaliers blessés, c'est tout à fait cela.

— C'était donc bien lui, murmura la Dame sans Égale. Je l'avoue, je l'ai laissé échapper par orgueil. Jamais plus un chevalier ne séjournera dans ma demeure sans que je lui demande son nom. Mais il est trop tard à présent. J'ai perdu celui-ci à jamais, à moins que Dieu ne me le ramène un jour. Et, à cause de lui, je risque de perdre également les autres. » Alors la Dame sans Égale regagna, pleine de douleur et de dépit, ses appartements.

Pendant ce temps, Gauvain filait bon train, afin d'interposer le plus de distance possible entre lui-même et cette Dame sans Égale qui avait une si curieuse façon d'aimer. Ayant pénétré dans une autre forêt qu'il parcourait à vive allure, il y découvrit bientôt un ruisseau qui courait à travers les arbres et que longeait un chemin apparemment fréquenté. Il suivit donc le fil de l'eau pendant une bonne lieue et, soudain, aperçut une très belle demeure flanquée d'une chapelle qu'enfermait toutes deux un enclos formé par une haie d'aubépines.

À l'entrée de l'enclos, sous un arbre, était assis un très bel homme dont la vêture annonçait un ermite. Il avait les cheveux blancs et la barbe chenue. La tête appuyée sur la main, il examinait avec soin un beau destrier superbement harnaché qu'un écuyer lui présentait, ainsi qu'un bouclier qui brillait au soleil et un haubert qu'il s'était fait apporter. Dès qu'il vit approcher Gauvain, il se dressa pour aller à sa rencontre et le saluer.

« Cher seigneur, dit-il, approche doucement, sans bruit, de peur que les choses n'empirent. Ne m'accuse pas, je te prie, d'impolitesse : je t'offrirais volontiers l'hospitalité en mon ermitage si je n'en étais empêché. Sache donc qu'un chevalier y est couché, un chevalier que l'on tient pour le meilleur du monde, mais il est malade. Je ne voudrais pas qu'il apprenne qu'un autre chevalier est entré dans l'enclos. En effet, tout mal en point qu'il est, il se lèverait, et personne ne pourrait l'empêcher de s'armer, d'enfourcher son cheval et de se battre, quel que soit le nouveau venu. De sorte que son état risquerait fort de s'aggraver. Quant à moi, si je le garde avec tant de soin, c'est que je veux empêcher quiconque, toi ou un autre, de l'apercevoir, car il en résulterait une grande perte.

— Seigneur, dit Gauvain, comment s'appelle-t-il donc ?

— Son nom ne te dirait rien ; aussi m'abstiendrai-je de te répondre. — Ne puis-je quand même le voir ? — Certainement pas, et je t'ai expliqué pourquoi. — Dis-moi au moins à quel lignage il appartient. — Cela, répondit l'ermite, je peux te le dire : au lignage de Joseph d'Arimathie, celui qui descendit Jésus de la croix. »

C'est alors qu'une jeune fille, s'approchant de l'ermite, l'entretint à voix basse. Celui-ci se leva aussitôt, prit congé de Gauvain, entra dans la chapelle et en referma soigneusement la porte sur lui-même et la jeune fille. L'écuyer emmena le cheval et remporta les armes dans la maison dont il referma également la porte, sans s'occuper un instant de Gauvain.

Tout pensif et troublé, ce dernier reprit sa route et, à nouveau, pénétra dans la forêt. Il arriva bientôt dans une contrée qui paraissait déserte. Au milieu d'une plaine hérissée de rochers, se dressait pourtant une forteresse vers laquelle il se dirigea. Il en approchait quand il vit qu'un large cours d'eau bordait ses murailles, que sa grande porte, fermée, semblait des mieux protégée. En effet, un lion enchaîné était couché tout près de l'entrée, sa chaîne fixée dans le mur. De part et d'autre se trouvaient également deux hommes de cuivre adossés au mur et qui, grâce à un mécanisme ingénieux, décochaient des flèches avec une force redoutable. Intimidé par le lion et les automates, Gauvain n'osait s'approcher quand, levant les yeux vers les créneaux, il y distingua une foule de gens qui semblaient être des prêtres et des chevaliers. Dans l'embrasure de chaque créneau se dressait une croix et, au sommet de la muraille, une chapelle à laquelle on devait pouvoir accéder depuis la grande salle du château. Trois croix la surmontaient, chacune munie d'un ange d'or. Gauvain, passablement surpris, contemplait tout cela de loin, car la porte demeurait inabordable à cause des automates qui décochaient leurs traits avec une telle violence qu'aucun bouclier, si robuste fût-il, n'y eût résisté. Et comme, à moins de rebrousser chemin, nulle autre route ne s'ouvrait ni sur la droite ni sur la gauche, en dehors de celle qui longeait l'entrée de la forteresse, il ne savait que faire.

Il était au comble de la perplexité lorsqu'il s'aperçut que le ciel, jusque-là fort clair, s'obscurcissait de plus en plus. Le soleil disparut, et un brouillard épais qui provenait de la vallée montait, noyant tout sur son passage. Bientôt Gauvain se retrouva dans une sorte de nuit laiteuse, à peine éclairée par une lumière blanchâtre, presque glauque, nuit dont l'épaisseur était telle qu'il était difficile de respirer normalement. Gauvain se sentait pris dans un piège. S'il avançait de quelques pas, il risquait de recevoir les flèches que lançaient les archers de cuivre. S'il faisait demi-tour, Dieu sait quel ennemi le guettait pour mieux fondre sur lui et le faire basculer dans quelque marécage d'où il ne pourrait jamais se dégager.

Il se décida cependant. Mettant pied à terre et conduisant Gringalet par la bride, il s'avança, tout en croyant revenir en arrière. Ses pieds heurtaient les cailloux du chemin, ce qui lui sembla de bon augure et, prenant grand soin de ne pas s'écarter, il marchait pas à pas, espérant à chaque instant que le brouillard allait se dissiper, et que lui-même se retrouverait dans la pleine lumière du soleil. Il s'aperçut alors qu'il approchait d'un pont, et que ce pont franchissait un fossé. De l'autre côté, il discerna les contours d'une muraille en pierre, muraille qui comportait une porte, étroite mais suffisante pour le passage d'un cavalier. Tout heureux de voir qu'elle était ouverte, Gauvain passa sans hésiter le pont. Quand il fut parvenu sur l'autre bord, il s'arrêta et, prudemment, jeta un regard circulaire pour savoir s'il y avait quelqu'un à l'intérieur. Au même moment, la lumière devint plus crue, le brouillard s'estompant. Reprenant courage, Gauvain s'avança, l'épée à la main, prêt à toute éventualité.

Il aperçut alors un portier dont la main tenait deux clefs. En le dévisageant, l'homme lui dit : « Gauvain, sois le bienvenu. » Gauvain s'étonna fort d'être appelé par son nom, mais il ne posa aucune question. Le portier le mena à travers une cour jusqu'à un manoir qui surgissait devant eux, quoique sa toiture se perdît encore dans le brouillard. Il y entra, à la suite du portier, et celui-ci le fit monter, par un escalier tortueux, jusqu'à une salle somptueuse dont le sol était joliment jonché de fleurs fraîches qui exhalaient un doux parfum. Là, sur un lit, était assis un vieux seigneur aux cheveux gris qui paraissait bien centenaire et dont les vêtements étaient couleur de neige. Le temps pesait tant sur ses épaules qu'il lui était impossible de se déplacer sans l'aide de quelqu'un : autrement, il devait rester assis ou couché. Cependant, lorsque le vieillard eut jeté les yeux sur Gauvain, il ne manqua pas de lui dire d'une voix très douce : « Gauvain, sois le bienvenu. » Réconforté par cet accueil, Gauvain remercia vivement le vieillard. Mais le portier, le prenant par le bras, l'entraîna plus loin à travers le château. Talonnant son guide, il emprunta d'interminables couloirs et, brusquement, se retrouva seul dans une pièce éclairée seulement par une petite lucarne. « Où es-tu ? », demanda-t-il, mais seul l'écho de sa propre voix lui répondit.

Derechef en proie à toutes les angoisses qu'il avait subies au milieu du brouillard, il répéta plusieurs fois sa question avant de devoir se rendre à l'évidence : le portier l'avait abandonné dans ce manoir dont il ignorait tout. Il s'en fut donc au hasard, le long d'un couloir qui tournait vers la gauche, et aboutit à une porte en bois massif qu'il ouvrit sans difficulté. Au-delà s'ouvrait une chapelle dont l'autel était orné de fleurs multicolores. Il s'agenouilla et se mit à prier. Mais lorsqu'il voulut ressortir, la lumière du jour se changea sur-le-champ en une obscurité plus profonde que naguère celle de l'extérieur. Condamné à une cécité totale, il dut avancer à tâtons. Se remettant à genoux, il implora Dieu de lui indiquer la direction qu'il fallait prendre pour sortir de ce cauchemar. Aussitôt, une flamme surgit des ténèbres et alluma toutes les chandelles alentour. Et, de la voûte où il était suspendu à une chaîne d'or, descendit un grand cercueil de chêne drapé dans une étoffe de soie. Une épée y était fichée. Gauvain, ne sachant comment interpréter cette merveille, examina longuement l'épée et en observa la facture.

Il commençait à reprendre confiance quand, tout à coup, le cercueil disparut sans qu'il pût savoir de quelle manière. Sa joie s'envola. Se redressant, il regarda autour de lui, le long de la voûte et des murs, pour tâcher de comprendre, et c'est alors qu'il vit deux mains qui émergeaient du mur : le fer qui les gantait permettait de supposer qu'elles appartenaient à un chevalier. Et elles pointaient un fût de lance très lourd dont l'extrémité, d'or pur, saignait abondamment. « La Lance qui saigne ! », s'exclama Gauvain en lui-même. Mais un grand bruit retentit dans la chapelle, les flambeaux basculèrent au sol, s'y éteignirent, et il fit encore plus sombre qu'auparavant. Alors, Gauvain entendit une voix pousser à trois reprises un cri douloureux. Il ignorait, certes, qui criait ainsi, mais l'intonation ne laissait aucun doute sur ses sentiments. La voix n'avait pas encore achevé son cri pitoyable que jaillit une grande plainte, et si forte sous les voûtes de la chapelle que Gauvain en fut ébranlé et tomba comme mort sur le pavé.

Or, en rouvrant les yeux, il constata que la clarté du jour illuminait la chapelle. Regardant autour de lui, il vit les lieux aussi vides qu'auparavant, à ceci près qu'on entendait un prêtre invisible dire la messe. S'étant dûment assuré qu'il n'y avait personne, Gauvain sortit de la chapelle pour regagner la salle où il avait laissé le vieux seigneur. Il descendit et monta plusieurs escaliers, il ne put retrouver celle-ci. Il croisa cependant un groupe de chevaliers qui le saluèrent et lui firent un magnifique accueil, l'assurant qu'il ne manquerait de rien pendant son séjour au château. Puis, comme la nuit tombait, ils l'entraînèrent dans la salle qu'il avait cherchée en vain et où, toujours à la même place, trônait le vieux seigneur qu'il avait déjà vu. Personne ne prononça un seul mot, mais le dîner était prêt : après que l'on eut installé le vieillard à table, les autres convives s'assirent, Gauvain parmi eux.

Il mangea et but comme tous les autres. Le service était parfait, les mets qu'on leur servit délicats et précieux ; mais, Gauvain le remarqua, le vieillard, lui, ne mangea ni ne but. Et, ils avaient presque achevé de souper quand entrèrent quatre jeunes filles d'une grande beauté qui portaient quatre chandeliers d'or, chacun muni de cierges allumés. Toutes ceintes d'une couronne, elles arboraient de somptueux vêtements de soie. Après avoir déposé les quatre chandeliers, elles repartirent et sortirent de la salle. Alors apparut une autre jeune fille, encore plus belle que les précédentes et encore plus magnifiquement parée, qui tenait entre ses mains une coupe d'où irradiait une lumière non pareille. En regardant attentivement, Gauvain vit qu'elle recelait un liquide rouge en tout point semblable à du sang. La jeune fille avança silencieusement, sans prêter d'attention à quiconque et, quand elle fut arrivée devant le vieux seigneur, elle s'agenouilla et lui tendit la coupe. Le vieillard saisit celle-ci de ses mains tremblantes et la porta à ses lèvres. Après avoir bu abondamment et longuement, il rendit la coupe à la jeune fille. Mais Gauvain, au comble de la stupeur, s'avisa que la coupe était aussi pleine qu'avant que le vieux seigneur y eût trempé ses lèvres.

Gauvain se demandait ce que tout cela signifiait. Il réfléchissait et se posait tant de questions en lui-même qu'il n'osa en poser aucune à son entourage. D'ailleurs, puisque personne ne parlait à cette table, il ne voyait aucune raison de rompre lui-même un silence qui paraissait inhabituel. Et dès qu'ils eurent fini de manger, les chevaliers se levèrent. Aucun d'eux ne demeura là. Ayant pris le vieil homme sous les bras, ils l'avaient couché sur le lit. Désormais, Gauvain était seul. Il pensa d'abord que les autres allaient bientôt revenir, mais il eut beau attendre, il ne vit rien, n'entendit rien. On eût dit que tous les habitants du château s'étaient brusquement endormis. Il resta ainsi à sa place une bonne moitié de la nuit sans voir personne, ce qui l'attrista fort.

Se levant enfin, il avisa une chandelle qui brûlait encore, s'en empara, et s'en servit pour en allumer quatre autres qui étaient fichées autour du lit. Il désirait prier le vieux seigneur alité de lui révéler le sens de l'aventure. Mais il ne trouva, gisant sur le lit, qu'un corps inerte et froid. Le vieillard semblait mort depuis bien longtemps déjà. Saisi de crainte et d'émotion, Gauvain quitta la salle et, s'éclairant de la chandelle, dégringola l'escalier qui menait à la cour. Celle-ci était déserte. Il retrouva, non sans peine, la porte de l'écurie. Aucun cheval ne s'y trouvait, sauf Gringalet qui lui fit fête en le reconnaissant. Mais, épuisé de fatigue et d'émotion, Gauvain n'eut pas la force de faire autre chose que de s'étendre près de lui, dans la paille, où il s'endormit comme une masse.

C'est la lumière du jour qui le réveilla. Il commença par se demander où il était et remit péniblement de l'ordre dans ses idées. Regardant autour de lui, il se vit dans l'écurie, avec pour seule compagnie celle de Gringalet. Mais celui-ci avait abondance de bon fourrage et de belle avoine. Quant aux armes de Gauvain, elles gisaient sur le sol, prêtes à l'équiper.

Gauvain n'eut plus alors qu'une idée en tête : quitter au plus tôt cette forteresse où il avait été témoin d'un si étrange spectacle, où gisait un vieillard mort depuis longtemps mais qu'il avait vu de ses propres yeux boire le sang contenu dans une coupe portée par une jeune fille d'une éclatante beauté. Il assembla ses armes, sella et brida Gringalet, ramassa son bouclier et sa lance, et, sans plus s'attarder, sortit de l'écurie puis, piquant des deux, sitôt en selle, lança son cheval par-delà la porte de la demeure ensorcelée.

Or une nouvelle surprise l'attendait là. Autant la cour et l'intérieur de la forteresse étaient illuminés par les rayons du soleil levant, autant, dehors, tout était sombre, enténébré, brumeux. De sorte que Gauvain dut, comme la veille, mettre pied à terre et marcher à tâtons, pas à pas, en tenant la bride du cheval et en s'efforçant de suivre les cailloux du chemin. Mais il ignorait complètement où il se trouvait et où il allait. Brusquement, le désespoir le saisit, et il fut tenté de s'allonger à même le sol et d'attendre là Dieu sait quoi.

« Gauvain ! Gauvain ! », cria une voix lointaine qui le fit tressaillir et tendre l'oreille. « Gauvain ! Gauvain ! », répéta la voix. Il eut l'impression que cette voix ne lui était pas inconnue. Des images confuses lui revinrent en mémoire. Oui, la dernière fois qu'il avait entendu cette voix, c'était lorsqu'il errait, dans la forêt de Brocéliande, à la recherche de Merlin. Les intonations étaient les mêmes, quoique le timbre en fût enfoui dans l'épaisseur du brouillard. Gauvain s'écria : « Merlin ! est-ce toi ? » Un éclat de rire lui répondit, puis la voix reprit : « Je suis heureux que tu me reconnaisses, Gauvain, car la plupart de tes compagnons m'ont bien oublié ! — T'oublier, Merlin ! Comment le pourrais-je ? Où es-tu ? — Je ne suis nulle part et partout, tu le sais bien, Gauvain. Mais je suis près de toi, quoique ma voix te parvienne du fond des âges. Que fais-tu donc en ce moment ? — Je suis perdu dans un brouillard dont je ne sais comment sortir. — Ce n'est pas grave, Gauvain. Tous les hommes errent dans le brouillard, mais ils ne veulent pas le reconnaître. Toi, du moins, tu le dis. »

Gauvain s'était appuyé sur l'encolure de Gringalet, et il éprouvait un merveilleux réconfort à écouter cette voix si lointaine et pourtant si proche, si familière, si amicale. « Merlin, dit-il, je ne sais plus où j'en suis. Je t'en prie, aide-moi. Que dois-je faire ? — Il faudrait d'abord savoir ce que tu as fait. D'où viens-tu ? — D'un château dont j'ignore même le nom. — Et qu'as-tu vu dans ce château ? — Un vieillard à qui l'on faisait boire une coupe remplie de sang et qui, en réalité, était mort. — Et cela t'étonne ? — On serait étonné à moins, répondit Gauvain. — Dans ce cas, reprit la voix, pourquoi n'avoir pas posé de questions ? » À ces mots, Gauvain se souvint brusquement de l'avertissement donné par la jeune fille qui marchait à pied, derrière le char aux cerfs blancs, ainsi que des reproches de la demoiselle chauve à propos de son bras. Il se souvint aussi de tout ce qu'il avait entendu dire des chevaliers qui, admis dans la demeure du Roi Pêcheur et n'ayant pas su poser la question qu'on espérait d'eux, étaient responsables de la langueur de leur hôte. Il eut brusquement honte de son attitude insensée. « Gauvain ! Gauvain ! cria la voix, m'entends-tu ? — Je t'entends, Merlin, mais je te confesse que je ne suis pas fier de moi ! — Tu as fait bien pire : pourquoi t'être lancé dans cette quête ? — Pour savoir la vérité au sujet de la Lance qui saigne. — As-tu vu la Lance qui saigne ? — Oui, je l'ai vue, assurément. — Et la question qu'il fallait poser à son sujet, l'as-tu posée ? — Non, Merlin, je n'ai pas osé. »

Un énorme éclat de rire accueillit sa réponse piteuse. Puis la voix reprit : « Alors, il ne faut pas te plaindre, ne t'en prends qu'à toi-même. Sans audace, tu n'obtiendras jamais rien. Crois-tu que moi-même j'aie jamais hésité à oser ? Jamais. Lors même que j'accomplissais des actions que le commun des mortels jugeait indignes, lors même que je défiais Dieu. Car j'ai défié Dieu, Gauvain, bien des fois, et cela sans doute parce que je suis le fils d'un diable. Enfin, tout cela n'est rien, et le monde continue à tourner comme auparavant. — Ce n'est pas sûr, Merlin, dit Gauvain. La violence et la haine planent sur le royaume, et l'on accuse trop souvent Arthur d'être un mauvais roi parce qu'il laisse régner l'injustice. — À qui la faute ? Est-ce lui ou moi qui régit le royaume de Bretagne ? Vois-tu, Gauvain, Arthur a cru longtemps que régner consistait simplement à parader dans une cour au milieu de ses chevaliers. Ce n'était là qu'un rêve, et il se prépare des réveils douloureux, je puis te l'assurer !

— Que sais-tu donc, Merlin ? Dis-le-moi, je t'en prie. — Je sais beaucoup de choses, mais il m'est interdit de les révéler. Il appartient aux hommes d'accomplir eux-mêmes leur destin. — Mais tu peux quand même les aider ! — À condition qu'ils le veuillent, soupira la voix avec amertume. — Mais je le veux, moi, Merlin ! protesta Gauvain. Je veux accomplir mon destin ! — En es-tu capable ? — Je n'en sais rien, mais je le veux. »

Il y eut un long silence. Puis la voix retentit à nouveau, mais plus faible et plus lointaine. « Écoute-moi, Gauvain, je ne pourrai plus te parler longtemps, car ma force s'épuise à te faire parvenir ce message. Le temps des aventures n'est pas terminé, et tu dois y tenir ton rang. Si tu veux revenir au château où tu as vu la Lance qui saigne et le vieillard qui buvait la coupe de sang, tu n'as qu'un recours : celui de te présenter une nouvelle fois à la porte de ce château, muni de l'épée qui décapita Jean le Baptiste. — Je conquerrai cette épée, affirma Gauvain, dis-moi seulement où elle se trouve ! — Je ne peux plus te parler, dit la voix, qui devenait de plus en plus faible, mais sois sans crainte, le brouillard va se dissiper. — Merlin ! Merlin ! ne me laisse pas sans secours ! Parle-moi encore ! » Mais Gauvain eut beau hurler et répéter son appel, il n'obtint aucune réponse. La voix de Merlin s'était tue.

À nouveau, Gauvain se sentit accablé par une angoisse irrépressible. Le doute l'envahit : était-il capable d'accomplir son destin ? Jusqu'à présent, sa quête n'avait abouti qu'à une série de déceptions. Il se mit à pleurer et à regretter amèrement les fautes qu'il avait commises, et sa frivolité le révoltait lui-même. Ce n'étaient pourtant point les signes qui lui avaient manqué. Pourquoi donc les avoir négligés au point de tomber dans les pièges les plus grossiers et de passer auprès des choses essentielles sans même les remarquer ? Il se frappa longuement la poitrine en suppliant Dieu de lui pardonner tout le mal qu'il avait pu faire dans sa vie. Alors, un grand vent s'éleva et des tourbillons l'enveloppèrent. Peu à peu, le vent dissipa le brouillard. Bientôt, le soleil reparut dans toute sa splendeur, répandant ses rayons bienfaisants sur toute la terre. Et, regardant autour de lui, Gauvain se vit au beau milieu d'un marécage, sur un chemin qui traversait les pires fondrières qu'il eût jamais vues [1].

1. D'après certains épisodes de la Branche III de *Perlesvaux*. L'épisode de Gauvain au Château du Graal est emprunté au récit allemand *Die Kröne* (« La Couronne »), de Heinrich von dem Türlin, écrit vers 1230, édité par Scholl à Stuttgart en 1852. Trad. partielle par Danielle Buschinger, *Scènes du Graal,* Paris, 1987.

CHAPITRE XII

Les Chemins d'Avalon

Triste et malheureux, quoique le temps fût admirable, Gauvain chevauchait par landes et vallées, sans savoir de quel côté se diriger, dans un pays qu'il ne connaissait pas. Soudain apparut devant lui, dans un champ, un bourgeois vêtu avec élégance et monté sur un superbe destrier. En l'apercevant, l'homme vint à sa rencontre et le salua avec une exquise politesse. Gauvain lui rendit son salut. « Seigneur, dit le bourgeois, cela me fait grand-peine de te voir errer d'un air si désemparé. Les chevaliers sont-ils toujours aussi tristes ? — Seigneur, répondit Gauvain, j'ai quelque raison d'être triste. J'accomplis une quête, mais je ne sais par où la mener à son terme. — Que cherches-tu donc, chevalier ? — Ne te moque pas de moi, dit Gauvain, je cherche l'épée avec laquelle a été décapité Jean le Baptiste.

— Par Dieu tout-puissant ! s'écria le bourgeois, tu vas t'exposer à de grands dangers ! C'est un roi païen qui la possède. Il se nomme Gurgaran et chacun le sait cruel et pervers. De nombreux chevaliers sont passés par ici à la recherche de l'épée, et nul n'est jamais revenu. — Moi, je reviendrai, dit Gauvain, je te le promets, mais à condition que tu m'indiques où je pourrai trouver la demeure de ce roi Gurgaran. » Le bourgeois lui montra la route qui conduisait au royaume de celui-ci. Gauvain l'en remercia vivement et, le cœur plus léger, força l'allure de son cheval.

Après avoir passé la nuit dans un ermitage, Gauvain se remit en route vers les terres du roi Gurgaran. Ce faisant, il pénétra dans la plus désagréable forêt qui fût, tout encombrée d'arbustes épineux et d'arbres déchiquetés, puis il parvint au bord d'une fontaine. Sa vasque se trouvait dans l'ombre, et tout autour d'elle s'élevaient des piliers de marbre rehaussés d'une bordure d'or et de pierres précieuses. Au pilier principal était suspendu un vase d'or au bout d'une chaîne d'argent et, au milieu de l'eau, se dressait une statue si merveilleusement sculptée qu'elle semblait vivante. Tourmenté par la soif, Gauvain s'arrêta et s'approcha de la fontaine. Mais dès qu'il eut mis un genou en terre pour boire, la statue s'enfonça dans les flots et disparut. Gauvain voulut alors prendre le vase d'or, mais une voix l'interpella : « Tu n'es pas le bon chevalier que l'on sert et que l'on guérit avec ce vase ! »

En se reculant, Gauvain aperçut un jeune clerc qui se dirigeait vers la fontaine. Tout de blanc vêtu, l'homme portait une étole sur son bras, et il tenait à la main un récipient d'or de forme carrée. Il s'approcha du vase d'or suspendu au pilier, en examina l'intérieur et, après avoir soigneusement rincé le récipient qu'il avait apporté, y vida le contenu du vase d'or. Là-dessus survinrent trois jeunes filles d'une grande beauté, toutes vêtues de blanc, et la tête recouverte d'un linge également blanc. L'une apportait du pain dans une coupe d'or, la suivante du vin dans une coupe d'ivoire, la dernière enfin des aliments dans une coupe d'argent. Elles s'approchèrent du vase en or qui était suspendu au pilier, et elles y versèrent ce qu'elles avaient apporté. Puis elles s'en retournèrent par où elles étaient venues, mais il sembla à Gauvain qu'elles n'étaient plus qu'une seule et même jeune fille. Alors il alla trouver le clerc qui remportait son récipient en or. « Puis-je te poser une question ? demanda-t-il. — Certainement, répondit le clerc. — Où vas-tu porter ce vase et son contenu ? — Ce n'est pas difficile, répondit le clerc. À des ermites qui vivent dans la forêt. » Gauvain n'insista pas et reprit sa route.

Au bout d'un moment, il passa devant la cabane d'un ermite. Celui-ci, qui se trouvait sur le pas de sa porte, le salua et lui demanda : « Où vas-tu de ce pas, seigneur chevalier ? — Au royaume de Gurgaran, répondit Gauvain. Est-ce le bon chemin ? — Oui, dit l'ermite, mais beaucoup de chevaliers sont passés par là, et ils ne sont jamais revenus. — Est-ce loin ? demanda encore Gauvain. — C'est tout près, dit l'ermite, mais le château où se trouve l'épée est bien plus loin. »

Gauvain passa la nuit chez l'ermite, et, le lendemain matin, il repartit de très bonne heure. Quand il fut parvenu sur les terres du roi Gurgaran, il entendit les habitants du lieu manifester une profonde douleur. Et comme un chevalier passait, se dirigeant à vive allure vers un manoir, il lui demanda pourquoi les gens pleuraient et se frappaient les mains de désespoir. « Seigneur, répondit le chevalier, je vais te le dire. Le roi Gurgaran n'a qu'un fils, et celui-ci vient d'être enlevé par un géant qui, entre autres graves préjudices, lui a également dévasté tout son royaume. Le roi a fait proclamer par tout le pays qu'à l'homme qui lui ramènerait son fils il donnerait une épée qu'il possède et qui est le plus précieux joyau de son trésor. Mais il ne s'est encore trouvé aucun chevalier assez hardi pour aller tenter l'aventure. Pourtant, le roi ressent maintenant moins de respect pour sa religion que pour celle des chrétiens, et il a fait dire que si jamais un chevalier chrétien venait à se proposer, il le recevrait volontiers. »

Tout heureux de ces nouvelles, Gauvain, après avoir remercié le chevalier, s'en alla tout droit au palais de

Gurgaran. Dès qu'il y fut entré, on vint le prendre pour le conduire en présence du roi. Celui-ci lui demanda qui il était et de quel pays il venait. « Mon nom est Gauvain, répondit-il, et je suis le neveu du roi Arthur. — Certes, dit le roi, tu appartiens à un royaume qui ne manque pas de bons chevaliers. Ils sont assurément meilleurs que ceux de mon royaume, car parmi ceux-ci, je n'en trouve pas un seul qui se soucie de me porter secours. Quant à toi, si tu es assez brave pour daigner m'aider, je t'en récompenserai dignement. Un géant m'a ravi mon fils unique, qui m'est très cher et que je veux sauver à tout prix. Si tu consens à risquer ta vie pour sauver mon enfant, je te ferai don de la plus magnifique épée qui ait jamais été forgée, celle avec laquelle Jean le Baptiste fut décapité. C'est une épée miraculeuse, car elle se couvre de sang chaque jour à midi, en souvenir de l'heure où fut tranchée la tête du prophète. Je vais te la montrer. »

Le roi fit apporter l'épée. Il la montra d'abord à Gauvain dans son fourreau, qui était recouvert de pierres précieuses. Les attaches étaient de soie, avec des pendentifs en or, de même que la poignée ; le pommeau était fait, lui, d'une pierre magique venue d'Orient. Le roi dégaina ensuite la lame ; celle-ci apparut toute sanglante, car il était précisément midi. Il l'exposa sous les yeux de Gauvain jusqu'à ce que l'heure fût passée : la lame devint alors aussi brillante et aussi verte qu'une émeraude. Gauvain fut fasciné par ce prodige, et son émerveillement ne fit qu'exciter son désir d'obtenir l'épée afin de se présenter ensuite au château du Riche Roi Pêcheur. « Roi, dit-il, j'ai décidé de t'aider. Fais-moi savoir où je trouverai le géant. »

Après qu'on lui eut indiqué le repaire de celui-ci, Gauvain se mit en route sans tarder. Il parvint bientôt à une haute montagne qui s'élevait au-dessus d'une plaine que le géant avait entièrement dévastée. La base de cette montagne avait trois bonnes lieues de tour, et c'était là que le géant avait établi sa demeure. Il était si grand et si terrifiant d'aspect qu'il ne craignait aucun ennemi. Tant et si bien que depuis longtemps aucun chevalier n'était venu le défier dans son repaire. Par ailleurs, nul homme n'avait osé s'installer sur son territoire, et le défilé par lequel on y accédait était si étroit qu'un cheval même ne pouvait l'emprunter. Gauvain fut donc obligé de mettre pied à terre et d'abandonner, en plus de sa monture, son bouclier et sa lance pour se frayer passage, vaille que vaille. Le chemin formait en effet une sorte de faille entre des rochers coupants, et mieux valait ne pas s'y frotter.

Il parvint enfin de l'autre côté de la montagne, sur un plateau qui dominait la plaine ; et, devant lui, il aperçut le géant qui, assis à même le sol, sous un arbre, jouait aux échecs avec l'adolescent. Gauvain, qui avait conservé son armure et portait son épée au flanc, se dirigea vers eux. En le voyant approcher, le géant se dressa d'un bond, saisit une énorme hache qui se trouvait à ses côtés et se précipita sur lui, son arme brandie, avec l'intention de lui en fendre la tête de toute la force de ses deux mains. Gauvain esquiva le coup en se jetant vers la gauche, et il lui donna un tel coup d'épée qu'il lui trancha l'un des poignets. Mais, en se voyant aussi grièvement blessé, le géant retourna sur ses pas et, utilisant sa main intacte, saisit le prince par le cou et le serra si fort qu'il l'étrangla. Retournant alors vers Gauvain, il le prit à bras-le-corps et le paralysa de son étreinte. L'élevant ensuite en l'air de trois pieds au-dessus du sol, il l'emporta vers sa tanière, au sommet du rocher. Mais, comme il en approchait, il trébucha, tomba et se retrouva au sol sous son adversaire. Il n'eut pas le temps de se relever que Gauvain, de son épée, lui transperçait le cœur. Là-dessus, le chevalier lui trancha la tête et se dirigea vers l'endroit où le fils du roi gisait mort, ce dont il fut très attristé.

Après avoir repris son souffle, il chargea sur ses épaules le corps du malheureux jeune homme, prit dans sa main la tête du géant et, non sans peine, regagna le lieu où il avait laissé son cheval, son bouclier et sa lance. Là, il se remit en selle et s'en fut, portant devant lui le cadavre du prince ainsi que la tête du géant.

Le roi Gurgalan et les gens du château se précipitèrent au-devant de lui avec des transports d'allégresse, mais quand ils virent le jeune homme mort, leur liesse ne tarda pas à se muer en deuil. Gauvain mit pied à terre cependant et vint remettre au roi le corps de son malheureux fils et la tête monstrueuse du géant. « Crois-moi, seigneur, dit Gauvain, si j'avais pu te ramener ton fils vivant, ma joie n'eût pas eu d'égale. » Malgré la douleur que lui causait la mort de son fils, le roi répondit néanmoins : « Je te crois. Je suis persuadé que tu as fait tout ton possible, au risque de ta vie, pour le sauver. Aussi te témoignerai-je ma reconnaissance en te remettant la récompense que je t'ai promise. »

Lorsqu'il eut pleuré son fils avec une tendre émotion, tandis que les habitants du château faisaient retentir les airs de plaintes lamentables, le roi fit allumer un grand feu au milieu de la ville, avant de placer le corps de son fils dans une grande cuve remplie d'eau qui fut hissée sur le bûcher. Quand le cadavre du jeune homme fut cuit et bouilli, le roi le fit découper en morceaux aussi petits que possible. Puis il manda tous ses vassaux et distribua à chacun d'eux autant de morceaux qu'il y en avait [1]. Enfin, il fit apporter l'épée et la remit à Gauvain.

---

1. Ces étranges funérailles (païennes, répétons-le) recouvrent un rituel archaïque lié à des sacrifices humains. On pourrait y voir un exemple d'anthropophagie rituelle comme il en existe encore dans certaines sociétés africaines. De toute façon, il s'agit là d'une réminiscence d'une coutume fort ancienne. Pour être manifestement un ouvrage de propagande chrétienne, le récit originel de *Perlesvaux*,

Gauvain remercia le roi et l'engagea à se faire chrétien, ce qu'il promit très volontiers. Puis il quitta le château de Gurgalan et reprit sa route, espérant retrouver très bientôt le chemin de la forteresse où il avait vu le Graal et la Lance qui saigne. Il parcourut en sens inverse le même chemin, salua l'ermite qui l'avait hébergé et qui se montra tout heureux de son succès et, bientôt, entra de nouveau dans la forêt qu'il savait peu éloignée des terres du Riche Roi Pêcheur. Ainsi chevaucha-t-il jusqu'au coucher du soleil sans rencontrer manoir ni habitation.

Il parvint alors à une vaste prairie qui s'ouvrait au milieu de la forêt, et que bordait un ruisseau dont les eaux claires s'écoulaient vivement avant d'aller se perdre sous les arbres. À l'autre extrémité, juste à la lisière des bois, avait été dressée une immense tente dont les cordeaux étaient de soie, et les piquets fichés en terre de l'ivoire le plus pur qui fût. Quant aux pommeaux qui en ornaient le faîte, ils étaient d'or, et chacun d'eux était surmonté d'un aigle également d'or. Les flancs de la tente étaient blancs, son toit tissé d'une superbe étoffe de soie vermeille.

Gauvain s'approcha de la tente et mit pied à terre devant l'entrée. Il lâcha la bride à Gringalet et lui laissa paître l'herbe abondante qu'offrait le pré. Puis, posant sa lance et son bouclier et, risquant un œil à l'intérieur, il aperçut un lit magnifique, tendu de fils d'or et de soie. Des draps également de soie, et aussi fins que la toile la plus raffinée, le couvraient, ainsi qu'une couverture d'hermine entretissée de soie verte parsemée de gouttes d'or. Au chevet, deux oreillers qui paraissaient très moel-

écrit par un moine de l'abbaye de Glastonbury, constitue la plus remarquable anthologie des croyances archaïques antérieures à l'introduction du christianisme en Grande-Bretagne. Il est probable que l'auteur a également voulu établir un parallèle entre cette « manducation » païenne et le concept d'eucharistie.

leux étaient brodés à la perfection. Tout autour, l'espace embaumait d'un parfum délicat, qui sans doute émanait des diverses fleurs qu'on avait prodiguées de tous côtés. Aux abords du lit, de très beaux tapis de soie recouvraient le sol, et, de part et d'autre du chevet, se dressaient deux sièges d'ivoire munis de coussins finement brodés. Au pied du lit, à une certaine distance, était planté dans un chandelier d'or un grand cierge. Au milieu de la tente avait été placée une table d'ivoire massif, aux bords en or sertis de pierres précieuses. Dessus, une nappe immaculée supportait des tailloirs d'argent, des couteaux au manche d'ivoire et une luxueuse vaisselle d'or.

La vision de tant de magnificence attira Gauvain qui entra et, tout armé, s'assit sur le lit. À l'intention de qui avait pu être aménagée si somptueusement cette tente ? se demandait-il, abasourdi de n'y voir personne. Or, comme il s'apprêtait à se désarmer lui-même, un nain pénétra dans la tente, le salua avec ostentation et, s'agenouillant devant lui, se mit en devoir de lui retirer son équipement. Gauvain se souvint alors du nain par la faute de qui avait été tuée son hôtesse. « Ami, dit-il, laisse-moi. Je ne veux pas pour l'instant retirer mon armure. — Seigneur, répondit le nain, tu peux le faire en toute tranquillité, car tu n'auras rien à craindre avant demain. Jamais sans doute tu n'auras été hébergé avec plus de magnificence et de marques de respect que tu le seras cette nuit. »

Gauvain se dit qu'après tout il ne risquait rien. Il était las et n'était pas fâché de prendre du repos au milieu de ce luxe. Il commença donc à ôter son armure avec l'aide du nain, puis il déposa le tout à côté du lit. Quant à son épée, à sa lance et à son bouclier, il les disposa sur le sol à l'intérieur de la tente, afin de les avoir immédiatement à sa disposition, le cas échéant. Là-dessus, le nain apporta deux bassins d'argent et une serviette blanche, et il invita Gauvain à se laver les mains et le visage. Puis il ouvrit un très beau coffre et en retira un habit taillé dans un drap tissé de fils d'or et de soie, et fourré d'hermine. Il le tendit à Gauvain en le priant de s'en revêtir.

« Seigneur, dit le nain, n'aie pas d'inquiétude pour ton cheval. Tu le retrouveras demain matin, à ton lever. Je vais l'emmener non loin d'ici qu'il soit bien installé, avec de l'avoine et de la paille fraîche. Et je reviendrai aussitôt te servir. » Gauvain, qui ne se méfiait plus, lui signifia d'un geste son assentiment.

À ce moment, deux écuyers entrèrent, apportant du vin et des plats, et prièrent Gauvain de s'asseoir à table. Puis, après avoir allumé deux grands flambeaux dans deux chandeliers d'or, ils se retirèrent. Gauvain se mit à manger, tout heureux de se restaurer après son épuisant voyage. Mais, pendant son repas, deux jeunes filles pénétrèrent dans la tente. Elles le saluèrent avec beaucoup de déférence, et il répondit le plus aimablement qu'il put.

« Seigneur, dit l'une des jeunes filles, que Dieu te donne demain le pouvoir et la force de mettre fin à la détestable coutume qui est liée à cette tente ! — Il y a donc une coutume ici, et de plus une coutume détestable ? — Oui, seigneur, et particulièrement odieuse. Elle nous pèse beaucoup. Mais ton aspect dénote assez de vaillance pour mettre fin à cette situation. »

Son repas terminé, Gauvain quitta la table, qu'un écuyer s'empressa de débarrasser. Alors, le prenant par la main, les jeunes filles le conduisirent hors de la tente, et ils s'assirent sur l'herbe tendre. « Seigneur, dit celle qui paraissait l'aînée, quel est ton nom ? — Chères amies, je suis Gauvain, le neveu du roi Arthur. — À parler vrai, nous sommes très flattées de cette parenté, et nous ne t'en apprécions que davantage et mieux. Nous sommes certaines que la cruelle coutume liée à cette tente sera abolie demain, à condition toutefois que tu choisisses pour cette nuit celle de nous que tu préfères. » Gauvain se leva. « Jeunes filles, dit-il, grand merci. » Et, comme il était très fatigué, il rentra dans la tente et se dirigea vers le lit. Les jeunes filles le suivirent et l'aidèrent à se coucher. Une fois qu'il fut sous les draps, elles s'assirent devant lui après avoir allumé le cierge, et, s'appuyant sur le lit, elles lui offrirent leurs services en insistant effrontément. Mais Gauvain ne leur répondit rien d'autre que « grand merci » car, malgré la beauté et les mines aguichantes des jeunes filles, il ne pensait qu'à se reposer et à dormir.

« Par Dieu tout-puissant !, dit l'une des jeunes filles à l'autre, si cet homme était vraiment Gauvain, le neveu du roi Arthur, il nous parlerait tout autrement, et nous trouverions auprès de lui plus de plaisir que ne nous en offre celui-ci ! Il n'est sûrement pas Gauvain. Nous avons eu grand tort de lui réserver un si bel accueil dans cette tente, alors qu'il nous méprise ainsi ! — Peu importe, dit sa compagne, il lui faudra bien payer son écot, demain ! »

Aussitôt que le nain rentra dans la tente : « Ami, lui dirent-elles, monte la garde auprès de ce chevalier, et surtout, empêche-le de fuir ! Comment peut-il aller de demeure en demeure en trompant de la sorte les gens ? Il se fait appeler Gauvain parce qu'il sait de quelle réputation jouit le neveu du roi Arthur. Mais il ne lui ressemble guère. Si nous avions proposé au véritable Gauvain de veiller avec nous pendant trois nuits de suite, il nous aurait proposé de veiller quatre nuits au moins ! — Ne vous inquiétez pas, dit le nain. Il ne pourra s'enfuir, à moins de partir à pied, car son cheval est sous ma garde, dans un endroit qu'il ne connaît pas. »

Du fond de son demi-sommeil, Gauvain entendait parfaitement ces propos, mais il se garda d'intervenir. Les jeunes filles quittèrent donc la tente en priant Dieu de réserver une mauvaise nuit à ce chevalier lâche et sans vigueur, et en recommandant derechef au nain de ne pas bouger d'un pouce et de bien veiller. Le nain leur répondit qu'il mettrait tout en œuvre pour éviter que le chevalier ne se dérobât s'il lui prenait fantaisie de leur fausser compagnie.

Cependant, Gauvain dormit fort peu cette nuit-là. Dès qu'il fit jour, il se leva. Il trouva ses armes prêtes, ainsi que son cheval qui lui fut amené sellé devant la tente. Il se prépara aussi promptement qu'il put avec l'aide du nain. Quand il fut équipé, le nain lui dit : « Chevalier, tu n'as guère satisfait tes hôtesses, et je sais qu'elles t'en veulent beaucoup. — J'en suis désolé, répondit Gauvain. J'ai sûrement mérité leurs reproches, mais j'étais fatigué et j'avais grand besoin de me reposer. — Quel dommage, reprit le nain, qu'un aussi beau chevalier soit aussi indigne qu'elles le prétendent ! — Libre à elles ! s'écria Gauvain que ces insinuations commençaient à agacer, je leur en reconnais le droit. Cela dit, qui dois-je remercier pour l'agréable séjour dont j'ai bénéficié cette nuit ? Si j'avais vu le seigneur ou la dame de la tente, je leur aurais exprimé ma gratitude. »

Au même moment surgirent à cheval deux chevaliers en armes qui mirent pied à terre et se dirigèrent vers la tente. Ils y firent une entrée brutale et dirent à Gauvain : « Seigneur, il te faut payer ton hébergement ! Nous nous sommes dérangés pour toi hier soir, nous t'avons laissé la libre disposition de la tente et de tout ce qui s'y trouvait, pendant que nous, nous allions coucher dans la forêt. Et tu prétends partir ainsi, comme un voleur ? — Que vous plaît-il que je fasse ? demanda Gauvain. — Il te faut mériter ton repas et l'accueil que tu as reçu. »

Les deux jeunes filles entrèrent alors. Elles étaient vraiment fort belles et en les regardant, Gauvain déplora sa propre abstinence. Mais elles l'abordèrent d'un air sévère : « Seigneur chevalier, dit la plus jeune, nous allons voir à présent si tu es vraiment Gauvain, le neveu du roi Arthur. — Ma foi, ajouta l'aînée, je le crois incapable de mettre un terme à la funeste coutume qui nous fait perdre tous les chevaliers qui passent par ici. Toutefois, s'il s'en révélait capable, je lui pardonnerais son comportement. »

Gauvain éprouvait une grande honte à se voir traiter de la sorte, et surtout quand les jeunes filles le taxaient à mots couverts d'incapacité amoureuse. Il comprit enfin qu'il ne pourrait s'en aller qu'à condition de se battre. L'un des chevaliers était remonté sur son cheval et s'apprêtait déjà, tandis que l'autre, qui s'était éloigné, demeurait à pied. Le chevalier armé s'élança sur Gauvain de tout son élan, mais celui-ci fit de même et le frappa avec une telle violence que sa lance lui transperça le bouclier, lui cloua le bras au corps et s'enfonça profondément dans sa chair. Sous le choc, l'homme fut projeté à terre avec sa monture.

« Sur ma tête ! s'écria la plus jeune des filles, le faux Gauvain se montre aujourd'hui plus vaillant qu'hier au soir ! » Gauvain retira sa lance et, dégainant son épée, se précipita sur le blessé. Mais celui-ci demanda grâce en s'avouant vaincu. Gauvain hésita et, se tournant vers les jeunes filles, il attendit leur verdict. « Seigneur chevalier, dit l'aînée, tu n'as rien à redouter de l'autre chevalier tant que celui-ci sera en vie. Mais la funeste coutume ne sera pas abolie tant qu'il vivra, car il est le seigneur de la tente. C'est sa méchanceté qui a causé tout le mal. — Perfide créature ! s'écria le chevalier blessé. Elle n'aimait personne au monde que moi, disait-elle, et voici qu'elle veut ma mort ! — Je le répète, dit la jeune fille, la funeste coutume ne sera abolie que s'il te met à mort. »

Alors, sans hésiter, Gauvain souleva les pans du haubert du chevalier et lui plongea son épée dans le corps. Furieux et désespéré de la mort de son compagnon, le second chevalier se précipita sur Gauvain, et Gauvain sur lui. Ils se heurtèrent avec une telle force qu'ils transpercèrent leurs boucliers et leurs cottes de mailles, se blessant mutuellement au flanc avec la pointe de leurs lances. Sous le choc, les arçons grincèrent, les étriers s'allongèrent, les sangles se rompirent, et les adversaires tombèrent à terre si rudement que le sang leur jaillit par la bouche et le nez. Dans sa chute, Gauvain vit son adversaire se casser le bras et se rompre le cou.

Le nain s'écria : « Demoiselles, votre Gauvain fait merveille ! — Certes, il sera notre Gauvain à présent, s'il le veut bien. » Délaissant son adversaire, Gauvain se dirigea vers sa monture. Le chevalier blessé implorait sa clémence, et Gauvain était tenté de lui laisser la vie sauve, en dépit des provocations des jeunes filles qui l'incitaient à l'achever. « Si tu ne le tues pas, la cruelle coutume ne sera pas abolie ! », criaient-elles de toutes leurs forces. Et la plus jeune ajouta : « Si tu veux le tuer, il te faudra lui enfoncer l'épée dans le pied, sinon il ne mourra pas. » Cependant, l'autre gémissait et disait : « Jamais un chevalier ne devrait croire en l'amour d'une femme ! Dieu veuille cependant qu'elles ne soient pas toutes comme celles-ci ! »

Fort troublé et ne sachant s'il devait céder aux instances des jeunes filles ou à la compassion que lui inspirait le vaincu, Gauvain se retira de l'autre côté de la tente, auprès de Gringalet. Or, tandis que, perdu dans ses pensées, il opérait l'échange de sa propre selle, déchirée, avec celle du mort, son autre adversaire réussit, tout mal en point qu'il était, à se hisser vaille que vaille sur son destrier. Voyant cela, et qu'il s'esquivait au triple galop en direction de la forêt, les jeunes filles se mirent à crier : « Gauvain ! Ta compassion sera cause de ta mort aujourd'hui même, car cet impitoyable chevalier va chercher de l'aide. S'il t'échappe, tu es mort, et nous avec toi ! »

À ces mots, Gauvain bondit en selle, s'empara d'une lance qui se trouvait là, contre la tente, et, piquant des deux, se rua sur les traces du blessé. Il le rattrapa peu avant la lisière de la forêt et le frappa de nouveau si rudement qu'il le désarçonna. Puis il dit : « Tu n'iras pas plus loin ! — Je le déplore assez, dit l'autre en grinçant des dents, car je me serais promptement vengé de toi et de ces garces ! Cette race de putains n'est bonne qu'à trahir ! »

Gauvain lui enfonça la pointe de son épée dans le pied, et l'homme mourut sur-le-champ. Alors, Gauvain revint sur ses pas, et les jeunes filles, en manifestant une joie exubérante, lui expliquèrent que, du lignage d'Achille, le chevalier n'était vraiment vulnérable qu'au talon. D'ailleurs, tous ses ancêtres avaient succombé de la même manière. Gauvain mit pied à terre, et les jeunes filles pansèrent la blessure qu'il portait au flanc, lui garantissant qu'elle était bénigne et qu'il guérirait très rapidement. Un peu commotionné tout de même, il se laissa faire tout en reprenant son souffle et en étendant les jambes pour se délasser.

Alors les jeunes filles lui dirent : « Seigneur Gauvain, daigne pardonner notre méfiance à ton égard et le mépris que nous avons manifesté à propos de ton manque d'ardeur hier soir. — Cela n'est rien, répondit Gauvain, vous êtes tout excusées. — Seigneur, ajoutèrent-elles, la funeste coutume est abolie, mais nous nous offrons à nouveau à toi, car nous savons que tu es le bon chevalier. Prends donc pour amie celle de nous que tu préfères. — Grand merci, répondit Gauvain. Je ne refuse pas votre amitié, mais je dois repartir, car j'ai fort à faire encore. — Comment ? Mais tu ne t'es même pas reposé ! Tu ne peux partir ainsi. Tu ferais mieux de rester ce jour-ci dans la tente. — Ce n'est pas nécessaire, dit Gauvain, je n'ai pas le temps. — Laisse-le partir, dit la plus jeune, il est le plus insensé de tous les chevaliers du monde. — Je dois le reconnaître, dit l'aînée, je suis chagrine qu'il s'en aille ainsi. »

Mais, sans plus discuter, Gauvain les recommanda à Dieu, se remit en selle et reprit sa route à travers la forêt. Dans ses fontes reposait, bien cachée, l'épée qu'il avait reçue du roi Gurguran et qui avait tranché la tête de Jean le Baptiste. Ainsi ne songeait-il plus, désormais, qu'à retrouver le chemin qui menait à la demeure du Roi Pêcheur.

Il entra peu après dans une vallée où verdoyaient des prairies magnifiques et où serpentaient les plus belles rivières qu'on eût jamais vues. Cependant, comme ces lieux lui étaient inconnus, il les parcourut sans s'arrêter jusqu'à une forêt si sombre et si drue que le ciel sembla se couvrir, tandis que le vent se mettait à souffler. Gauvain pressa Gringalet, car il n'avait nulle envie de se trouver à découvert lorsque éclaterait l'orage. Or, au sortir de la forêt, s'étendait une vaste lande désertique, et il hésita à poursuivre, car le vent redoublait, amoncelant des nuées noires. En dépit de l'obscurité croissante, Gauvain crut apercevoir dans le lointain la haute silhouette d'une forteresse. Il se lança donc au galop dans sa direction, espérant l'atteindre avant que la nuit fût totale. Mais, plus il avançait, moins il y voyait, plus la tempête faisait rage.

Il finit toutefois par arriver devant une chapelle où brillait une faible lumière. Le temps était devenu si mauvais, le tonnerre et la foudre se déchaînaient avec tant de fureur que, pour tout l'or du monde, Gauvain n'eût pas fait un pas de plus. Il entra donc dans la chapelle se mettre à l'abri, le temps du moins que la tempête calmée lui permît de trouver un gîte plus confortable. Aussitôt démonté, il s'approcha de l'autel sur lequel, dans un chandelier d'or, brûlait un gros cierge. Il s'agenouilla, et il priait depuis quelque temps, quand émergea, d'un trou ménagé dans le mur de gauche, une main, la plus horrible qu'il eût jamais vue : énorme et monstrueuse, elle n'avait rien d'humain. La main se saisit du cierge, l'éteignit et, aussitôt, dans les ténèbres retentit une voix si lamentable et si puissante que Gringalet, terrifié, se cabra, rua, bondit tant et si bien qu'il faillit renverser Gauvain. Se précipitant au-dehors, celui-ci reprit sa course folle dans la tempête.

La vaste lande traversée, il pénétra dans une vallée étroite. Le vent parut se calmer, les nuages se dissipèrent un peu, et une espèce de clarté diffuse permit d'entrevoir les contours des choses. Au flanc d'une colline, Gauvain discerna la masse sombre d'une forteresse. Il marchait désormais sur une chaussée qui semblait le mener tout droit vers celle-ci. Plein d'espoir, il forçait l'allure quand, sur le bas-côté, il aperçut un tombeau magnifique scellé d'une dalle de grande beauté. De la proximité du château, Gauvain déduisit l'existence en ces lieux d'un petit cimetière. Tenaillé par la curiosité de lire l'épitaphe, il ne résista guère et, faisant arrêter Gringalet, mit pied à terre. Un enclos cernait bien le tombeau, mais on n'y voyait pas d'autres sépultures. Or, comme Gauvain s'aventurait plus avant, une voix s'éleva, qui dit d'un ton sévère : « Chevalier, n'approche pas de cette tombe ! Tu n'es pas l'homme grâce auquel on apprendra le nom de celui qui gît là. » Sans comprendre d'où surgissait la voix, Gauvain se garda d'insister et, menant son cheval par la bride, se dirigea vers l'entrée du château.

Lui apparurent alors trois ponts successifs, aussi bizarres que terrifiants, sous lesquels bouillonnaient trois puissants torrents parallèles. Le premier pont, apparemment long d'une portée d'arc mais large de moins d'un pied, lui sembla bien étroit pour franchir des flots si vastes, rapides et profonds. « Que faire ? se dit-il. Je doute qu'il soit possible de le passer à pied ou à cheval. » Or, voici que sortit du château un vénérable chevalier qui, de l'autre bord, interpella rudement Gauvain : « Seigneur chevalier ! hâte-toi de passer, car le jour s'achève, et l'on t'attend au château ! — Mais, dit Gauvain, comment le pourrais-je ? — Ma foi, répondit le chevalier, je ne sais pas d'autre passage que celui-ci. Si tu veux vraiment venir jusqu'ici, il faudra bien te résigner à l'emprunter ! » Et, sur ces mots, il réintégra le château et disparut.

Se reprochant son hésitation, Gauvain se dit qu'il ne perdrait rien à tenter l'épreuve. Il remonta sur Gringalet et, l'éperonnant doucement, le fit avancer. Or il s'aperçut que, plus il avançait, plus le pont paraissait s'élargir. Fort étonné de ce prodige, il se réjouit grandement de trouver si large le pont qu'il avait d'abord cru trop étroit. Cependant, à peine l'eut-il franchi que celui-ci se releva de lui-même mécaniquement, grâce à quoi, personne ne pouvait désormais franchir les flots noirs et tumultueux.

En abordant le deuxième pont, la peur reprit Gauvain, car ce pont paraissait aussi long et aussi étroit que le premier et, dessous, l'eau n'était ni moins rapide ni moins agitée. Cependant, il se ressaisit et, résolument, poussa son cheval. Le pont lui parut alors le plus solide et le plus magnifique qu'il eût jamais vu. Et, sitôt après son passage, le pont se releva de lui-même comme le précédent. Alors Gauvain se dirigea vers le troisième pont.

Celui-ci, fort différent des deux autres, était bordé de colonnes de marbre que surmontait toutes un pommeau semblait-il façonné d'or pur. Mais, à l'autre bout, rugissait un lion gigantesque et menaçant, dressé sur ses deux pattes de derrière. Gauvain eut encore un instant d'hésitation mais, se rappelant qu'il avait franchi sans encombre les deux premiers ponts, il s'engagea sur celui-ci avec confiance. Et le lion se coucha de tout son long à son passage, tandis que, comme devant, le pont se relevait de lui-même dans un grand bruit de machinerie. Alors, Gauvain franchit la grande porte et, tandis que celle-ci se refermait à grand fracas sur ses talons, il pénétra dans la cour.

Il trouva celle-ci déserte et plongée dans l'obscurité. Néanmoins, il parvint à trouver le montoir, mit pied à terre et déposa sa lance et son bouclier contre le mur du bâtiment principal. Puis, après avoir cherché quelques instants, il découvrit un escalier qu'il se mit à gravir et qui le mena dans une salle magnifique dont les murs, illuminés par deux modestes torches, étaient ornés de place en place de portraits peints à l'or. Au centre de la pièce se dressait un lit surélevé, de toute beauté, à la tête duquel reposait, sur un coussin galonné d'or, un splendide échiquier. Quoique celui-ci fût dépourvu de pièces, Gauvain n'en fut pas moins émerveillé de sa beauté.

Il était plongé dans sa contemplation lorsque deux chevaliers, sortant d'une chambre contiguë, l'abordèrent : « Seigneur, dirent-ils, sois le bienvenu. — Que Dieu vous accorde joie et bonheur », répondit Gauvain. Les chevaliers le firent asseoir sur le lit et ordonnèrent à deux écuyers de le désarmer. Cela fait, on lui présenta de l'eau dans deux bassins d'or pour qu'il pût se laver le visage et les mains. Puis vinrent deux jeunes filles avec une superbe tunique de drap d'or qu'elles lui firent revêtir. Paré de cet habit somptueux qui rehaussait sa beauté, Gauvain offrait l'aspect d'un homme inestimable. Toutefois, une chose l'intriguait : alors qu'il faisait nuit noire, à l'extérieur, et qu'à l'intérieur, les deux torches étaient sur le point de se consumer, la salle était aussi lumineuse qu'en plein midi. « Seigneur, dit l'un des chevaliers, te plairait-il de venir voir le maître de céans ? — Certes, répondit Gauvain, je le verrai d'autant plus volontiers que je veux lui remettre une très sainte épée. »

Ils le conduisirent dans une chambre jonchée d'herbes et de fleurs. Sur un lit de sangles aux pieds d'ivoire était étendu un homme dont la belle chevelure blanche débordait d'une toque de zibeline dont la coiffe de soie rouge était frappée d'or. La tête du vieillard reposait sur un coussin d'où émanait un parfum suave, et dont les quatre angles étaient sertis de quatre pierres étincelantes. À l'arrière du lit, se dressait une colonne de cuivre qui supportait la statue d'un ange aux mains refermées sur une croix d'or. Et dans quatre chandeliers brûlaient quatre grands cierges. Gauvain comprit que l'homme allongé sur le lit n'était autre que le Riche Roi Pêcheur. Il s'approcha de lui et le salua. Le roi lui répondit en lui souhaitant la bienvenue.

« Seigneur, dit Gauvain, voici l'épée avec laquelle fut décapité Jean le Baptiste. — Grand merci, seigneur, répondit le roi. Je savais que tu l'apportais. Ni toi ni personne n'auriez pu pénétrer ici sans elle. Et, sans vaillance, tu n'aurais pas pu la conquérir. » Le roi saisit l'épée, la contempla longuement avec une intense émotion, puis la remit à une jeune fille qui était venue s'asseoir à la tête du lit où il reposait. La jeune fille prit l'épée et, la portant avec dévotion, se retira dans une autre chambre. Puis les chevaliers qui avaient conduit Gauvain jusqu'au Roi Pêcheur le ramenèrent dans la grande salle où tout était prêt déjà pour le repas. Là, étaient rassemblés vingt-deux vieux chevaliers aux cheveux de neige et qui, néanmoins, ne semblaient guère âgés, tant leur maintien était ferme et élégant. On leur eût donné quarante ans à peine, quoiqu'ils dussent en avoir au moins cent. Ils installèrent Gauvain à une magnifique table d'ivoire puis s'assirent à ses côtés.

On lui apporta alors un rôti de cerf et autres gibiers, servis d'abondance dans de la vaisselle d'or. Et Gauvain mangeait de bon appétit quand deux jeunes filles entrèrent dans la salle. L'une, entre ses mains, tenait une coupe d'émeraude d'où irradiait une vive clarté, l'autre, une lance d'où coulait un sang vermeil. Gauvain tomba dans une étrange torpeur. Il se mit à rêver : il se voyait encore dans la lande à la recherche de la demeure du Riche Roi Pêcheur ; il découvrait le château et s'y précipitait de toute la vitesse de son cheval mais, plus il avançait, plus il lui semblait voir le château s'éloigner à l'horizon. Et d'autres images vinrent le frapper : le visage de la magicienne Orgueluse, les deux jeunes filles de la tente. Pourquoi n'était-il pas resté dans cette tente, avec ces femmes qui s'offraient à lui ? Et il se voyait galopant dans la forêt et rencontrant la demoiselle chauve. L'image de celle-ci le tira brusquement de sa rêverie. Il regarda droit devant lui et vit tomber trois gouttes de sang sur la nappe. Sa main se tendit vers elles et il voulut les toucher, mais elles disparurent au moment même où il l'avançait. Il se leva brusquement, dans l'espoir de dissiper son malaise, mais un regard circulaire lui révéla que la salle était vide. Les chevaliers n'étaient plus là, et l'on avait débarrassé la table.

Gauvain fit quelques pas et, chancelant, s'assit sur le lit. Les deux cierges brûlaient toujours devant l'échiquier mais, à présent, les pièces s'y trouvaient disposées, certaines en ivoire, les autres en or. Il les contempla longuement, puis sa torpeur le reprit. Il s'allongea sur le lit et s'endormit tout de suite.

Au lever du jour, c'est le son d'un cor qui le réveilla. Il bondit du lit, s'équipa en hâte mais lorsqu'il voulut aller prendre congé du Roi Pêcheur, il s'aperçut que toutes les portes étaient fermées, sauf celle qui donnait sur l'escalier. Il descendit dans la cour et trouva Gringalet, tout sellé, qui piaffait d'impatience. Sa lance et son bouclier se trouvaient toujours contre le mur du bâtiment principal. Il s'en saisit, enfourcha son cheval, l'éperonna et sortit de la forteresse. Devant lui, les ponts étaient ouverts, vastes et larges : il les traversa sans encombre mais, dès qu'il eut franchi le dernier, ceux-ci se relevèrent tous ensemble dans un grand fracas tandis que retentissait à nouveau le son du cor. Alors, sans se retourner, Gauvain pressa l'allure de Gringalet, l'obligeant à galoper de toute sa vitesse, comme pour une fuite.

Il se trouvait dans la forêt quand éclata un orage presque aussi violent que la veille. Le tonnerre grondait, la pluie tombait, le ciel était toutefois moins sombre. Mais le vent soufflait en rafales si fortes que les arbres se tordaient en tous sens. Pour se protéger de la pluie, Gauvain tenta de s'arrêter à une chapelle isolée, mais les portes en étaient closes, et il lui fut impossible d'y pénétrer. Il reprit sa route et dut placer son bouclier sur l'encolure de son cheval, pour épargner à celui-ci d'être étouffé par la pluie.

Il atteignit une rivière et la suivit jusqu'au moment où il aperçut, dans une clairière de la rive opposée, un chevalier et une jeune femme qui chevauchaient avec une belle aisance, bien droits sur leurs étriers. Le chevalier portait un oiseau sur son poing, et la jeune femme arborait une coiffe brodée de fils d'or. Deux chiens de chasse couraient derrière le chevalier et le soleil étincelait sur l'herbe dont la clarté et la transparence de l'atmosphère soulignaient l'éclatante verdure. Gauvain en demeura stupide. Comment se pouvait-il que, sur son bord à lui, il plût à torrents, tandis qu'en face il faisait si beau ? Les deux cavaliers, là-bas, semblaient prendre grand plaisir à leur promenade. Gauvain aurait bien voulu leur parler, mais la distance l'interdisait. Cependant, peu après, il vit, toujours sur l'autre rive, un écuyer qui devait appartenir au chevalier. Il s'arrêta et le héla : « Ami, dit-il, comment se fait-il qu'il pleuve sur moi de ce côté-ci de la rivière, et qu'il fasse soleil sur l'autre rive ? — Seigneur, répondit l'autre, c'est que tu l'as mérité, car telle est la coutume de cette forêt. — Devrai-je encore longtemps supporter cet orage ? reprit Gauvain. — Il cessera dès que tu atteindras le premier pont », répondit le jeune homme d'un air tranquille. Et, sans plus attendre, il courut rejoindre le chevalier et la jeune femme.

Gauvain poursuivit sa route le long de la rivière. Il aperçut alors un pont et se hâta de le passer. Immédiatement, la pluie cessa de le harceler, et le soleil vint l'inonder de ses rayons bienfaisants. Gauvain fit arrêter son cheval et sauta à terre. Il était trempé, mal à l'aise, malheureux et lourd d'une tristesse qu'il n'arrivait pas à dissiper. S'appuyant contre le tronc d'un arbre, il se mit à pleurer.

« C'est plutôt rare de te voir pleurer ! », dit une voix de femme qui provenait de l'autre côté de l'arbre. Gauvain sursauta et se déplaça légèrement pour voir qui parlait ainsi. C'était une femme aux longs cheveux noirs, vêtue d'une belle robe de soie rouge sur laquelle était jeté un manteau noir. Et cette femme le contemplait en souriant d'un air ironique. « Morgane !, s'écria-t-il.

— Eh bien, oui, c'est moi. Cela t'étonne, beau neveu ? — Que fais-tu ici ? — Tu sais bien que je suis partout et nulle part. Je vais où je veux, quand je veux et avec qui je veux. Mais toi, Gauvain, tu ne me sembles pas au meilleur de ta forme. Que t'est-il donc arrivé pour te mettre dans un tel état ? » Gauvain hésitait à répondre, car il se méfiait, quoique la sœur d'Arthur fût sa propre tante, étant la sœur de sa mère. « C'est une longue histoire, dit-il enfin. — Ne veux-tu pas me la raconter ? — Non, je n'en ai nulle envie », répondit Gauvain.

À nouveau, Morgane se dissimula derrière l'arbre. Aussitôt, Gauvain vit un oiseau noir s'envoler dans les airs. C'était une corneille, et qui vint se percher sur son épaule en croassant. Gauvain voulut la chasser, mais elle tournoya plusieurs fois autour de lui avant de disparaître derrière l'arbre. Morgane reparut alors : « Écoute, dit-elle. Je te propose un jeu. Je pose des questions, et toi, tu n'y réponds que si tu le veux. Y consens-tu ? — Pourquoi pas ? fit Gauvain d'un air résigné. — Eh bien, commençons. As-tu vu la Lance qui saigne ? — Oui, répondit Gauvain, je l'ai vue. — Sais-tu ce qu'est cette lance ? — Non. — Pourquoi n'as-tu pas posé la question à ceux qui portaient la Lance ? » Gauvain hésita. Il se sentait de plus en plus mal à l'aise. « Puisque tu ne veux pas répondre, Gauvain, je vais le faire à ta place : parce que tu es orgueilleux. Tu prétends toujours tout savoir par toi-même. Tu croirais déchoir en avouant ton ignorance. Tu avais pourtant décidé d'aller jusqu'au bout de ta quête, mais ton maudit orgueil t'a empêché, au dernier moment, de la mener à son terme. N'ai-je pas raison ? »

À ces mots, Gauvain se redressa et fixa son regard sur le visage de Morgane. Elle affichait une expression impassible, lointaine, inaccessible, et pourtant, il ne put s'empêcher d'y déceler une espèce d'âpreté qui confinait presque à la cruauté. Morgane était belle, certes, d'une beauté rare, intense, et les ans semblaient sans prise sur ses traits d'ange à demi voilés par l'épaisse chevelure brune. « Un ange noir... », pensa Gauvain. Et il s'écria brutalement : « Morgane ! Est-ce bien à toi de me reprocher mon orgueil ? À toi, la plus orgueilleuse de toutes les femmes de ce royaume ? Pour satisfaire le tien, tu ne recules devant rien, pas même devant l'infamie et la trahison. Nous avons suffisamment souffert de tes intrigues ! Et si le roi Arthur, ton frère, ne faisait preuve d'une coupable indulgence envers toi, voilà longtemps que nous t'aurions remise à ta juste place, celle d'une sorcière de village !

— Que d'arrogance ! répliqua Morgane. Et quelle impudence, de la part d'un homme qui est passé à côté de l'objet de sa quête sans même y prêter la moindre attention ! Vois-tu, beau neveu ? La prouesse ne suffit pas, si elle ne se nourrit de la vision des choses. Or, ton orgueil t'aveugle au point de t'égarer sur des chemins qui ne mènent nulle part. — Il me semble, rétorqua Gauvain, que tes sortilèges n'y sont pas étrangers non plus ! » Morgane éclata de rire : « Vraiment ? railla-t-elle.

— Oui, répondit Gauvain, vraiment ! J'en suis persuadé, tu as fait l'impossible pour me détourner de ma route et me fourvoyer au milieu des brouillards. Tu utilises bien mal les pouvoirs que tu tiens de Merlin ! — Qu'en sais-tu ? D'ailleurs, je te le répète, je n'avais que faire de recourir à mes pouvoirs pour te perdre : tu t'en chargeais fort bien tout seul. Tu étais parti en quête de la Lance qui saigne afin d'en découvrir la signification et, après être parvenu au but, tu n'as pas osé terminer ton entreprise. Et pourtant ! tu es entré deux fois dans la demeure du Roi Pêcheur, un privilège qu'ont obtenu fort peu de chevaliers avant toi. Mais sans doute ne t'appartenait-il pas de déchiffrer le mystère. On t'a cent fois parlé du Bon Chevalier qui mettra un terme aux aventures. Résigne-toi, Gauvain, tu n'es pas le Bon Chevalier. Nul ne peut forcer le destin quand tout est écrit.

— Cependant, reprit Gauvain, j'ai vu la Lance qui saigne et j'ai vu le Graal dont nous parlait Merlin. Je suis entré dans la demeure du Riche Roi Pêcheur où j'ai même apporté l'épée qui a fait tomber la tête de Jean le Baptiste ! — Es-tu vraiment sûr d'être allé chez le Roi Pêcheur ? dit Morgane. Ignores-tu que le Roi Pêcheur a le don de changer d'aspect à sa guise et qu'il se sert de ses pouvoirs pour mieux dérouter ceux qui n'ont pas accès aux mystères du Graal ? — Tout ce que j'ai vu était conforme aux paroles de Merlin, répondit Gauvain. — Peut-être Merlin ne connaissait-il pas la véritable histoire du Graal ? insinua Morgane. On raconte en effet bien des choses étonnantes à ce sujet.

« Il était une fois un barde, du nom de Kyot, qui avait parcouru le monde à la recherche des secrets qui y sont cachés. C'est ainsi qu'il découvrit à Tolède, dans un manuscrit oublié, un récit d'une importance capitale pour la connaissance du Graal, récit rédigé en une langue très ancienne que personne ne connaissait plus. À force de travail et de patience, Kyot parvint toutefois à déchiffrer cette écriture et à en comprendre le sens. Il raconta par la suite que vivait, aux temps les plus lointains, un homme du nom de Flégétanis, qui s'était acquis une grande renommée par son savoir. Ce grand connaisseur de la nature descendait du sage roi Salomon, et sa famille était de grande noblesse. Il pouvait renseigner tout un chacun sur la disparition des étoiles et l'heure de leur retour dans le ciel. Il connaissait la durée des révolutions des astres et savait que la destinée des hommes est étroitement liée aux cycles du firmament. Il découvrit ainsi dans les constellations des astres inconnus de tous et dont les mystères étaient si vastes et si profonds qu'il n'en parlait lui-même qu'en tremblant. Il racontait également qu'existait un objet auquel on avait donné le nom de Graal : il avait lu nettement ce nom parmi les étoiles. Et il ajoutait qu'une cohorte d'anges avait laissé cet objet sur terre avant de s'envoler bien haut dans les cieux pour n'en jamais revenir.

« Voilà ce que Flégétanis avait découvert à ce propos. Ayant donc lu ces pages, Kyot, qui était très savant en toutes sciences, se mit à chercher partout dans les livres afin de savoir où pouvait vivre un peuple assez pur pour conserver le Graal en un point de la terre épargné par le mal. Après avoir parcouru les chroniques de toutes les nations, il fut, dit-on, assez heureux pour dénicher des informations dans les anciennes chroniques de Bretagne. Et lui-même fit un récit de ce qu'il avait appris. Il raconta que de vaillants chevaliers avaient établi leur demeure dans une forteresse appelée Corbénic, et que le Graal se trouvait caché parmi eux. Ces chevaliers partaient souvent en quête d'aventures, affrontant tous ceux qui prétendaient approcher leur demeure. Et Kyot affirmait que leur force leur venait d'une pierre tombée du ciel. C'est grâce à la vertu de cette pierre que le phénix se consume et tombe en cendres, mais c'est également grâce à elle que le phénix renaît de ses cendres, plus beau et plus resplendissant que jamais. Et Kyot racontait encore qu'il n'était point d'homme, si malade fût-il, qui, s'il regardait cette pierre, ne fût assuré de ne pas mourir dans la semaine consécutive. Tout homme et toute femme admis à la contempler ne pouvaient plus vieillir. Et Kyot révélait également comment reconnaître ceux qui sont chargés de veiller sur le Graal : sur la face supérieure de la pierre tombée du ciel se lit une inscription portant le nom et la lignée de ceux, garçons ou filles, que le sort destine à rallier les gardiens de la coupe sacrée. Voilà tout ce que je sais. Mais ce que je puis enfin dire, c'est qu'à l'évidence, Gauvain, ton nom n'a jamais figuré sur la pierre...

— Je n'ai jamais vu de pierre ! s'écria le chevalier. Tout ce que tu me racontes est hors de propos. J'ai vu la Lance et le Graal, et je peux t'affirmer qu'il n'existe pas de pierre sur laquelle apparaissent de mystérieuses inscriptions. — On n'aura pas voulu te la montrer, dit Morgane, et cela pour ne pas t'infliger de honte supplémentaire. — Tu mens, Morgane, reprit Gauvain avec colère. Tu débites des fables pour me faire douter ! — Beau neveu, quel intérêt aurais-je à te mentir ? Je ne fais que te conter ce que d'autres, bien avant moi, ont déjà conté. D'ailleurs, mon histoire n'est pas terminée. Veux-tu en connaître la suite ? — Si cela te chante, dit Gauvain, je suis prêt à l'entendre.

— N'oublie pas, reprit Morgane, que la Pierre passe pour avoir été apportée du ciel par des anges, et que ceux-ci, trop purs pour demeurer au milieu des humains, ont dû regagner les séjours divins, sitôt confiée la garde de l'objet sacré à des hommes, en apparence moins pervers que les autres. Et l'on raconte que ces hommes avaient un roi. Certains l'appellent Anfortas. D'autres préfèrent le nommer Pellès. De toute façon, il s'agit du Roi Pêcheur. Il règne sur une noble confrérie dont les élus, par leur vaillance, ont réussi jusqu'à ce jour à préserver le Graal contre toutes les tentatives de ceux qui désiraient s'en emparer. C'est ainsi que les mystères du Graal sont demeurés cachés : seuls les connaissent ceux qui ont été désignés pour rallier les compagnons du Graal. Malheureusement, comme tu as pu le constater toi-même, le Roi Pêcheur est blessé : il boite et souffre mille douleurs. Et ce en raison d'une faute qu'il a commise.

« Il était pourtant bien digne d'occuper cette fonction, digne de la couronne et de la puissance dont il disposait.

Hélas ! son sort pitoyable, il le doit à une étrange aventure. Il est dit en effet qu'un roi du Graal ne peut se mésallier. S'il vient à aimer une autre femme que celle que lui assigne l'inscription qui se trouve sur la pierre, il s'en voit châtier par des souffrances et des tourments impitoyables. Or, dans sa jeunesse, le roi, du moins à ce que l'on raconte, se choisit une amie lui paraissant d'un noble naturel. Il se mit à son service, accomplit pour elle de grands exploits et, de sa main pure, transperça nombre de boucliers. Son cri de guerre qui, entre nous, ne témoigne guère d'une grande humilité, était "Amor !". Mais tu le sais, toi, Gauvain : même un héros peut s'abandonner à bien des faiblesses !

« Or donc, un jour, le roi partit seul, à cheval, en quête d'aventure, car son désir d'amour le poussait toujours à mériter quelque nouvelle récompense de la part de celle qu'il aimait. Lors d'un combat singulier, il fut blessé en ses parties viriles par une lance empoisonnée, et jamais plus il ne recouvra la santé. Celui qui bataillait et joutait contre lui, un païen né en un très lointain pays, était convaincu qu'il pourrait conquérir le Graal par sa vaillance. Il en avait même fait graver le nom sur la hampe de sa lance. Attiré par ce que l'on disait de la vertu du Graal, il avait traversé les terres et les mers en quête d'exploits chevaleresques. Certes, le roi remporta la victoire et tua son adversaire, préservant ainsi le Graal du contact de toute main impure, mais le fer de la lance resta dans son corps. Quand on eut ramené le roi dans sa forteresse, le médecin qui examina la blessure eut beau extraire le fer, hélas, la plaie continua de suppurer, et jamais on ne put la guérir. On envoya partout à travers le monde chercher des médecins capables de le soigner, on compulsa tous les livres de médecine qu'on put trouver, tous les efforts demeurèrent vains. Aucun des remèdes que l'on connaît contre les morsures de l'aspic et autres reptiles au venin foudroyant, aucune des herbes qu'utilisent les médecins versés dans les sciences naturelles ne lui fut d'aucun secours. Il n'éprouvait de relâche à ses souffrances que lorsqu'on le portait en présence du Graal. Ainsi, chaque jour, emmène-t-on le roi boiteux dans une pièce où apparaît le Graal. Alors, il se lamente et implore Dieu de le retirer du monde et de mettre un terme à ses souffrances. Mais, en vérité, le roi blessé ne peut mourir avant que sa pénitence ne soit achevée.

« Un jour, cependant, à ce qu'on prétend, une inscription apparut sur la pierre : elle disait qu'un chevalier viendrait et que si on l'entendait en ce lieu poser une question, une seule question, la détresse du roi et celle de son royaume prendraient fin. Encore fallait-il que personne, adulte ou enfant, homme ou femme, ne lui eût dévoilé l'importance de la question, sans quoi la question serait inutile : la plaie resterait toujours ouverte et causerait des souffrances encore plus cruelles. L'inscription disait aussi que si ce chevalier ne posait pas la question dès le premier soir, l'occasion serait manquée. En revanche, s'il lui arrivait de poser la question au moment opportun, c'est à lui qu'appartiendrait le royaume du Graal, et dès ce moment-là, le vieux roi serait guéri.

« De nombreux chevaliers se sont déjà présentés chez le Roi Pêcheur. Ils y ont reçu l'accueil le plus courtois du monde. On les a menés devant le roi. On leur a fait l'honneur d'un festin. Mais jamais, lorsque le Graal et la Lance qui saigne apparaissaient, le chevalier présent n'osa poser la question qui eût sauvé le vieux roi et rendu sa prospérité au royaume. Car c'est un royaume dévasté qu'un royaume où ne peut régner un roi blessé. Et ce malheur perdurera, tant que le Bon chevalier ne sera pas venu rétablir ce que la méchanceté des hommes a bouleversé.

— Cette histoire n'a aucun sens, dit Gauvain, et ce n'est pas ainsi que Merlin nous a raconté l'origine du Graal et la cause de la blessure du Roi Pêcheur ! — Je ne dis pas le contraire, reprit Morgane. Je t'ai seulement rapporté le récit que j'ai moi-même entendu. Il me semble que tu devrais en connaître plus que moi, toi qui fais partie des chevaliers que l'on a admis dans la demeure du Roi Pêcheur et qui, pour une raison ou pour une autre, n'ayant pas posé la seule et unique question, ont de la sorte prolongé d'autant les souffrances du vieux roi et le malheur du royaume. »

Gauvain se sentit de plus en plus mal à l'aise. « Tu cherches à me troubler avec tes contes, dit-il enfin. Mais je ne te crois pas. » Morgane alors disparut un instant derrière l'arbre et, lorsqu'elle reparut, sa main droite tenait une branche de pommier à laquelle pendaient deux fruits mûrs. « Je vais te révéler autre chose, Gauvain, dit-elle, et peu me chaut que tu me croies ou non. Sais-tu ce qu'est cette branche ? — Je le vois bien, répondit Gauvain, c'est une branche de pommier comme on en voit partout. — Certes non ! s'écria Morgane en riant, ce n'est pas n'importe laquelle ! Sache-le, celle-ci vient d'Avalon. — Où se trouve Avalon ? demanda Gauvain. — En une île lointaine, autour de laquelle brillent les vagues sous les rayons d'un soleil qui ne faiblit jamais. C'est une terre magnifique où les fruits sont mûrs toute l'année, où les fleurs répandent leurs doux parfums en toute saison. La tristesse et la souffrance y sont inconnues, et l'on y découvre des richesses sans pareilles, des trésors de toutes couleurs, des plaines où s'ébattent de brillants coursiers, des vergers où il fait bon s'endormir en écoutant des musiques divines. Car, au milieu de cette terre, se dresse un très vieil arbre, plus ancien que le monde, un arbre fleuri sur lequel se posent des oiseaux qui chantent sans cesse la joie et le bonheur. Telle est la terre d'Avalon, beau neveu : son aspect change d'heure en heure, mais c'est toujours la même terre. On la croit proche ? Elle est lointaine. On la croit loin ? Elle est toute proche. Là vivent des milliers de femmes aux cheveux d'or, aux riches vêtements de soie brodée, qui tendent des coupes pleines de doux breuvages à ceux qui sont assez heureux pour y aborder. Mais je te mets en garde : les chemins qui mènent à Avalon sont aussi difficiles à découvrir que ceux qui mènent à Corbénic. À moins de prendre cette branche de pommier. Prends-la donc : elle te conduira dans la terre bienheureuse. »

Gauvain clama avec colère : « Tes discours pleins de fausseté ne m'intéressent pas. Je trouverai les chemins d'Avalon sans toi, sans tes conseils et sans tes pièges. Que Dieu te protège, Morgane, j'ai déjà trop tardé ! » Et, sans ajouter une parole, Gauvain sauta sur le dos de Gringalet et partit au galop, laissant Morgane seule au pied de l'arbre, sa branche de pommier dans la main.

Alors, elle se mit à rire, et son rire résonna longuement dans les airs. Puis, elle brandit sa branche vers le ciel et une troupe de corneilles, s'échappant d'un nuage, tourbillonna au-dessus d'elle en poussant des cris étranges jusqu'au moment où l'un des oiseaux noirs s'en saisit d'un coup de bec et l'emporta, disparaissant avec le vol entier, dans la nuée d'où ils avaient surgi.

À nouveau seule, Morgane examina la bague qu'elle portait à la main gauche. Elle hésita un instant, puis en tourna le chaton et se mit à regarder à travers la pierre bleue qui paraissait immense, telle une mer, sous le soleil d'été, à peine troublée par les vagues et le vent : dans l'eau profonde se dessinait peu à peu un visage et ce visage était celui de Merlin. Merlin impassible, les yeux mi-clos, comme s'il dormait.

« Merlin, murmura Morgane, Merlin ! réponds-moi, je t'en supplie. » Mais Merlin resta silencieux. « Merlin ! reprit-elle avec force, Merlin, quel sera le Bon chevalier qui accomplira les aventures ? » Mais elle eut beau répéter et répéter sa question, les yeux de l'Enchanteur restèrent fixes, ses lèvres muettes.

D'un geste de colère où perçait un profond désespoir, elle retourna le chaton de la bague. « Ah ! murmura-t-elle. Savoir tant de choses et ignorer l'essentiel ! Suis-je vraiment maudite ? Pourquoi ne veut-il rien me révéler ? » L'amertume bouleversait son visage pourtant rayonnant d'une sombre beauté, et elle crut un instant qu'elle allait se mettre à pleurer.

Alors, comme le soleil s'engloutissait dans les frondaisons, Morgane s'éloigna lentement de l'arbre et se fondit dans la nuit [1].

---

1. D'après divers épisodes de la Branche III de *Perlesvaux*, complétée de détails empruntés au *Parzival* de Wolfram von Eschenbach et au récit gaélique anonyme, *La navigation de Bran, fils de Fébal* (trad. de G. Dottin, dans *L'Épopée irlandaise*, nouv. éd., Paris, 1981).

BIBLIOGRAPHIE SOMMAIRE
(en langue française)

Aubailly, J.-C., *La Fée et le Chevalier,* Paris, 1986.
Brékilien, Y., *La Mythologie celtique,* Paris, 1981.
Chrétien de Troyes, *Œuvres complètes*, sous la direction de D. Poirion, Paris, 1994.
Dumézil, G., *Du Mythe au Roman,* Paris, 1970.
Faral, E., *La Légende arthurienne,* 3 vol., Paris, 1927.
Foulet, L., *Perceval le Gallois*, Paris, 1945.
Frappier, J., *Étude sur Yvain ou le Chevalier au Lion,* Paris, 1969.
Amour courtois et Table Ronde, Genève, 1973.
Goodrich, N.-L., *Le roi Arthur,* Paris, 1986.
Harf-Laucner, *Les Fées au Moyen Age,* Paris, 1984.
Huchet, J.-C., *L'Amour discourtois,* Toulouse, 1987.
Kohler, E., *L'Aventure chevaleresque,* Paris, 1974.
Lambert, P.-Y., *Les quatre branches du Mabinogi,* Paris, 1993.
Lecouteux, C., *Les Nains et les Elfes au Moyen Age,* Paris, 1988.
Fées, Sorcières et Loups-garous au Moyen Age, Paris, 1992.
Le Goff, J., *L'Imaginaire médiéval*, Paris, 1985.
Loth, J., *Contributions à l'étude des romans de la Table Ronde,* Paris, 1912.
Les Mabinogion, édition complète avec notes et annexes, Paris, 1913. Édition abrégée, Paris, 1979.
Malory, T., *Le Morte d'Arthur,* extraits traduits par M.-M. Dubois, Paris, 1993.
Markale, J., *La Tradition celtique en Bretagne armoricaine,* Paris, 1975.
L'Épopée celtique en Bretagne, Paris, 1985.
Lancelot et la chevalerie arthurienne, Paris, 1985.
L'Amour courtois ou le couple infernal, Paris, 1987-1994.
Petit Dictionnaire de Mythologie celtique, Paris, 1987.
Le roi Arthur et la société celtique, Paris, 1992.
La Femme celte, édition de poche, Paris, 1992.
Merlin l'Enchanteur, Paris, 1992.
Brocéliande et l'énigme du Graal, Paris, 1993.
Marx, J., *La Légende arthurienne et le Graal,* Paris, 1952.

Mela, C., *La Reine et le Graal,* Paris, 1984.
Micha, A., *Lancelot,* 2 vol., Paris, 1983-1984.
Poirion, D., *Le Merveilleux au Moyen Age,* Paris, 1982.
Régnier-Bohler, D., *La Légende arthurienne,* Paris, 1989.
Scènes du Graal, ouvrage collectif, Paris, 1987.
Wolfram von Eschenbach, *Parzival*, Paris, 1989.

TABLE DES MATIÈRES

CHEZ LE MÊME ÉDITEUR

DU MÊME AUTEUR

LE CYCLE DU GRAAL

Première époque
LA NAISSANCE DU ROI ARTHUR

•

Deuxième époque
LES CHEVALIERS DE LA TABLE RONDE

•

Troisième époque
LANCELOT DU LAC

•

Quatrième époque
LA FÉE MORGANE

Histoire de la France secrète :

MONTSÉGUR ET L'ÉNIGME CATHARE
Voies nouvelles et pistes oubliées.

•

GISORS ET L'ÉNIGME DES TEMPLIERS
L'éclairage objectif et raisonné du lancinant mystère.

•

LE MONT SAINT-MICHEL ET L'ÉNIGME DU DRAGON
L'un des plus énigmatiques sanctuaires de l'Occident.

•

CARNAC ET L'ÉNIGME DE L'ATLANTIDE
Une nouvelle hypothèse explosive et passionnante.

•

CHARTRES ET L'ÉNIGME DES DRUIDES
La Déesse des Commencements et la présence indélébile des Druides.

•

BROCÉLIANDE ET L'ÉNIGME DU GRAAL
La forêt fabuleuse, Arthur, les Chevaliers de la Table Ronde, les Dames du Lac...

•

LA BASTILLE ET L'ÉNIGME DU MASQUE DE FER
Une enquête passionnante concernant notamment les célèbres prisonniers de la forteresse.

•

RENNES-LE-CHÂTEAU ET L'ÉNIGME DE L'OR MAUDIT
La mystérieuse destinée de l'abbé Saunière.

Bibliothèque de l'Étrange :

L'ÉNIGME DU TRIANGLE DES BERMUDES
Nouvelles perspectives exposant tous les grands mythes et légendes de l'humanité.

•

LES MYSTÈRES DE L'APRÈS-VIE
Interrogations et espoirs sur l'existence d'une autre vie après la mort.

•

L'ÉNIGME DES VAMPIRES
Au fil d'expériences et de récits qui font frémir,
Jean Markale explore en profondeur le phénomène.

•

LES MYSTÈRES DE LA SORCELLERIE
Sorciers et Sorcières sont-ils encore parmi nous ? L'histoire fourmille d'exemples et de prodiges inquiétants. Des témoignages extraordinaires, des récits fantastiques, des rapports officiels surprenants...

CHEZ LE MÊME ÉDITEUR

L'ÉNIGME SACRÉE
par Michael Baigent, Richard Leigh, Henry Lincoln
Jésus-Christ, le Saint-Graal, les Cathares, les Templiers,
à la source d'une extraordinaire remise en cause de l'Histoire.

•

LE MESSAGE
par Michael Baigent, Richard Leigh, Henry Lincoln
Suite de la passionnante enquête de L'ÉNIGME SACRÉE.

•

LE TEMPLE RETROUVÉ
par Henry Lincoln
Rennes-le-Château, fabuleux site d'un temple retrouvé.

•

LE MYSTÈRE DE L'ARCHE PERDUE
par Graham Hancock
À la recherche de l'Arche d'alliance.

LE ROI ARTHUR
ET SES PREUX CHEVALIERS
par John Steinbeck
Un récit étonnant de la légende du Roi Arthur.

LA COLLINE DU DERNIER ADIEU
par Marion Zimmer Bradley
Longtemps avant les Dames du Lac, près de l'Ile d'Avalon,
quand Merlin, déjà, agissait dans l'ombre.

•

LES DAMES DU LAC

•

LES BRUMES D'AVALON
(LES DAMES DU LAC **)
par Marion Zimmer Bradley
Prix du grand roman d'évasion 1986.
Plus qu'un roman historique, une épopée envoûtante qui relate la lutte
sans merci de deux mondes inconciliables.

•

LE RIVAGE DES ADIEUX
par Catherine Hermary-Vieille
La plus grande histoire d'amour de tous les temps,
celle de Tristan et Iseult.

Les grandes heures de l'histoire de France :
par Georges Bordonove

LA TRAGÉDIE CATHARE
Raymond de Toulouse, Le massacre de Béziers,
La prise de Carcassonne, Simon de Montfort, La chute de Minerve,
Le Bûcher de Montségur.

•

LES CROISADES
ET LE ROYAUME DE JÉRUSALEM
Godefroy de Bouillon, L'ordre des Templiers, L'illustre roi lépreux,
Saladin à Jérusalem, L'inflexible Saint Louis, La fin de Saint-Jean-d'Acre.

•

LA TRAGÉDIE DES TEMPLIERS
Le déclin du Temple, L'implacable Roi de fer, L'abandon de Clément V,
Jacques de Molay, Infamie de l'Inquisition, Fin et survie de l'ordre.

•

JEANNE D'ARC ET LA GUERRE DE CENT ANS
La France en péril, L'épopée de Jeanne, Trahisons et martyre,
Le bûcher de Rouen, La réhabilitation, Jeanne pour l'éternité.

Achevé d'imprimer en octobre 1994
sur presse CAMERON
dans les ateliers de la S.E.P.C.
à Saint-Amand-Montrond (Cher)

— N° d'édit. : 459. — N° d'imp. : 2675. —
Dépôt légal : novembre 1994.

Imprimé en France